Integration Planning of Regional Tourism
Resources and Highway Network

# 区域旅游资源与公路网整合规划研究

王 健　胡晓伟　毛科俊 著
安 实 主审

## 内容提要

本书共分8章，内容包括绪论、基础理论、区域旅游交通调查及需求预测、区域公路网发展规模预测与等级结构确定、区域旅游资源与公路网络整合布局优化模型、区域旅游与公路网络发展适应性综合评价、区域旅游整合发展研究、黑龙江省旅游资源与公路网络优化案例分析总结与展望及附录。

本书可作为交通工程专业高年级本科生及研究生教学参考书，亦可供区域旅游资源管理者及其他相关专业人员参考使用。

### 图书在版编目(CIP)数据

区域旅游资源与公路网整合规划研究 / 王健，胡晓伟，毛科俊著. — 北京：人民交通出版社股份有限公司，2016.11

ISBN 978-7-114-13501-9

Ⅰ.①区… Ⅱ.①王…②胡…③毛… Ⅲ.①旅游资源—研究②公路网—研究 Ⅳ.①F590②U412.1

中国版本图书馆 CIP 数据核字(2016)第 279319 号

| | |
|---|---|
| 书　　名： | 区域旅游资源与公路网整合规划研究 |
| 著 作 者： | 王　健　胡晓伟　毛科俊 |
| 责任编辑： | 刘永超　潘艳霞 |
| 责任校对： | 刘　芹 |
| 责任印制： | 张　凯 |
| 出版发行： | 人民交通出版社股份有限公司 |
| 地　　址： | (100011)北京市朝阳区安定门外外馆斜街 3 号 |
| 网　　址： | http://www.ccpress.com.cn |
| 销售电话： | (010)59757973 |
| 总 经 销： | 人民交通出版社股份有限公司发行部 |
| 经　　销： | 各地新华书店 |
| 印　　刷： | 北京虎彩文化传播有限公司 |
| 开　　本： | 720×960　1/16 |
| 印　　张： | 17 |
| 字　　数： | 294 千 |
| 版　　次： | 2016 年 11 月　第 1 版 |
| 印　　次： | 2016 年 11 月　第 1 次印刷 |
| 书　　号： | ISBN 978-7-114-13501-9 |
| 定　　价： | 58.00 元 |

(有印刷、装订质量问题的图书由本公司负责调换)

# 前　言

近年来，我国旅游业持续快速发展，在国民经济具有举足轻重的地位。然而，区域旅游公路作为发展区域旅游业的重要保障和前提却存在诸多问题，如：公路结构不合理、通达深度不够、未形成系统网络、等级较低、安全和舒适得不到保证及道路景观与周围环境不协调等。因此，目前的旅游公路总体状况并不能满足旅游业快速发展的需求，交通运输的滞后建设仍然是制约旅游经济向更高水平发展的瓶颈。我国虽然在一般公路网规划的理论和方法上取得了较快发展，但对服务于旅游业的公路网规划研究的书籍却非常少，本书结合旅游业特点，研究与旅游经济协调发展的公路网规划的方法。

考虑到旅游业的快速发展对交通基础设施建设提出的协调发展、共享发展的要求，本书通过对国内外相关最新成果进行收集、汇总，系统地介绍了考虑区域旅游资源的公路网整合规划方法及区域旅游与公路网络发展适应性综合评价方法。

本书可作为交通工程专业高年级本科生及研究生的特色教材，亦可供区域旅游资源管理者及其他相关专业人员参考使用，本书主要培养学生的以下能力：

（1）了解国内外区域旅游资源与公路网络现状，掌握旅游空间结构及公路网优化布局的基础理论；

（2）熟悉社会经济发展预测及公路旅游交通需求预测方法；

（3）理解区域公路网发展规模预测方法，掌握公路网等级结构确定模型；

（4）重点掌握考虑区域旅游资源可达性的公路网络双层优化模型和区域旅游资源与公路网络协同优化模型；

（5）深入了解区域公路交通与旅游资源发展适应性综合评价方法；

（6）明确区域旅游资源整合的构成及条件，学习区域旅游整合发展对策。

本书主要对高等级公路网络与旅游资源的整合技术进行研究。首先，对国内旅游资源及公路网发展现状做了简要的总结，从理论与实践方面探讨了区域旅游资源与公路网络整合优化的研究意义，简要说明建模所需的理论知识，开展了基于旅游景点可达性的计算及分析。其次，将黑龙江省作为主要研究对象，对比分析黑龙江省旅游客流网络与旅游交通网络发展状况。根据以上理论知识，提出基于区域旅游资源可达性的公路网络优化模型和区域旅游资源与公路网络协同优化模型，给出求解方法，并结合黑龙江省实例进行分析。最后，给出黑龙江省高等级公路网络与旅游资源整合发展策略的建议。

  全书共8章,第一章详细说明交通运输与旅游的历史关系,介绍国内外区域旅游资源与公路网发展现状;第二章为相关基础理论的介绍,主要介绍旅游空间结构的相关理论、公路网络布局优化理论及社会网络分析理论;第三章在交通调查的基础上,对公路旅游交通需求进行预测;第四章详细讲解了区域公路网络规模影响因素及预测方法;第五章选择不同的节点分别建立考虑区域旅游资源可达性的公路网络双层优化模型和区域旅游与公路网络协同优化模型;第六章确定不同的适应性评价指标,探讨不同的区域公路交通与旅游发展适应性综合评价方法;第七章简要介绍旅游空间发展的基础理论,明确区域旅游整合发展对策;第八章根据上述各章节提出的方法与模型,结合黑龙江省区域旅游资源与公路网发展的实际情况,对黑龙江省旅游资源与公路网络优化进行案例分析,提出了相应的黑龙江省旅游资源整合发展策略及精品旅游线路。

  本书由王健教授、胡晓伟博士、毛科俊博士共同完成,全书由安实教授主审。汇聚了王健教授、胡晓伟博士以及毛科俊、吴亮、孙广林、马诗咏、陈德琳、刘竹韵、朱晓英等博士和硕士研究生的研究成果。哈尔滨工业大学交通系统管理交叉学科研究生团队冯琦、蒋静辉、陈晓旭等博士和硕士研究生在本书编写和校稿工作中,也付出了辛勤的劳动。同时,在本书的编写过程中,作者参考了大量国内外书籍、文献,在此谨向文献作者表示崇高的敬意和衷心的感谢!

  限于笔者的理论水平及实践经验,书中不妥及疏漏之处在所难免,恳请读者提出宝贵的意见。

作 者<br>2016年9月

# 目 录

第一章　绪论 ················································································ 1
　第一节　旅游资源与交通运输协调发展 ············································ 2
　第二节　区域旅游资源与公路网络现状 ············································ 4
　第三节　国内外相关研究现状分析 ··················································· 18
　第四节　主要研究内容和方法 ························································· 23

第二章　基础理论 ········································································· 26
　第一节　旅游空间结构 ·································································· 26
　第二节　旅游空间结构的相关理论 ··················································· 28
　第三节　公路网络布局优化理论 ······················································ 30
　第四节　社会网络分析理论 ···························································· 36

第三章　区域旅游交通调查及需求预测 ············································ 49
　第一节　区域旅游交通调查 ···························································· 49
　第二节　社会经济发展预测 ···························································· 52
　第三节　公路旅游交通需求预测 ······················································ 58
　第四节　旅游景点的旅游交通需求预测案例 ····································· 82

第四章　区域公路网发展规模预测与等级结构确定 ··························· 86
　第一节　公路网络合理发展规模的内涵 ············································ 86
　第二节　公路网规模指标 ······························································· 87
　第三节　区域公路网络规模影响因素 ················································ 89
　第四节　区域公路网络发展规模的预测方法 ····································· 99
　第五节　公路网合理等级结构的确定 ··············································· 113

第五章　区域旅游资源与公路网络整合布局优化模型 ······················· 118
　第一节　公路网络节点的选择 ························································· 118
　第二节　考虑区域旅游资源可达性的公路网络双层优化模型 ············· 125
　第三节　区域旅游资源与公路网络协同优化模型 ······························ 137

第六章　区域旅游与公路网络发展适应性综合评价 ·························· 148
　第一节　交通与区域旅游发展适应性 ··············································· 148
　第二节　公路网适应性评价指标体系 ··············································· 149

1

第三节　适应性评价指标标准值的确定……………………………………… 155
   第四节　区域公路交通与旅游发展适应性综合评价…………………………… 157
第七章　区域旅游整合发展研究……………………………………………………… 162
   第一节　旅游空间整合发展的理论基础…………………………………… 162
   第二节　区域旅游整合的构成……………………………………………… 166
   第三节　区域旅游整合的条件……………………………………………… 169
   第四节　区域旅游整合发展对策…………………………………………… 172
第八章　黑龙江省旅游资源与公路网络优化案例分析…………………………… 174
   第一节　黑龙江省旅游资源及公路网网络现状…………………………… 174
   第二节　黑龙江省旅游交通需求预测……………………………………… 179
   第三节　考虑旅游资源可达性的黑龙江省公路网络双层优化案例……… 184
   第四节　黑龙江省旅游资源与公路网络协同优化案例…………………… 196
   第五节　黑龙江省旅游资源整合发展策略………………………………… 205
   第六节　黑龙江省精品旅游线路…………………………………………… 219
**总结与展望**……………………………………………………………………………… 230
**附录1　调查问卷**……………………………………………………………………… 232
**附录2　符号说明**……………………………………………………………………… 234
**附录3　主要的MATLAB优化源程序**……………………………………………… 242
**参考文献**………………………………………………………………………………… 259

# 第一章 绪 论

随着社会经济的快速发展,旅游业在国民经济中的地位越来越重要,在社会发展、文化进步以及对外交往等方面也占有十分重要的地位。人民生活水平随着社会经济水平的发展不断提高,人们对生活质量等精神方面的需求不断加强,单纯的物质需求已经不能满足人们对生活的追求。此外,近几年国家对基础设施建设的投资不断加大,尤其是对交通基础设施的建设,使得人们出行活动范围不断地扩大,同样给旅游业的发展创造了良好的环境。国家在对旅游产业全力扶持的同时,坚持扩大对外开放、增强国际经济合作,给旅游业的发展创造了新的契机。

现阶段旅游行业的发展已经从早期的单点突破、超前发展的发展模式逐渐转化为区域合作和系统整合的发展模式。从单一系统的角度制定发展和优化方案,极容易造成基础设施的重复配置,难以提高资源的利用水平,因此,需要从系统协同的角度出发,通过旅游系统和公路交通系统之间的整合,实现资源的优化配置与组合及区域经济效益的最大化。

交通作为游客从客源地到旅游景点的基础要素,其服务质量和水平影响着游客的旅游决策、旅游目的地的选择以及旅游资源的开发建设,进而影响区域的旅游开发。研究表明,有60%的游客首选交通作为旅游效果影响的关键要素,其次为住宿、餐饮、景点及其他服务消费项目等[1]。高等级公路作为社会经济发展到一定阶段的产物,具有缩短行程时间、节约费用、便捷舒适、安全等优点,而随着居民生活水平的提高和私家车保有量的增长,自驾车旅游在国内迅速发展。合理、高效、便捷的交通系统能够促进旅游景区的开发与资源整合,实践证明,旅游景点附近高速公路交通网络的建设,能使依靠公路交通运输的旅游风景区辐射半径扩大 $320 \sim 500 \text{km}$[2]。而随着旅游景点的开发、游客数量的增加和要求的提高,交通问题日益突出,尤其是作为旅游产品要素之一的公路交通网络能否满足旅客需求,实现旅游资源的可持续发展,成为旅游区各级政府和管理部门面临的新挑战。

# 第一节　旅游资源与交通运输协调发展

## 一、交通运输与旅游的历史关系

自古以来,旅游的发展就深受交通的影响。向上追溯到古罗马时期,宽阔的道路使得罗马境内的交通条件十分便利,四轮马车的兴起更是对古罗马的交通便利起到了巨大的推动作用,有了路和马,就有了更多的交通需求和更多的住宿需求,于是就出现了古代旅馆的雏形——驿站。国内的交通发展史可以追溯到周朝,周朝时期的道路有驰道和驿道之分,其中驰道供帝王巡游时使用,驿道用来进行军事和行政公文的传递,到了秦朝,驿道和驰道已经在全国范围内铺设开来,形成了初具规模的路网。交通设施带来的影响进而辐射到沿线村落与城池,极大地推动了经济与旅游业的发展。同时经济与旅游业的发展使得沿线地区能够吸引更多的游客数量。

可以说,游客的数量和范围是随着旅行发展的经济基础和物质条件而变化的,而交通条件是其中最重要的一项。尤其到了近代,蒸汽机的发明和在交通运输中的应用增加了人员流动的效率和规模,使得人们可以利用更少的时间到达距离较远的目的地,远距离出行有了更多的选择,不仅对工商业造成了巨大的影响,也对旅游业起到了极大的推动作用。

现代旅游的活动规模与范围辐射全球。水、路、空多种交通方式的发展和新型交通工具的出现有效地解决了人们外出旅游时在效率、距离和时间上所产生的问题,为人们的近远距离出游提供了极大的便利。

## 二、交通运输在旅游发展中的作用

对于旅游业这样一个大系统来说,除了旅游资源本身外,旅游资源所在区位、客源市场、交通、经济等因素也对旅游业的发展有着决定性的作用。特别地,旅游资源的开发应该对交通可达性的问题进行更多的考虑,这主要涉及两个方面——旅游资源和市场。旅游资源和旅游客源在空间上都是固定的,这就使得旅游资源的区位与客源地产生空间上的不平衡,比如一些旅游资源丰富的地区与客源地距离较远,需求量远远大于供给;一些旅游资源匮乏的地区与客源地距离较近,供给量不足以满足需求。所以旅游资源的开发需要根据不同地区的旅游需求来调整旅游供给的开发地区和开发战略,从旅游景点的供给端为不同需求的游客提供服务。

关于交通在旅游目的地发展中的作用,Kual 作了较为详尽的总结(Kaul,1985;转引 Prideaux,2000;卞显红,王苏洁,2003;张立升,2006):

(1)交通方式的发展对旅游目的地的演进有很大程度的影响,这也是旅游出行方式发展的必然结果。

(2)旅游不仅是一种大众现象,也是一种个体活动,这要求旅游市场中每一种类别旅游者的需求都要在交通及其他设施方面能得到满足。

(3)交通是旅游最基本的一种需求,不仅旅游流的扩展因素和限制性因素都受到交通的影响,旅游流的类型也受到所提供的交通设施质量的影响。

(4)在通过精密构思设计的总体交通政策指导下的交通基础设施的规划发展、保养与经营,并符合当前与未来的技术与需求是交通系统促进目的地旅游健康成长的关键。

(5)交通需求的弹性受到交通价格的影响,不同交通方式之间的价格结构与竞争的多样化有利于交通价格的降低与质量的改进,并给旅游业带来很大的利益。

(6)国内与国际交通系统的一体化及与其他国家的交通系统的合作将能大大促进旅游流的合理流动及国内与国际旅游业的发展。

(7)不论在发达社会还是不发达社会,交通技术发展都将对交通方式带来深刻的影响,并导致交通系统更加有效、快捷和安全,这也将大大受益于旅游目的地的出现、演进、增长与扩张。

(8)住宿业,作为旅游发展与成功的一种基本成分,必须保持相对比率的增长,以符合交通的扩张与旅游需求的变化与增长。

(9)令人满意的交通起终点站及途中交通设施的配备与发展、交通基础设施方面系统的改进、新技术与适当的大众市场技术的吸收与采用都将对未来全球旅游的可持续增长有着积极而又深远的影响。

现代化的交通运输对旅游业的发展起着推动和促进作用,为此,一些经济发达的国家和地区,非常注重交通运输体系的超前发展,形成四通八达的综合运输体系,为旅游业发展打好了基础,促进了旅游业的全面发展。

### 三、旅游发展对交通运输的影响

交通运输业的发展促进旅游业的发展,旅游业的发展反过来又会带动交通运输业的进步,两者互相影响,相互促进。

一方面,旅游业的发展会带来更多的客流和物流,从而对交通运输、工商业、建筑等相关产业产生促进作用。另一方面,发展后的旅游业需要更加便利的交通条件来满足需求,这就促进了交通基础设施的建设和交通工具的不断更新,从而影响整个公路网的布局规划。

在一些旅游资源丰富的地区,由于其交通运输条件不够理想,对旅游发展起到了很大的抑制作用。例如,黑龙江省的旅游发展就受制于区域之间交通和旅游资源的不平衡。为了解决这类问题,我国在公路规划中提出了"连接著名城市的要求"以满足旅游需要、为旅游发展提供安全、便捷、舒适的交通条件。在《旅游区(点)质量等级的划分与评定》(修订)(GB/T 17775—2003)中,也把交通状况好坏作为评分的标准之一,对 AAAAA 和 AAAA 旅游区(点)作出了可进入性好、交通设施完善、进出便捷,或具有一级公路或高等级航道、航线直达,或具有"旅游专线交通工具"的要求。可见,旅游的发展在一定程度上要求交通网络向高等级发展,对公路交通的发展和规划产生一定的导向作用。

## 第二节 区域旅游资源与公路网络现状

### 一、旅游资源概况

旅游资源是旅游发展的基础条件,旅游资源的数量、品质以及空间分布等,对于一个区域旅游的市场竞争力和可持续发展都有着深远的影响。表 1-1 为国内各省份 4A 级以上景区数量统计表。

国内各省份 4A 级以上景区数量统计表　　　　表 1-1

| 地　区 | 省　份 | 4A 级景区(个) | 5A 级景区(个) |
|---|---|---|---|
| 华北 | 北京 | 65 | 7 |
|  | 天津 | 18 | 2 |
|  | 河北 | 32 |  |
|  | 山西 | 29 | 3 |
|  | 内蒙古 | 19 | 2 |
| 东北 | 辽宁 | 57 | 3 |
|  | 吉林 | 18 | 3 |
|  | 黑龙江 | 83 | 5 |
| 华东 | 上海 | 21 | 3 |
|  | 江苏 | 120 | 16 |

续上表

| 地 区 | 省 份 | 4A级景区(个) | 5A级景区(个) |
|---|---|---|---|
| 华东 | 浙江 | 114 | 10 |
| | 安徽 | 88 | 8 |
| | 福建 | 35 | 6 |
| | 江西 | 55 | 6 |
| | 山东 | 128 | 7 |
| 华中 | 河南 | 84 | 9 |
| | 湖北 | 64 | 7 |
| | 湖南 | 64 | 5 |
| 华南 | 广东 | 101 | 8 |
| | 广西 | 35 | 4 |
| | 海南 | 12 | 4 |
| 西南 | 重庆 | 57 | 6 |
| | 四川 | 68 | 10 |
| | 贵州 | 26 | 2 |
| | 云南 | 48 | 6 |
| | 西藏 | 9 | 2 |
| 西北 | 陕西 | 49 | 5 |
| | 甘肃 | 29 | 4 |
| | 宁夏 | 10 | 3 |
| | 青海 | 10 | 2 |
| | 新疆 | 15 | 9 |
| 合计 | | 1 563 | 172 |

一个国家或区域旅游业发展程度如何,主要是通过接待游客的人数和旅游收入水平等指标来体现的。据中国旅游局统计数据(图1-1),由于受非典的影响,国内旅游人数的增长在2003年遭遇了停滞,同时入境旅游人数也明显地下降,而在2003年以后,两者的增长速度有了明显的增加,国内旅游人数逐年递增,尤其是在2009年后。而入境旅游人数在2007年后增势趋于平缓,甚至在2008年和2009年有了一定程度的减少。

如图1-2所示,国内旅游收入在2003年之前增长较为缓慢,2010年开始进入快速增长阶段;国际旅游收入在2002年经过一次降低后,直至2007年的4年内快速增长,至 2007 年开始又经历了 2 年的下降,从 2009 年后持续缓慢增长至今。

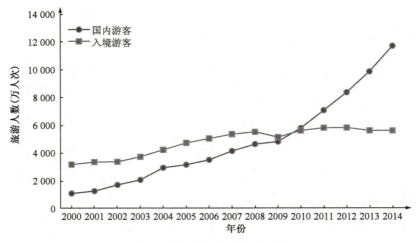

图 1-1　国内外旅游人数变化情况

数据来源:中华人民共和国国家统计局网站,2014 年

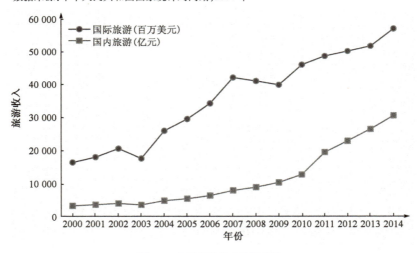

图 1-2　中国旅游收入发展情况

## 二、国内外公路网发展概况

### 1. 中国公路网发展概况

2010—2015 年 6 年间,我国公路网与高速公路网的长度与密度都得到了较

大幅度提升,如图1-3所示。

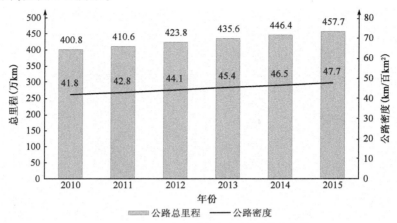

图1-3　2010—2015年全国公路总里程及公路密度

数据来源:中华人民共和国国家统计局网站,2015年。

截至2014年年底,全国等级公路中二级及以上公路里程54.57万km,增加2.13万km,占公路总里程12.2%,相比2013年提高了20%,如表1-2和图1-4所示。

2014年中国各技术等级公路里程　　　　表1-2

| 公路类型 | 高速 | 一级 | 二级 | 三级 | 四级 | 等外 |
| --- | --- | --- | --- | --- | --- | --- |
| 公路总里程(万km) | 11.19 | 8.54 | 34.84 | 41.42 | 294.1 | 56.31 |

图1-4　2014年中国各技术等级公路里程构成

各行政等级公路里程分别为:国道17.92万km(其中普通国道10.61万km)、省道32.28万km、县道55.20万km、乡道110.51万km、专用公路8.03万km,比上年末分别增加0.24万km、0.49万km、0.52万km、1.45万km和0.35万km。

全国高速公路里程11.19万km,比2013年末增加0.75万km(图1-5)。其中,国家高速公路7.31万km,增加0.23万km。全国高速公路车道里程49.56万km,增加3.43万km。

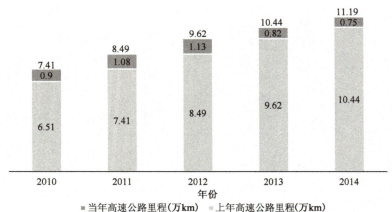

图1-5 2010—2014年高速公路里程

2. 美国公路网发展概况

美国国土面积937.26万km²,2010年人口为30 935万人,国内生产总值为146 214.8亿美元(按当年价格计算),人均GDP达到48 374美元(按当年价格计算),2010年公路总里程为680万km,其中,高速公路9.2万km。具体数据见表1-3。

1850—2010年美国国民经济与公路里程历史统计　　表1-3

| 年份(年) | 人口(万人) | GDP(亿美元) | 人均GDP(美元) | 公路里程(万km) | 高速公路(万km) |
| --- | --- | --- | --- | --- | --- |
| 1850 | 2 326 | 282 | 1 212.38 | 92.89 | |
| 1860 | 3 151 | 496 | 1 574.1 | 101.44 | |
| 1870 | 3 991 | 632 | 1 583.56 | 119.23 | |
| 1880 | 5 026 | 1 159 | 2 306.01 | 119.12 | |
| 1890 | 6 306 | 1 342 | 2 128.13 | 135.29 | |
| 1900 | 7 609 | 2 102 | 2 762.52 | 150.79 | |
| 1910 | 9 241 | 3 284 | 3 553.73 | 213.2 | |
| 1920 | 1 0647 | 3 828 | 3 595.38 | 244.03 | |
| 1930 | 12 177 | 5 566 | 4 570.91 | 312.77 | |
| 1940 | 13 088 | 6 212 | 4 746.33 | 392.26 | 0.22 |

续上表

| 年份(年) | 人口(万人) | GDP(亿美元) | 人均GDP(美元) | 公路里程(万km) | 高速公路(万km) |
|---|---|---|---|---|---|
| 1950 | 15 227 | 9 714 | 6 379.46 | 503 | 1.01 |
| 1960 | 18 068 | 13 334 | 7 379.9 | 571.02 | 2.41 |
| 1970 | 2 0331 | 20 518 | 10 091.96 | 600.32 | 5.38 |
| 1980 | 22 774 | 28 625 | 12 597 | 636.61 | 8.2 |
| 1990 | 25 407 | 58 031 | 23 954 | 644.89 | 8.5 |
| 2000 | 28 344 | 98 170 | 36 449 | 650.77 | 8.8 |
| 2010 | 30 935 | 146 214.8 | 48 374 | 680 | 9.2 |

注：数据来自世界银行。

美国人均GDP公路的演变历程见图1-6，由图1-6看出，美国公路的演变历程可以分为三个阶段。

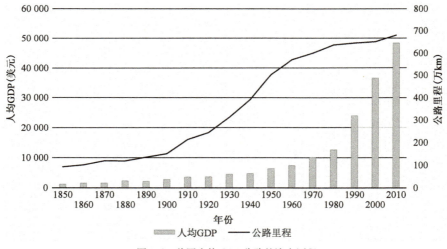

图1-6 美国人均GDP公路的演变历程

(1) 缓慢发展阶段(1850—1910年)：由图1-6可以看出，1910年之前公路里程增长较为缓慢，从1850年至1910年共60年间，公路里程仅增长了120.31万km，平均每年仅增长2万km。这是因为在1886年之前尚未出现汽车，当时的公路网主要为马车服务，在1886年之后汽车尚未普及使用的一段时间内，公路网发展速度较慢。

(2) 快速发展阶段(1910—1960年)：1910—1960年的50年间，公路里程增长达到357.82万km，年均7.17万km，增速相比1910年之前增加了3倍，并于

1937年修建了第一条高速公路,这是由于汽车开始在美国普及和迅速发展。

(3)饱和阶段(1960—2010年):公路里程在经过快速增长后再次趋于平缓,从1960年到2010年,公路里程仅增长了109万km,年均增长量仅2.18万km。但高速公路从0.22万km增长到了9.2万km,发展迅速。

3. 法国公路网发展概况

法国国土面积55.2万km², 2010年人口为6 502万人,人均GDP为40 705美元,2008年公路总里程为95.12万km,其中,高速公路1.13万km。具体数据见表1-4。

1850—2010年法国国民经济与公路里程历史统计　　　表1-4

| 年份(年) | 人口(万人) | GDP(亿美元) | 人均GDP(美元) | 公路里程(万km) | 高速公路(万km) |
|---|---|---|---|---|---|
| 1850 | 3 578 | 255 | 712.69 | 2.9 | |
| 1860 | 3 739 | 436 | 1 166.09 | 4.72 | |
| 1870 | 3 610 | 515 | 1 426.59 | 5.58 | |
| 1880 | 3 741 | 568 | 1 518.31 | 9.93 | |
| 1890 | 3 813 | 669 | 1 754.52 | 11.23 | |
| 1900 | 3 845 | 847 | 2 202.86 | 14.7 | |
| 1910 | 3 919 | 1 122 | 2 862.998 | 18.09 | |
| 1920 | 3 880 | 1 052 | 2 711.34 | 23.42 | |
| 1930 | 4 103 | 1 456 | 3 548.62 | 39.99 | |
| 1940 | 4 118 | 1 586 | 3 851.38 | 45.64 | 0.01 |
| 1950 | 4 174 | 1 715 | 4 108.77 | 61.81 | 0.05 |
| 1960 | 4 568 | 2 658 | 5 818.74 | 70.88 | 0.11 |
| 1970 | 5 077 | 4 804 | 9 456.337 | 80.28 | 0.21 |
| 1980 | 5 388 | 6 645 | 12 332.96 | 83.37 | 0.5 |
| 1990 | 5 607 | 12 753 | 21 795 | 85.64 | 0.74 |
| 2000 | 5 836 | 13 684 | 22 465 | 86.69 | 0.95 |
| 2010 | 6 502 | 26 470 | 40 705 | 95.12 | 1.13 |

注:数据来自世界银行。

法国人均GDP公路的演变历程见图1-7。由图1-8不难看出,法国公路网的演变历程同样也经历了三个阶段:

(1)缓慢发展阶段(1850—1920年):1850—1920年70年间,公路里程增幅为20万km,年均增长不到3 000km。

(2)快速发展阶段(1920—1970年):1920—1970年50年间,法国公路总里程增量达到了56.86万km,年均增长超过1.1万km。公路的快速增长极大地促进了经济的发展,法国人均GDP在1920年2 711美元的基础上翻了将近两番,达到9 456美元。

(3)饱和阶段(1970—2010年):1970年后公路网增长速度趋于平缓,1970—2010年40年间,公路总里程增幅仅为14.84万km,年均增量仅为3 710km,但在这段时间内高速公路网快速发展起来,从0.21万km增长到了1.13万km。

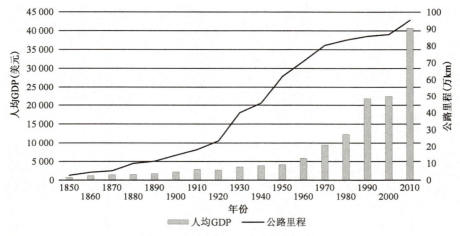

图1-7 法国人均GDP公路的演变历程

**4. 英国公路网发展历程**

英国国土面积24.4万km²,2010年人口为6 277万人,国内生产总值为24 079亿美元,人均GDP为38 292美元,公路总里程达到39.44万km,国民经济与公路里程历年数据见表1-5。

1850—2010年英国国民经济与公路里程历史统计　　　　表1-5

| 年份(年) | 人口(万人) | GDP(亿美元) | 人均GDP(美元) | 公路里程(万km) | 高速公路(万km) |
|---|---|---|---|---|---|
| 1850 | 2 784 | 421 | 1 512.21 | 1.29 | |
| 1860 | 2 882 | 559 | 1 939.63 | 1.49 | |
| 1870 | 3 121 | 721 | 2 310.16 | 3.81 | |
| 1880 | 3 460 | 974 | 2 815.03 | 4.05 | |
| 1890 | 3 752 | 1 141 | 3 041.04 | 5.69 | |
| 1900 | 4 117 | 1 435 | 3 485.55 | 7.86 | |
| 1910 | 4 492 | 1 645 | 3 662.07 | 8.64 | |

续上表

| 年份(年) | 人口(万人) | GDP(亿美元) | 人均GDP(美元) | 公路里程(万km) | 高速公路(万km) |
|---|---|---|---|---|---|
| 1920 | 4 660 | 1 610 | 3 454.94 | 10.62 | |
| 1930 | 4 567 | 1 819 | 3 982.92 | 13.62 | |
| 1940 | 4 776 | 2 203 | 4 612.65 | 17.43 | 0.01 |
| 1950 | 5 033 | 2 584 | 5 134.11 | 24.57 | 0.02 |
| 1960 | 5 238 | 3 350 | 6 395.57 | 28.38 | 0.05 |
| 1970 | 5 541 | 4 427 | 7 989.53 | 33.38 | 0.12 |
| 1980 | 5 631 | 5 352 | 10 032 | 33.96 | 0.24 |
| 1990 | 5 745 | 10 931 | 19 095 | 35.73 | 0.3 |
| 2000 | 5 861 | 15 548 | 26 400 | 36.79 | 0.33 |
| 2010 | 6 277 | 24 079 | 38 292 | 39.44 | 0.38 |

注：数据来自世界银行。

英国人均GDP公路的演变历程见图1-8。由图1-8不难看出，英国公路网的演变历程也可以分为三个阶段：

(1)缓慢发展阶段(1850—1920年)：1850—1920年70年间，英国公路总里程增量仅为9.33万km，年均增长0.13万km。

(2)快速增长阶段(1920—1970年)：1920—1970年50年间，英国公路总里程增量达到22.76万km，年均增长0.46万km。公路的快速增长极大地促进了经济的发展，英国人均GDP在1920年3 455美元的基础上翻了一番，达到7 990美元。

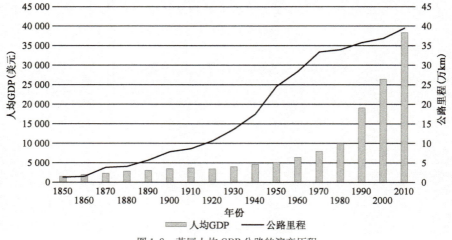

图1-8　英国人均GDP公路的演变历程

(3)饱和发展阶段(1970—2010 年):1970—2010 年 40 年间,公路里程仅增长 6 万 km,高速公路逐渐发展起来。

5. 发达国家的公路演变规律

通过对英美法三个发达国家公路网演变历程的分析总结,得到如下变规律如下:

(1)公路网成长历程呈现明显的阶段性

公路网成长历程基本上经历三个阶段:缓慢发展阶段、快速发展阶段和饱和发展阶段。

(2)快速发展期的时间跨度具有一致性

美国公路网快速成长期为 1910—1960 年,时间跨度为 50 年;法国为 1920—1970 年,时间跨度为 50 年;英国为 1950—1990 年,时间跨度为 40 年。以上数据说明,公路网的快速成长期一般为 40~50 年。

美国高速公路网快速成长期为 1960—1980 年,时间跨度为 20 年;法国为 1970—1990 年,时间跨度为 20 年;英国为 1960—1990 年,时间跨度为 30 年。以上数据说明,高速公路的快速成长期一般为 20~30 年。

(3)公路网成长周期与经济发展水平具有相关性

美国公路网快速增长期间,人均 GDP 处于 3 554~7 380 美元之间;法国公路网快速增长期间,人均 GDP 处于 2 711~9 456 美元之间。以上数据说明,人均 GDP 处于 3 000~8 000 美元时,公路网将处于快速发展期。

美国高速公路快速增长期间,人均 GDP 处于 7 380~11 805 美元之间;法国高速公路网快速增长期间,人均 GDP 处于 9 456~15 022 美元之间。以上数据说明,人均 GDP 处于 7 000~12 000 美元时,高速公路将处于快速发展期。

(4)公路网发展具有极限性

理论上,一个国家或地区,因其国土面积有限,公路网总规模的发展必定存在着一个极限,越接近极限状态,其发展速度就会越来越慢;实践证明,确实如此。美国、法国等发达国家的公路网在经历了快速发展期后,相继都进入了饱和发展期,公路建设主要以改造升级为主,新建为辅,因此,公路增长趋势平缓,到最近十几年,基本停止增长。

(5)公路网发展具有单调递增性

除一些特别的年份和统计口径改变的原因外,公路网均保持单调递增。

(6)公路网增长前期以数量增长为主,后期以质量增长为主

美国公路网快速成长期为 1910—1960 年,法国为 1920—1970 年;而作为高等级公路代表的高速公路的快速成长期分别为:美国 1960—1980 年,法国

1970—1990 年。以上数据充分说明:在公路网快速增长期的前期,公路网的增长以量的积累为主,而在公路网快速增长期的后期以及饱和发展期的前期,公路网的增长则以质量为主,公路网内部结构不断优化和高级化。

### 三、旅游与公路网发展的相关性

相关系数是说明两个变量之间相互关系密切程度的统计分析指标。
(1)皮尔逊相关模型

$$R_{xy} = \frac{\sum(x_i - \bar{x})(y_i - \bar{y})}{\sqrt{\sum(x_i - \bar{x})^2 \sum(y_i - \bar{y})^2}} \tag{1-1}$$

式中:$\bar{x}, \bar{y}$——$x_i, y_i (i=1,2,\cdots,n)$ 的算术平均值。

$|R_{xy}| \leq 1$。当 $0 < R_{xy} < 1$ 时,称 $Y$ 与 $X$ 正相关;当 $-1 < R_{xy} < 0$ 时,称 $Y$ 与 $X$ 负相关;且 $|R_{xy}|$ 越接近于 1,则说明变量 $Y$ 与变量 $X$ 之间的线性关系越显著。当 $R_{xy} = 0$ 时,称 $Y$ 与 $X$ 不相关,当 $|R_{xy}| = 1$ 时,称 $Y$ 与 $X$ 完全相关。

(2)描述变量相似关系的统计量

表 1-6 是 2000—2014 年我国部分旅游业和交通指标。

2000—2014 年我国部分旅游业和交通指标表　　　　表 1-6

| 年份<br>(年) | 公路里程<br>(万 km) | 高速公路里程<br>(万 km) | 国际旅游收入<br>(亿美元) | 国内旅游收入<br>(亿元) | 国内游客人数<br>(万人次) |
|---|---|---|---|---|---|
| 2000 | 140.27 | 1.63 | 162.24 | 3 175.32 | 1 047.26 |
| 2001 | 169.80 | 1.94 | 177.92 | 3 522.36 | 1 213.44 |
| 2002 | 176.52 | 2.51 | 203.85 | 3 878.36 | 1 660.23 |
| 2003 | 180.98 | 2.97 | 174.06 | 3 442.27 | 2 022.19 |
| 2004 | 187.07 | 3.43 | 257.39 | 4 710.71 | 2 885 |
| 2005 | 334.52 | 4.10 | 292.96 | 5 285.86 | 3 102.63 |
| 2006 | 345.70 | 4.53 | 339.49 | 6 229.74 | 3 452.36 |
| 2007 | 358.37 | 5.39 | 419.19 | 7 770.62 | 4 095.40 |
| 2008 | 373.02 | 6.03 | 408.43 | 8 749.30 | 4 584.44 |
| 2009 | 386.08 | 6.51 | 396.75 | 10 183.69 | 4 765.62 |
| 2010 | 400.82 | 7.41 | 458.14 | 12 579.77 | 5 738.65 |
| 2011 | 410.64 | 8.49 | 484.64 | 19 305.39 | 7 025 |
| 2012 | 423.75 | 9.62 | 500.30 | 22 706.20 | 8 318.17 |
| 2013 | 435.62 | 10.44 | 516.63 | 26 276.12 | 9 818.52 |
| 2014 | 446.39 | 11.19 | 569.10 | 30 311.90 | 11 659 |

(3)二元变量相关分析

根据表 1-6 的数据,利用 SPSS 统计工具,得到各指标间的相关结果,见表 1-7。

**旅游业与交通指标相关性分析表** 表 1-7

| 指标 | | 公路里程(万 km) | 高速公路里程(万 km) | 国际旅游收入(亿美元) | 国内旅游收入(亿元) | 国内游客人数(万人) |
|---|---|---|---|---|---|---|
| 公路里程(万 km) | 皮尔逊(Pearson)相关 | 1 | 0.911 | 0.961 | 0.789 | 0.851 |
| | 显著性(双尾) | | 0.000 | 0.000 | 0.000 | 0.000 |
| | N | 15 | 15 | 15 | 15 | 15 |
| 高速公路里程 | 皮尔逊(Pearson)相关 | 0.911 | 1 | 0.967 | 0.962 | 0.985 |
| | 显著性(双尾) | 0.000 | | 0.000 | 0.000 | 0.000 |
| | N | 15 | 15 | 15 | 15 | 15 |
| 国际旅游收入(亿美元) | 皮尔逊(Pearson)相关 | 0.961 | 0.967 | 1 | 0.884 | 0.931 |
| | 显著性(双尾) | 0.000 | 0.000 | | 0.000 | 0.000 |
| | N | 15 | 15 | 15 | 15 | 15 |
| 国内旅游收入(亿元) | 皮尔逊(Pearson)相关 | 0.789 | 0.962 | 0.884 | 1 | 0.986 |
| | 显著性(双尾) | 0.000 | 0.000 | 0.000 | | 0.000 |
| | N | 15 | 15 | 15 | 15 | 15 |
| 国内游客人数(万人次) | 皮尔逊(Pearson)相关 | 0.851 | 0.985 | 0.931 | 0.986 | 1 |
| | 显著性(双尾) | 0.000 | 0.000 | 0.000 | 0.000 | |
| | N | 15 | 15 | 15 | 15 | 15 |

由表 1-7 可知,公路里程和国内旅游收入、国内游客人数的相关系数为 0.789 和 0.851。国内游客人数与高速公路里程之间的相关系数为 0.985,说明高速公路的建设与旅游业的发展有着较为密切的关系。

### 四、高速公路在旅游发展中的优势

高速公路是一个国家经济和社会发展的产物,是衡量一个国家公路交通运输和汽车工业现代化水准的重要标志。高速公路在世界公路交通运输和各国国民经济发展中都具有举足轻重的地位和作用。它在普通公路的基础上,利用新的科技成果发展起来的,它避免了普通公路的一些弱点和弊病。高速公路与一般公路相比,优点突出,主要表现在以下五个方面:

(1)运行速度快、运输费用省。目前,高速公路的平均行驶速度美国为97km/h,日本为89km/h,欧洲各国接近100km/h,最高可达150~200km/h,而一般公路只有20~50km/h。由于车速的提高,可缩短运行时间,降低油耗、车耗和运输成本,经济效益成倍增长。

(2)通行能力大、运输效率高。一般双车道公路的最大通行能力为5 000~6 000辆/日,而一条四车道的高速公路一般通行能力可达25 000~55 000辆/日,相当于7~8条普通公路的通行能力,六车道或八车道的高速公路可达60 000~100 000辆/日。高速公路的货流量大,运输效益高。如日本名神高速公路长1 891km,占日本公路总里程的0.35%,而它所承担的货运量占公路总运量的12.3%;美国1.3%的高速公路,担负了全国19.3%的公路货运量。

(3)减少交通事故,增强可靠性。高速公路由于采取了控制出入、交通限制、分隔行驶、汽车专用自动化控制管理系统等确保行车快速、安全的有效措施,使交通事故比一般公路大大减少。据统计,高速公路的事故率和死亡率只有一般公路的1/3~1/20,每亿车公里的事故费用只有一般公路的1/4左右。

(4)缩短运输时间,经济效益好。高速公路技术等级高、质量好、运输条件及设备齐全,不仅缩短运行时间,而且提高运输质量。据日本调查,各种运输方式,商品流通的平均速度铁路为46h,海运为20.4h,空运为17.8h,而高速公路由于转装环节减少,平均仅为7.9h,加快了商品流通,减少了货物积压。其直接效益每年至少可达400亿元,而间接经济效益每年超过千亿元。

(5)多方面的社会效益。高速公路的发展还有利于加快工业开发、改善工业布局、促进城乡交流、加速沿线经济发展、缓解城市交通、调整城市格局,使社会受益,深受社会欢迎;高速公路的建造提高了土地利用率,有利于高速公路沿线经济和社会的发展。

历史经验表明,高速公路的建设和发展对交通运输、经济和社会发展乃至人们思想观念都产生了强大的冲击和促进,有利于旅游区域合作和旅游资源的开发。日本冲绳岛在未建58号高速公路之前,北部交通落后,旅游业并不发达,旅游者多集中在交通方便的南部地区。58号高速公路建成后,冲绳的年旅游收入数倍增长。济青高速公路使山东形成以济南、泰安、曲阜为主的"一山一水一圣人"旅游线,以青岛、烟台、威海为中心的半岛旅游景点,并与潍坊、淄博民俗旅游线更加紧密地连成一体,使旅游人数增长迅速,旅游景点得到更好的开发,大大增加了山东旅游的吸引力[4]。

## 五、旅游资源与公路网络整合优化的研究意义

中国的旅游业虽然起步较晚,但由于其巨大、潜在消费市场和良好的政策、经济环境,目前呈现出增长速度快、发展后劲足的特点。据统计,在2004年至2014年期间,国内旅游人数从11.0亿人次增长到36.3亿人次,增长率达到230%,同期国内旅游收入增幅更是超过540%,于2014年年底达到3.03万亿元。国务院于2009年12月发布了《国务院关于加快发展旅游业意见》,该意见强调了旅游业在国民经济中的地位,为我国旅游业的发展确立了新的发展方向。

另一方面,在国家大力进行基础设施投资建设的环境下,我国的交通事业也迎来了跨越发展时期。2004年至2014年期间,我国高速公路里程从3.34万km增长到11.19万km,增幅超过230%,同期等级公路里程则从151.58万km增长到390.08万km,仅2010年一年的公路建设总投资就高达1.16万亿元。

区域旅游资源能否以规模化、可持续化的方式进行发展,除受到经济环境、政策环境、文化背景、客源地分布等多方面的影响之外,最关键因素就是与之配套的交通基础设施建设。良好的交通基础设施能够提高旅游资源的可达性,提供高质量的交通出行服务,同时保障游客的出行安全,从而有助于提高旅游资源的吸引力。在目前很多旅游产品中,交通已经成为产品本身的重要组成部分,不同交通方式与环境,对应着不同的旅游体验和享受。交通作为旅游发展的基础性先导力量,已经成为旅游业不可或缺的先决条件。

但目前的交通建设与旅游资源开发往往处于相对独立的决策系统,缺少系统性的规划与研究,因此,对旅游资源与公路网络进行协同优化的研究是非常有必要的,具有重要的理论价值和实践指导意义。

理论方面:把旅游资源的开发与公路网络的建设结合考虑,在公路网络布局优化中引入了旅游资源可达性因素,将旅游景区作为公路网布局优化中的节点考虑,同时明确了旅游交通特点对旅游交通需求预测的影响,建立基于旅游资源可达性的公路网络优化模型,使整个区域公路网络运行效果达到最优。从而为区域今后的公路建设及旅游业发展提供理论及决策依据。

实践意义方面:从旅游资源可达性出发的公路网优化能最大化游客的出行效用,有效节省出行时间和费用,提高旅游景区吸引度和游客进入景区的便捷性和舒适性,以此优化方法整合公路网络与旅游资源开发利用,作为公路网规划的补充。能够为区域公路网络与旅游资源的整合提供相关的发展策略和决策支撑。在有效促进区域旅游业发展的同时,也能够带动区域的社会经济发展。而

区域经济发展水平、交通建设基础、旅游资源开发的空间结构、旅游产业地位四个主要因素的影响共同作用构成了交通运输对旅游业发展的响应机制[5]。

## 第三节  国内外相关研究现状分析

### 一、国外研究现状

1. 社会网络分析理论研究现状

社会网络(Social Network)研究发源于20世纪30年代,该方法主要应用在社会行动单位(人或组织)之间的关系与群体关系结构的研究中[6],但限于其自身的特性,该方法在发展初期很少在社会学范畴以外得到延伸和拓展。自20世纪90年代开始,社会网络理论的研究范式在国外被逐渐的应用到旅游研究当中,并取得了不少研究学者的一致认可[7]。

现阶段国外旅游研究学者已经成功地将社会网络理论应用于旅游目的地网络结构分析、旅游政策网络、旅游企业和旅游目的知识管理等方面。在对旅游目的地的研究中,学者们首先建立起网络结构图,以此分析目的地之间的结构关系,然后采用密度、中心性、点度分布等方法指标来对构建的网络做进一步的量化分析[8];在旅游政策网络研究中,目前主要集中于旅游决策过程研究,通过政策网络的媒介以共同认同为目标来解决公共议题;旅游企业研究主要集中在旅游企业如何合理地利用自身的社会网络资源,以实现获取廉价的信息资源、建立长期合作联盟等目的。

2. 公路网优化研究现状

国外在道路网络优化问题的研究集中体现在网络设计问题(NDP, Network Design Problem)的研究中,根据优化路网的不同情况,可将决策变量分为连续和离散两种,连续变量对应的是现有路段通行能力的提升问题,离散变量对应的是新建道路的问题[9]。

另一部分外国学者从事于道路选线优化模型(HAO, Highway Alignment Optimization)的研究,该框架模型实际上是微观路线选择以及连续选址问题的组合优化问题,通常以最小化建设费用、用户出行费用、环境负担为优化目标,以平纵横道路线形、地理条件等为约束[10]。Eusebio(2014)等将离散网络设计与道路选线优化相结合,建立了连续路线布局双层优化模型,该模型站在宏观规划者的视角,能够对路网廊道选择以及线路布局同时进行优化[11]。Kang(2010)等构建了公路网线路双层规划模型,该模型考虑了高速公路经营、土方工程、线路共线和出行时耗等多方面的因素,并且分析出模型对于单位建设费用和交通量分布的变化较为敏感[12]。Angulo(2011)等在考虑出行需求、建设费用以及相关软因子的基础上,建立了公路廊道布局优化模型,该模型能够以诱增出行需求最大化为目标,生成一组理想的公路廊道布局方案,并采用多种启发式算法对模型进行求解,发现改进的模拟退火算法能够较好地处理低交通需求下出现的局部最小问题[13]。

Chen,Alfa 和 Gwo-Hshiung Tzeng(1991)等将 NDP 分为目标函数为线性的、非线性的、非线性且解满足用户优化平衡标准这三类[14]。线性的目标是投资和花费最少,没有考虑出行时间随流量的变化。非线性目标函数和约束条件均与线性的相同,但它考虑了出行时间与路段流量的关系。第三类包含双层非线性目标函数,它以出行费用最少且满足交通需求为目标。这些都是在约束条件根据决策变量实现系统的优化,同时决策变量也影响着出行者的路线选择行为,描述该行为的模型有确定性的 DUE 模型和随机性的 SUE 两种类型[15]。网络设计中的决策变量不同决定了其模型也会不一样,决策变量主要有新建路段和改建路段提升能力两种,同时 NDP 也被分为三类:离散性、连续性和混合性,分别对应不同的决策变量。其中混合性网络设计更符合具体实际情况,混合网络设计问题同时考虑了新建道路和改扩建道路,能更好地使公路网系统达到最优,但其建模和求解过程比其他两类更复杂,假定只考虑新建道路则可选路线能形成若干备选方案,这时可以用直接枚举法来求解,枚举法计算简便,适合小规模网络优化问题。但该研究仅局限于新建路段对路网优化的作用,没有对改扩建路段问题进行分析,缺乏普遍性[16]。

**3. 旅游资源整合研究现状**

在 20 世纪 80 年代以前,国外研究者多从旅游规划、可持续发展的角度入手对旅游资源本身进行整合[17]。到 20 世纪 90 年代,学者们提出需要在进行私人企业与公共部门整合的同时,对国际之间的旅游资源进行整合,以实现区域旅游资源的协作与旅游产业利益相关者之间的协作[18]。随后的研究者开始逐步将研究的中心转向通过旅游资源空间的合理布局来维持旅游资源的可持续发展[19]。有学者提出,旅游公路建设不仅仅局限于以连接旅游景点为目的,而应该使公路其本身成为旅游产品的一部分来进行规划与建设,使其具有交通、教育、文化等多方面的功能[20]。

**4. 公路旅游交通需求预测研究现状**

对于旅游交通预测国外已有较多的研究应用,Pyp(1991)[21]等利用线性回归模型对旅游交通需求进行了预测;Law 和 Au(1999)[22]则运用神经网络方法预测了日本至香港的旅游交通需求;Lim 和 McAleer(2002)[23]利用时间序列对澳大利亚的国际旅游需求进行预测。国外交通分布预测的方法主要有增长系数法、重力模型等,数学规划法、图论及计算机的发展为合理的交通分配模型应用提供了坚实的基础。

5. 公路交通对旅游资源开发的影响研究现状

公路交通对旅游业发展的影响主要集中在公路网络对旅游景点影响上。主要从旅游者出行行为、交通与旅游目的地发展关系以及交通对旅游的影响等方面进行研究。Recker(2001)[24]等采用时空棱柱方法研究了旅行时间的节约对可达性可能造成的影响,时间的节约会促使旅行者优化其旅行行为。Prideaux(2000)[25]运用模型的方法论述距离、交通进入成本和目的地竞争力三方面的作用,从而确定旅游地发展中交通的作用,并构建了旅游目的地交通费用模型。Palhares(2000)[26]则以新西兰中心区域(Centre Stage of New Zealand region)为例,深化了交通系统对区域旅游发展的促进作用的探讨。

## 二、国内研究现状

1. 社会网络分析理论研究现状

我国对于社会网络分析方法的研究始于20世纪末期,并主要应用到群体间的关系结构、企业内部组织架构与外部关系网络、学术研究参引关系等研究领域[27],而现阶段的部分学者渐渐重视起社会网络分析在旅游研究领域中的价值。刘冰等(2013)[28]从整体网和个体网两个层面对新疆13个旅游目的地进行分析,并通过对网络特征不同指标的考察,对目的地网络进行系统的分析。殷晶等(2012)[29]从旅游客流网络密度、中心性等方面对单目的地线路和多目的地线路分别展开分析,并对杭州、南京和上海三个旅游城市的在不同客源的客流中的角色进行划分。杨效忠等(2010)[30]从旅游活动的边界效应入手,构建出跨界旅游边界效应测度指标,界定了跨界旅游去边界效应,认为旅游边界效应所产生的直接原因是行政边界对旅游活动的直接影响所产生的。吴晋峰等(2014)[31]采用问卷调查的方法获取外国游客对境内背景、上海、广州等热点城市的线路计划,构建入境外国旅游流网络并绘制出网络分布图,采用中心性、结构洞和派系等分析手段对网络进行分析,研究发现境外客流活动集中于国内主要航空客运枢纽城市,而大部分旅游城市仅作为旅游目的地而出现于出行链的末端。

2. 公路网络优化研究现状

我国学者在公路网优化方法的研究上较为多元化,多侧重于路线布局敷设方法论的研究,现阶段如传统四阶段法、分层布设法、节点重要度法等都具有一定的代表性。余国才等(1998)[32]利用节点重要度的概念,建立了以公路网整体节点重要度最大为优化目标的节点重要度最优树模型,有效地保证路网的节点的连通性,同时以公路网的重要度、连通度、面积密度以及建设资金为评价指标来对布局优化方案进行单因素分析。苏国辉等(2012)[33]从项目实施的经济性的角度入手,可考虑公路改建费用、公路建设用地机会成本、公路运输成本以及路网整体运行效率为四个关键决定因素,提出了具有良好操作性和科学性的公路网络布局优化模型。朱诺(2009)[34]在对公路网等级优化、节点重要度以及路段重要度模型进行改进的基础上建立了组合优化模型,并结合双层规划理论构建出区域公路网线路布局优化模型。吴群琪等(2014)[35]通过添加虚拟节点的方式来构建公路网中三点结构的虚拟连接方案,并基于四因素方法评价优化方案的连接效用,利用粒子群算法对模型进行求解。李晓伟(2012)[36]在提取公路网现状特征的基础上,利用关联函数构建综合交通一体化指标评价体系,对提出的规划方案进行综合评价,采用离差最大化法确定指标权重,减少专家经验带来的主观因素影响,最后借助累积前景理论对优化方案中的项目进行了排序。孟强等(2005)[37]将基于用户平衡原则的交通网络优化问题分类为确定性用户平衡和随机用户平衡两大类分开讨论,将双层规划模型转换为一个连续可微的单程优化问题,并设计统一算法。郑强(2002)[38]通过对重要度布局法的节点重要度和节点间路线重要度的分析和计算,采用聚类分析的思想,从整体上研究了公路网的布局优化方法。康文庆等(2006)[39]针对干线公路的特点,在节点重要度法的基础上引入交通区位法,论述了重要度联合区位法的原理及其在干线公路网规划中的应用,并提出了路网规划的具体操作流程。盖春英等(2006)[40]在分析省、市域公路网的特点要求基础上,通过将连续变量离散化,引入了双层规划的方法,对传统的公路网单目标优化模型进行了改进扩展。潘艳荣、邓卫(2008)[41]通过考虑交通预测的不确定性对交通网络设计的影响,分别建立了适用于连续型需求和离散型需求的交通网络设计模型,研究发现,随着设计参数的变小,网络效益变小而网络的稳定性变大,较准确地反映了实际的交通网络设计目标。王继峰、陆化普(2009)[42]针对公路网布局优化模型中的目标函数过于偏重机动性的特点,引入了可达性的概念,建立了以公路网可达性最大和交通负荷度最小为上层目标函数的多目标双层优化模型,并设计了 Pareto 最优的求解算法。莫一魁、晏克非等(2007)等[43]针对现行公路网规划中存在的主观随意性和网络设计模型的缺陷,提出了一种基于遗传算法的公路网络设计双层规划模型,可同时求出路段技术等级和车道数。易富君等(2011)[44]针对经济圈公路网络布局的特点,建立了一种基于遗传-模拟退火混合优化策略算法的经济圈公路网多目标双层布局优化模型,对经济圈公路的布局优化改善具有重要度理论和实际价值。

3. 旅游资源整合研究现状

在2002年以前,我国区域旅游资源整合问题研究处于初步阶段,主要集中于区域内的资源优化配置,而实质上单一区域内的旅游资源整合是非常局限且水平低的,并不能高效地利用资源。该时期研究者多从旅游资源自身的整合进行研究,很少考虑旅游系统与其他系统的整合。近期部分研究者的目光开始较多地转向旅游资源与公路网的整合上来:张立升(2006)[45]利用浙江省高速公路与旅游统计数据,从沿线的旅游资源可达性与富集区分布、景点等级、客源地分布、游客游览路线等多个方面入手分析了高速公路建设所带来的影响,并提出了发挥高速优势、依托交通走廊进行资源整合的旅游空间优化对策;田雨佳(2012)[46]从旅游学视角的角度入手研究公路网的布局,首先建立旅游资源与公路网系统的协同优化模型,在将旅游资源进行节点层次划分的基础上,再基于两个系统之间的协同关系进行逐层布局;陈德琳、马诗咏等[47,48]从旅游资源的可达性入手,在选取公路网控制节点与等级结构优化的基础上建立基于旅游资源可达性的多目标双层规划模型进行优化,并对黑龙江省进行了案例分析。

4. 公路旅游交通需求预测研究现状

国内的钱良辉(2005)[50]采用加权法对景点的吸引度和旅游旺季、淡季的时间影响系数进行计算,地区旅游客运总量结合各个景区吸引度系数、时间系数计算得到各个景点的旅游客运量;张霓(2006)[51]对公路旅游交通需求预测的原则和预测的影响因素做了详细论述,并根据不同的旅游类型分别建立了基于神经网络预测模型的公路旅游交通需求预测基础指标体系。李娟(2005)[52]提出对区域旅游景区进行分类,分别预测客源范围的旅游需求,并根据旅游区的旅游阻抗,采用概率模型计算各旅游景区的旅游需求,在出行结构的基础上,得到旅游交通需求的预测值。卢冠群(2009)[53]在旅游特征分析的基础上,探讨了 MAT-LAB 神经网络进行公路旅游交通预测的可行性,通过建立广义回归神经网络模型来预测公路旅游交通量。Jocelyn Mirabueno 认为推进旅游业和道路发展是发展中国家的共同目标,同时列举菲律宾旅游部门与其他机构合作的例子,说明无缝多式联运的重要意义[54]。

5. 公路交通对旅游资源开发的影响研究现状

张立升(2006)[45]在总结浙江省的高速公路网的发展现状和趋势基础上,分析了高速公路建设与旅游业发展的相关性,研究得出高速公路的建设会引导旅游资源开发向高速公路沿线及附近的城市节点集聚,并有利于提升景区等级,扩大知名度,增强旅游景区对游客的吸引力,进而影响到客源市场的分布以及旅游线路的选择和组合。欧玉婷和桑广书(2008)[55]结合金华旅游业发展实际,分析了杭金衢、金丽温与甬金高速公路建设对金华旅游业产生的影响,从中发现高速公路将沿线旅游资源串联成线,提高了游客进入旅游景区的可达性。黄琳等(2008)[56]分析了新疆旅游交通发展的现状,发现存在公路建设等级低、效率低,景区间距远,通达性差,旅游交通成本高等问题,在旅游公路的建设和旅游业协调发展的问题上提出了建立立体旅游交通网络加快实现景区间的高效连通,合理规划景区道路等相关对策。魏鸿雁和章锦河(2005)[57]通过拓扑分析的方法测定了黄山市的徽杭高速公路和宏儒公路建成前后黄山市旅游交通网络通达度指数的变化,发现交通网络的优化将提高区域旅游的可进入性,有利于推进旅游景点的旅游辐射带动功能。

## 第四节  主要研究内容和方法

### 一、主要研究内容

本书从以下几个方面对旅游资源和公路网整合技术涉及的问题展开详细论述。

第一章主要介绍区域旅游资源和公路网络整合技术的背景,论述研究该课题的意义,对目前区域旅游资源和公路网络的发展现状进行说明和评价,并对目前国内外对相关技术的研究现状进行了综述。

第二章主要对本书所使用的旅游空间结构、旅游中心地、增长极、社会网络分析理论等相关基础理论进行介绍。

第三章讨论区域旅游交通调查及需求预测的过程,结合规划年研究区域社会经济发展预测,考虑旅游交通的特点对旅游交通需求进行阐述,引出旅游交通需求的预测方法和针对旅游的诱增交通量计算模型。同时提出区域公路网合理发展规模的含义，介绍公路网规模的影响因素。最后，通过对常用的公路网规模预测方法进行优缺点分析，在此基础上提出一个改进的规模预测方法，为后续工作的开展提供了数据预测准备。

第四章对区域公路网发展规模进行了讨论，分析公路网规模的相关指标和区域公路网合理发展规模的影响因素，并指出了公路网规模传统预测方法中存在的问题，介绍了公路网规模预测的新型方法，并对公路网络节点的选择和等级结构优化进行了介绍。

第五章建立了基于旅游资源可达性的公路网络优化模型，在分析考虑旅游资源的公路网络布局优化的基础上，确定优化目标引入双层规划模型，上层模型反映公路网络规划决策者的优化目标，主要包括总建设投资费用最小、公路网络系统的总阻抗最小、旅游交通需求最大及旅游公路网络可达性最优，下层模型反映了公路网络出行用户的优化目标。对模型引入遗传算法同时借助软件，给出模型的求解过程方法，对公路网络进行优化，提高旅游资源的可进入性。同时建立区域旅游资源与公路网络协同优化模型，用以反映决策者和参与者在该问题中的博弈行为。为了更好地反映规划决策者和交通出行者（包括旅游出行和非旅游出行）的相互作用关系，建立双层规划模型。上层模型从管理规划者的角度考虑，优化目标为社会总投资收益最大化；下层模型从交通出行者的角度考虑，优化目标为单个用户的时间最小化。

第六章主要研究区域旅游与公路网规模发展的评价过程。简要介绍公路网布局规划的评价指标以及相关评价方法，确定综合评价的基本模式，对公路交通与区域旅游发展适应性的综合评价模型进行了相应研究。

第七章主要研究区域旅游整合发展，简要介绍区域旅游整合的概念、区域旅游整合的原则。确定区域旅游整合的构成包括区域旅游资源整合、区域旅游产品整合、区域旅游形象整合、区域旅游市场整合以及区域旅游管理体制整合。提出完善政府主导行为、重视市场经济体制的作用和创建信息化平台的区域旅游整合发展对策。

第八章结合黑龙江省旅游资源与公路网现状，在区域旅游资源与公路网络协同优化模型和考虑旅游资源可达性的公路网络优化模型的基础上，进行案例分析，求解模型，提出黑龙江省旅游资源整合发展策略。

## 二、技术路线

本书研究技术路线如图 1-9 所示。

# 第一章 绪　论

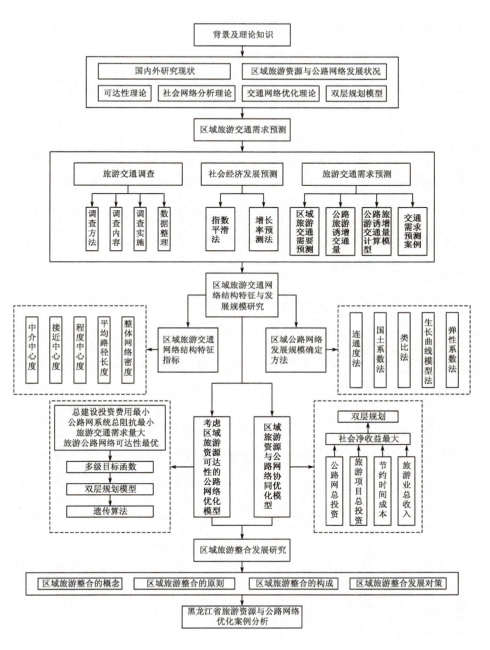

图 1-9　技术路线图

# 第二章 基础理论

通过了解我国区域旅游资源以及公路网发展现状,把旅游资源的开发与公路网络的建设结合考虑。本章通过介绍旅游空间结构、公路网布局优化理论以及社会网络分析理论,让读者了解相关的基础理论,将公路网规划与区域旅游资源相结合,同时明确了旅游交通特点对旅游交通需求预测的影响。为建立基于旅游资源可达性的公路网络优化模型提供依据,使整个区域公路网络运行效果达到最优。

## 第一节 旅游空间结构

区域旅游的空间结构涉及内容复杂,区域旅游供给的五大空间影响要素:吸引物、交通、住宿、支持设施和基础设施。不同学科体系对空间结构存在不同的研究视角。在旅游地理学中,旅游系统空间结构是旅游系统的空间表达,是指人类旅游活动中目的地、客源地和交通线路系统之间的地区差异和由此产生的空间相互作用,是旅游系统功能组织方式在空间上的投影或具体表现。

旅游空间结构一般分为三个层次:旅游空间聚集和扩散的核心区,能够反映旅游区的发展趋势;旅游开发热点区,能够反映旅游区的发展方向;旅游群体空间,能够反映宏观的区域关系。

### 一、旅游空间结构的特点

(1)兼容性。旅游区服务的对象不仅包括旅游者也包括本地居民,不仅可以开展旅游活动还能发展其他产业。一个旅游区可以有多种产业交织,包含各种各样的功能,这使得旅游空间结构十分庞杂。

(2)整体性。旅游空间结构是一个多功能交融的整体,旅游空间结构的发展应该和城市建设是一体的,其优化应该从整体考虑。在进行旅游资源的开发建设时,应当结合城市规划进行;在进行城市规划时,也应考虑对旅游资源进行配置和规划。

（3）承重性和非承重性。承重性是指旅游空间的发展是有上限的,其上限是在不影响当地居民生活质量的前提下,旅游空间中所能容纳的最大游客数量。非承重性是指旅游空间内的非物质性文化没有容量限制。

（4）辐射性。旅游空间对游客具有较强的吸引力,同时也会将吸引力扩散到周边的旅游空间和居住地,对周边经济和交通的发展具有带动作用。

（5）结构惯性。旅游空间结构惯性在经济、社会和文化等因素的共同作用下形成一个完整的系统,但在这其中最主要的影响因素是旅游资源的分布。

## 二、旅游空间结构的要素

国内外对于旅游空间要素的研究存在不同的看法。李玲,李娟文（2005）认为旅游空间结构包括点、线、面三种要素；Lubis（2003）认为旅游空间结构的分布状态主要由"主要吸引物""次要吸引物"来决定,前者将游客吸引到自身的位置,后者为旅客提供旅游服务设施。Pearce（1999）认为旅游空间结构主要由旅游节点、旅游通道和旅游区域系统组成。

景观生态学上的城市旅游空间结构有三个要素,分别为旅游嵌块体、旅游基质与旅游廊道。旅游嵌块体是城市旅游空间比例尺上所能见到的最小均质单元,在质量与属性上具有同一性,通常指旅游节点。旅游基质是城市旅游空间结构中分布较广、具有高度连接性的嵌块体,通常指旅游区。旅游廊道是呈带状或线状分布的嵌块体,最典型的是旅游带。

## 三、旅游空间的结构关系

旅游目的地的空间划分可以分为旅游圈、旅游区和旅游域。在《旅游规划通则》（GB/T 18971—2003）中,"旅游区"的定义是：一种以旅游及其相关活动为主要功能或主要功能之一的空间或地域。在旅游空间结构体系中,相似的旅游资源进行组合形成旅游区,不同特色的旅游资源组合形成旅游圈,最终形成"风景区—旅游区—旅游圈"的结构体系。旅游域以游客集散地为中心,以旅游者所能利用的旅游资源空间为半径,是游客在旅游空间内出游所能达到的最大旅游范围。与旅游圈不同的是,旅游域是指单个旅客的出游的极限空间范围,而不是旅游个体的资源需求区。旅游圈、旅游区、旅游域三者的关系如图2-1所示[58]。

图 2-1　旅游圈、旅游区、旅游域三者关系图

## 第二节　旅游空间结构的相关理论

### 一、旅游中心地理论

旅游中心地是指集中为多数客源提供生产、供应旅游吸引物的消费场所。旅游中心通常交通条件优越,通达性好。旅游中心地具有等级性,每一个较高级的中心地周围都存在几个次一级的中心地以及更多的低级中心地。根据距离衰减理论,旅游地接待的游客数量与目的地和客源地之间距离增加呈反比。因此在布局区域旅游空间、安排旅游线路和定位旅游客源市场时除了要考虑两地之间的距离之外,还要考虑游客的需求、客源品味、经济条件和消费能力等差异,充分利用区位理论,合理布局,准确定位。

### 二、增长极理论

增长首先以不同的强度出现在一些增长点或增长极上,然后以这些点位中心进行扩散,并最终带动经济的整体增长,这就是增长极理论。增长极理论应用到旅游规划中,就需要将特定的旅游区作为重点规划对象,使之成为区域旅游资源发展的增长极。

旅游增长极的规划会产生两种作用,一是极化作用,旅游增长极的规模扩大使得旅游要素向增长极集中,旅游要素的集中会使游客数量增加,进一步增加旅游增长极的经济发展和旅游发展,从而提高区域旅游的综合竞争力;二是扩散作用,即旅游经济要素通过增长极向周边地区扩散,从而带动整个区域旅游和经济的发展。

极化作用存在着一定的负面影响,极化过程导致的产业集聚会使得周边地区的人才流失和资金转移,其取得的垄断性资源优势对周边地区的旅游发展起到了抑制作用,这就是回流效应。

## 三、点—轴理论

"点—轴"理论的两个核心元素是"点"和"轴","点"是生长极,"轴"是生长轴。在旅游系统中,"点"是指区域旅游空间中的某个吸引力和凝聚力较强的旅游单体;"轴"是指将众多旅游资源点串联起来的旅游通道,沿线具有较高的吸引力和凝聚力。在区域旅游规划中,"点—轴"主要表现为旅游系统在极化作用下的空间结构演变,即"点"—"轴"—"带"—"网络"。

## 四、产业集聚理论

产业集聚是指以核心产业为基础,相关产业及其机构围绕核心产业所构成的有机复合体系统。产业集聚区内不仅会产生集聚经济,还会产生巨大的规模经济,区内各企业之间实现信息共享和技术交流,能够为区域带来规模效益。旅游产业集聚将核心旅游业作为支撑,形成多层次、多结构的旅游经济活动地域系统和旅游企业战略同盟,具有鲜明的产业集聚优势和辐射带动效应。

区域旅游产业集聚具有以下特征:

(1)资源依赖性。旅游产业集聚的基本条件是旅游资源能够吸引到旅游者进入区域产生旅游行为。

(2)广泛关联性。旅游产业包括"吃、住、行、娱"等各种企业,旅游产业集聚区内各产业相互关联,互相推动发展。

(3)文化交互性。产业集聚对于区域间的信息共享、技术共享和人才交流具有促进作用。

(4)区域创新性。旅游产业集聚创新包括思想创新和活动创新两方面,能够为游客提供独特的产品和服务。

研究旅游产业集聚程度,可先定性分析旅游产业集聚特征,再根据研究目的选取定量指标,统计分析,并运用产业聚集弹性指数分析旅游产业集聚程度与区域经济增长之间的关系,旅游产业空间集聚研究的检验流程如图2-2所示。

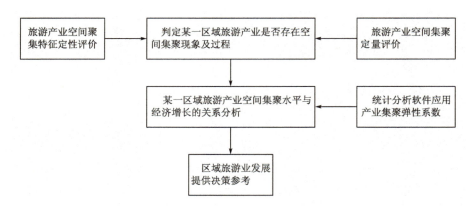

图 2-2 旅游产业空间集聚研究的检验流程

## 第三节　公路网络布局优化理论

### 一、公路网布局优化的含义

公路网络布局优化主要是指在原有路网的基础上,以公路网的整体最优化为目标,根据可能的投资条件,确定新建和改建路段。它包括以下三个方面的含义。

(1)一般所说的公路网络优化是指根据资金的许可情况,以路网的整体优化为目标对原有路网进行的改善和扩展,即公路网布局方案设计的内容。

(2)广义的公路网络优化是公路网规划建设全过程投资的优化,除了上述的布局优化外,还包括将在公路网布局规划方案中确定的各个建设项目按不同的 5 年或 10 年规划期安排实施顺序,以使得规划期内的总建设效益最大,即通过建设项目排序进行公路网建设实施方案设计的过程。

(3)公路网布局规划的实际实施是一个长期的过程。在此期间,由于经济发展的速度、生产力布局、投资结构或国家有关政策发生变化,可能导致运输结构和公路交通量与预测的情况不完全相符,致使公路网结构、规模及路线等级对运输需求的适用性发生变化。这时就需要根据具体情况,参考公路网建设投资方向进行调整,以充分利用有限的投资,尽最大可能地满足运输需求的变化,这属于公路网规划的滚动调整中的内容。

## 二、公路网布局优化理论和方法

### 1. 四阶段法布局

四阶段法是以技术评价为核心，以微观经济学理论为基础，通过现状 OD 调查、交通数据采集和历史资料分析，研究区域经济在时间和空间上的发展对交通需求的影响，建立需求预测模型，把公路网布局规划同经济发展有机地联系起来的一种方法。这种方法通过未来交通增长需求条件下各规划路网布局方案的运行分析，如流量、车速、饱和度等技术指标，对布局规划方案进行评价和比选。四阶段法的有效性较多地依赖于 OD 流量资料，分析过程偏重于以改善交通运行状况为目的进行网络和线路的优化。四阶段法布局是以路段分配交通量结果为依据，提出几种备选方案，然后进行公路网的建设效益计算，最终在资金约束的条件下，选出一个总效益最大的公路网。这种布局方法的局限性在于：

路网布局方案的确定缺乏系统性。四阶段法路网布局在进行路段交通量分配以后，主要采用经验调查法进行备选方案设计，即由专家构思、集体共议献策，进行有限的调查和研究测算，最终确定几个路网方案，因此随意性大，难以实现操作方法的规范化和系统化。备选方案经过评价选优以后得到的最终方案，虽然相对于其他备选方案而言是优的，然而由于缺乏理论说明，无法确定最终方案就是唯一最优的。

在方案比选上仅仅选择公路网建设效益为单一目标进行优化。同时，其方案设计仅以路段交通拥挤度大小作为唯一的依据，忽略了公路网方案设计是受社会、经济、环境等多条件约束的产物，往往导致规划方案与实际脱节，不易被决策部门接受。

### 2. 节点法布局

这种方法是将路网布局优化分解成路网节点的选择和路网线路的选择两部分进行。不同地区、规模和不同层次的路网布局对节点的选择可以有不同的依据，其核心是通过交通、经济要素的综合考虑建立节点重要度模型和节点间连线重要度模型作为网络布局的依据。由于城镇体系发展、土地开发和交通网络之间存在必然的联系，这类方法能够比较好地解释土地利用、交通需求与交通设施之间的关系，可以体现网络的整体服务要求而不仅仅是交通需求。然而，节点选择重要度模型建立过程中定性成分相对较多，无法对线路布局进行优化分析。

### 3. 总量控制法布局

总量控制法的基本思想是：从宏观整体出发，以区域内道路交通总需求控制公路网建设总规模;以区域内社会经济发展和生产力分布特点,确定路网的总格局和分期实施方案。作为一种宏观规划方法,总量控制法的优点是可以科学地把握网络总规模,总体上属于"供给追随型"规划思想,即根据需求决定"供给"水平,对线路布局和优化还有待研究更为合理的方法。

在公路网布局设计优化问题上,目前主要有以下几种优化方法或方式。

(1)把单位里程的路段重要度最大作为优化目标,公路网的规划总里程作为约束条件;把路网的重要度最大作为优化目标,建设资金、公路网发展规模、政策等条件作为约束条件,用0-1整数规划模型求解。

(2)只是进行节点的聚类分析,然后根据经验将不同层次的节点连接起来。

(3)先应用图论理论分块得到公路网的最优树,然后增补附加联络线,最后将各块合并,得到最终的布局优化方案。

(4)将路网中节点的吸引度之和作为路网的吸引度,并把路网吸引度最大作为优化目标,同时满足公路网发展规模、建设资金等约束条件。

上述各种方法都有一定的优越性,同时也不同程度地存在各种各样的缺陷或问题。目前,对公路网布局优化问题的深入研究正在进行之中。

在选择公路网布局的优化方法时,由于分层叠加布局在进行某一个层次的优化时,没有考虑其他层次节点的影响,而对于实际的公路网中这种情况是不存在的,故不宜选择此种方法。对于混层布局和逐层展开布局这两种方法,虽然它们的最终布局优化结果是相同的,但混层布局把全部节点混在一起布局,没有区分不同层次节点的功能强弱,层次不清楚,重点不突出,把节点等同看待,不利于公路网的分期、分重点建设和分级管理。因此,在实际公路网布局优化时,一般宜选择逐层展开布局的公路网布局优化方法。

### 三、区域公路网布局优化方法

区域公路网是区别于干线公路网和县乡公路网的一种既含有干线公路,又含有县乡公路的公路网,如山东省公路网、哈尔滨市公路网等。这类公路网在进行布局规划时,可以先采用最优树法或动态规划法进行干线公路的布局,然后在干线公路确定的基础上采用最优树扩张法或支线连接法进行支线(县乡)公路的布局,将这两种布局综合在一起,便得到整个区域公路网的布局规划方案。除此之外,区域公路网的布局规划分为连续性交通网络优化方法和逐层展开布局优化方法。

1. 连续性交通网络优化方法

网络设计问题(NDP)研究的问题可分为两类:一是对现有路段的改进,这种情况下的通行能力增加持续增长,称为"连续性交通网络设计问题"(CNDP);二是新建路段,这时通行能力呈现跳跃性增长,称为"离散性道路网络设计问题"(DNDP)。

CNDP 网络设计是在一定的投资约束条件下,考虑出行者行为选择对路段进行改进,使交通网络达到系统指标最优的投资决策问题。CNDP 将网络设计模型分为系统最优和用户最优两层,使其能够对问题作出准确的描述,但是模型求解比较复杂,当网络规模增大时,算法复杂性呈几何级数增加。

(1)模型介绍

CNDP 根据预算投资额的限制与否,分为预算约束和无预算约束两类,它们的模型都是上下两层。该模型如下:

① 预算约束模型

上层:

$$\min : Z(y) \sum_{a \in A} x_a^*(y) \cdot t_a(x_a^*(y), y_a) \tag{2-1}$$

$$\text{s.t.} \sum_{n=1}^{m} I_a(y_a > 0) \leq I_{\max}$$

式中: $x^* = (\cdots, x_a^*(y), \cdots)$ ——下层数学规划的极值。

下层:

$$\min : Z(x) = \sum_{a \in A} \int_0^{x_a} t_a(w, y_a) \mathrm{d}w \tag{2-2}$$

$$\text{s.t.} \quad \sum_k \int_k^{rs} = q_{rs} \quad \forall r, s$$

$$x_a = \sum_{r,s} \sum_k f_k^{r,s} \cdot \delta_{a,k}^{r,s} \quad \forall a$$

$$x_k^{r,s}, \forall r, s \forall k$$

② 无预算约束的模型

上层:

$$\min_y : Z(y) = \sum_{a \in A} x_a^*(y) \cdot t_a \left[ x_a^*(y), y_a + \lambda \sum_{a=1}^m g_a(y_a) \right] \tag{2-3}$$

$$y_a \geq 0 \quad (a = 1, 2, \cdots, m)$$

式中: $x^* = (\cdots, x_a^*(y), \cdots)$ ——下层数学规划的极值。

无预算约束模型的下层模型与上文预算约束模型的下层一样,此处不赘述。

上述式中: $x_a$ ——路段 $a$ 上的交通流量,它们组成的向量为 $\boldsymbol{x} = (\cdots, x_a, \cdots)$;

$y_a$ ——路段 $a$ 的通行能力的增加值,共 $m$ 个,它们组成的向量为 $\boldsymbol{y} = (y_1, y_2, \cdots, y_m)$,称之为"扩容向量";

$m$——备选路段(待添加和改进路段)的条数;

$t_a$——路段 $a$ 的走行时间,$t_a = t_a(x_a, y_a)$,即路段 $a$ 的走行时间是流量的函数;

$x_k^{r,s}$——点对 $(r,s)$ 间的第 $k$ 条路径的交通流量,其向量为 $\boldsymbol{f} = (\cdots, f_k^{rs}, \cdots)$;

$I_a$——路段上预计投资额,其向量为 $\boldsymbol{I} = (\cdots, I_a, \cdots)$;

$I_{\max}$——预算总投资额上限;

$g_a(y_a)$——路段上通行能力增加 $y_a$ 所需要的投资值;

$\delta_{a,k}^{r,s}$——$\delta_{a,k}^{r,s} = \{1,$ 如果路段 $a$ 在 $(r,s)$ 间的第 $k$ 条路径上;$0$,其他情况$\}$;

$q_{rs}$——点对 $(r,s)$ 间的 PA 交通量;

$a$、$k$、$r$、$s$——分别为路段下标、路径下标、出行产生点下标、吸引点下标。

(2) 模型求解

连续性交通网络模型的求解方法有迭代优化算法、分解平衡优化算法、Hooke-Jeeves 算法等。这里对迭代优化算法进行介绍:

迭代优化算法是将问题中的某一层的极值作为固定值,代入另一层求极值解,并进行反复迭代的计算方法,简称 IOA 法 (Intelligent Optimization Algorithm)。

将投资函数进行一次对称,将 $g_a(y_a)$ 变成关于 $y$ 轴对称的函数:

$$g_a(y_a) = g_a(|y_a|) \qquad (y_a < 0) \qquad (2\text{-}4)$$

这样就去掉了约束条件 $(y_a < 0)$,将目标函数变成无约束的极值问题。

IOA 算法具体过程如下:

① 选定初始解 $y_0$;

② 在网络 $N(y^k)$ 上进行 UE 分配计算,得到解 $x^k$;

③ 令 $x^* = x^k$,代入上层问题,得到关于 $y$ 的无约束极值问题,解得 $y^{k+1}$,即:

$$Z(y^{k+1}) = \min : Z(y) = \sum_{a \in A} x_a^* \cdot t_a(x_a^*, y_a) + \lambda \sum_{a=1}^{m} g_a(y_a) \qquad (2\text{-}5)$$

④ 检验 $|y^{k+1} - y^k| < \varepsilon$ 是否成立,若是,令 $y^* = y^{k+1}$,即为问题的最终解;否则,令 $k = k+1$,返回第②步,算法结束。

2. 逐层展开布局优化方法

公路网的布局分为三个过程:首先,将区域内的节点按照其重要程度进行聚类分析,划分层次;其次,层次划分完毕后,先构造第一层路网并进行优化,然后再进行第二层的路网构造和优化,逐层进行直到完成布局;最后,结合前两个过程,使路网整体布局达到效益最优。

公路网优化的过程是提升公路网重要度的过程。用 $F$ 表示公路网的重要度,建立公路网重要度模型。给定初始赋权网络 $N=(G,W)$,其中 $G=(V,E)$ 为相应的运输网络图。对于已选 $M$ 个节点构成的集合 $V^* \in V$,求规划线路集 $E^* \in E$,使单位里程上获得最大的线路权值,即:

$$\max F = \frac{\sum_{(v_i,v_j)} W_{ij}}{\sum_{(v_i,v_j)} L_{ij}} \tag{2-6}$$

$$\text{s.t.} \quad (V_i, V_j) \in V^* \; e_{ij} = (v_i, v_j)$$

边集 $(V_i, V_j)$ 应使 $V^*$ 中 $M$ 个节点连通。可以证明,当边数正好为 $M-1$ 条时,相应的连通图无圈,为一个生成树。

公路网布局优化模型求解算法:

①对初始网络 $N=(G,W)$,建立边 $e_{ij}=(v_i,v_j)$、距离 $L_{ij}$、$N_i$、$Q_{ij}$ 等基础数据;

②计算线路权值(路线重要度)$W_{ij}$;

③计算路线密度值,定义:

$$d_{ij} = \frac{w_{ij}}{l_{ij}} \quad [V(v_i,v_j)] \in E \tag{2-7}$$

④在得到线路重要度的基础上,根据最小树和最优树的原理,运用 Kruskal 算法(破圈法)可求解模型式(2-6),确定 $M-1$ 条连接 $V^*$ 的所有 $M$ 个节点的边,构成最优树,其边的集合记为 $E^*$,即为区域公路网主干架,同时要考虑区域的自然地理、产业格局及国防地位等因素。确定主骨架(最小树),既考虑可投资费用的节省,又考虑了节点经济发展情况及相互间联系的强弱。

最终得到的路线重要度最大树,既是公路网主骨架,又是公路建设的重点,它保证了区域各节点间的有效连通,使公路网由树状向网状过渡完善,以进一步提高各节点的连通次数和便捷程度,更好地为网层次布局提供科学依据。

⑤扩充边,寻求网络布局最佳的线路规模。将 $E$ 中未选入 $E^*$ 的线路,按其密度值的大小,由大到小排序,记序列为 $r(k)$,$k=1,2,e(G-E^*)$,这里 $e(G-E^*)$ 是部分图 $e(G-E^*)$ 的边数。计算最小比值 $\min_k \frac{r(k+1)}{r(k)}$,得到 $k^*$,而对应的线路密度如记为 $d_{s.t.}^*$,则扩充线路 $(v_i,v_j)$ 的条件是 $d_{ij} > d_{ij}^*$。

另外,在对路网优化时,要注意公路项目建设与城市总体规划以及城镇体系规划的相互协调和适应,避免因路网优化与地区自然环境、文物资源、城镇开发等方面产生冲突。区域路网的优化,还受行政体制的制约和建设资金的约束,在对区域公路网优化过程中,要打破部门之间的限制,加强相互沟通和协调,以路网整体运输效益为目标,保证路网优化效果的实现。

## 第四节 社会网络分析理论

### 一、社会网络分析的概念

社会网络分析是一套用来分析多个个体通过相互联系构成的网络的结构、性质以及其他用于描述这个网络的属性的分析方法的集合,它强调从关系或者结构的角度把握研究对象,注重个体间的关系。简单地说,社会网络分析就是对网络中行动者间的关系进行量化的研究[59]。社会网络分析主要测量指标如表2-1所示。

SNA 的测量指标[59]　　　　表2-1

| 指标 | 含义 |
|---|---|
| 密度(density) | 指行动者实际拥有的连线数与最大可能拥有的线数之比 |
| 中心度(centrality) | 反映某一行动者在网络中居于核心地位的程度 |
| 关系强度(ties strength) | 测量网络中两个行动者间关系的强弱 |
| 位置(position) | 结构上处于相同地位的一组节点 |
| 内容(content) | 各行动者间联系的类型或属性(如亲疏、权力分配) |
| 角色(role) | 相同位置上的节点所表现出的相对固定的行为模式 |
| 派系(cliques) | 指联络起来的具有某种共同特征的凝聚子群 |

### 二、区域旅游交通网络结构特征指标

1. 整体网特征指标

(1) 整体网络密度

网络密度定义为实际存在的关系数量与理论上最多可能存在的关系数量之比,反映旅游网络结构发展的成熟程度。网络密度越高,各旅游节点间联系越紧密,整体网络发展越成熟。对于包含节点 $n_i (i=1,2,\cdots,n)$ 的网络,其计算公式如下:

$$\rho = \frac{m}{n(n-1)} \qquad (2-8)$$

式中：$\rho$——整体网络密度；
$m$——网络中的关系总数；
$n(n-1)$——理论上关系总数的最大值。

(2) 平均路径长度

平均路径长度定义为所有点对之间路径长度的算术平均数，该指标可以用于衡量旅游交通网内游客的平均出行成本，出行成本越低，游客的旅游出行行为越容易发生。其计算公式如下：

$$\overline{L} = \frac{1}{n(n-1)} \sum_{i=1}^{n} \sum_{j=1}^{n} d(n_i, n_j) \quad (i \neq j) \quad (2-9)$$

式中：$\overline{L}$——所有节点对之间路径长度的算术平均数；
$d(n_i, n_j)$——旅游节点 $n_i$ 到旅游节点 $n_j$ 的路径长度。

2. 单节点特征指标

(1) 程度中心度

旅游出行节点在区域旅游体系中的重要程度是旅游资源优化主次划分与旅游交通网（如高等级公路网、公路客运网、铁路客运网和民航网等）优化的重要依据。程度中心度测量的是旅游出行节点与其他旅游出行节点的直接关联的节点数，可直观地反映出该旅游节点在整体网络中的重要程度。在旅游客流分析中，旅游出行客流 OD 为非对称矩阵，即旅游出行 OD 为有向网络，有必要将旅游节点的程度中心度分为入度中心度和出度中心度，对于包含节点 $n_i$ ($i=1, 2, \cdots, n$) 的旅游客流网，其计算公式如下：

$$Cen_{D,in}(n_i) = \sum_{j=1}^{n} r_{ji}^P ; Cen_{D,out}(n_i) = \sum_{j=1}^{n} r_{ij}^P \quad (i \neq j) \quad (2-10)$$

式中：$r_{ij}^P$——0-1 变量，$r_{ij}^P = 1$，表示有旅游客流从旅游节点 $n_i$ 到旅游节点 $n_j$ 进行旅游活动，反之，则 $r_{ij}^P = 0$。

上面两个指标分别表征了旅游客流积聚和发散的程度，可以根据该指标来判断旅游目的地是否为"区域旅游进口通道[$Cen_{D,in}(n_i)$ 高，$Cen_{D,out}(n_i)$ 低]""区域旅游核心地[$Cen_{D,in}(n_i)$ 高，$Cen_{D,out}(n_i)$ 高]""区域旅游出口通道[$Cen_{D,in}(n_i)$ 低，$Cen_{D,out}(n_i)$ 高]""区域旅游边缘区[$Cen_{D,in}(n_i)$ 低，$Cen_{D,out}(n_i)$ 低]"[60]。

旅游交通网与客流网不同，交通网在通常情况下可以被看作一个无向网络。因此，对于旅游交通网，程度中心度无须分类进行计算：

$$Cen_D(n_i) = \sum_{j=1}^{n} r_{ij}^T \quad (2-11)$$

式中：$r_{ij}^T$——0-1 变量，$r_{ij}^T=1$，表示旅游节点 $n_i$ 到旅游节点 $n_j$ 间由直接交通方式直接连接，反之，则 $r_{ij}^T=0$。

为了消除网络规模变化对程度中心度的影响，弗里曼（Freeman，1979）提出了一个标准化的测量公式：

$$Cen'_D(n_i) = \frac{Cen_D(n_i)}{n-1} \tag{2-12}$$

这个标准化程度中心度测量，使用旅游节点 $n_i$ 的程度中心度除以与其他 $n-1$ 个旅游节点最大可能连接数，得到与旅游节点 $n_i$ 有直接联系的网络成员比例。$Cen'_D(n_i)$ 的取值范围从 0 到 1，0 表示与任何其他节点都没有联系，1 表示与其他每一个节点都有直接联系。

程度中心度的全局值，表征的是整个网络的中心趋势，计算公式如下：

$$Cen_D = \frac{\sum_{i=1}^{n}[Cen_D(n_i)_{max} - Cen_D(n_i)]}{\max\{\sum_{i=1}^{n}[Cen_D(n_i)_{max} - Cen_D(n_i)]\}} \tag{2-13}$$

在包含 $n$ 个点的网络中，其中 $n-1$ 个点全部有且只有与同一个点有联系时，分母才达到最大值 $(n-1)(n-2)$，因此上公式可变为：

$$Cen_D = \frac{\sum_{i=1}^{n}[Cen_D(n_i)_{max} - Cen_D(n_i)]}{(n-1)(n_2)} \tag{2-14}$$

（2）接近中心度

接近中心度的定义为某具体节点 $n_i$ 与图中所有其他点的路径之和的倒数，该指标可以用于判断旅游目的地与其他旅游目的地的接近程度，其计算公式如下：

$$Cen_C(n_i) = \frac{1}{\sum_{j=1}^{n}d(n_i,n_j)} \tag{2-15}$$

式中：$d(n_i,n_j)$——旅游节点 $n_i$ 到旅游节点 $n_j$ 的路径长度。

对旅游客流网进行分析时，可首先将旅游客流的 OD 矩阵进行二值化处理，将旅游客流转化为无权的关系网络进行分析，此时式(2-15)中的 $d(n_i,n_j)$ 则为旅游 OD 二值化网络中节点 $n_i$ 到旅游节点 $n_j$ 的路径。在对旅游交通网进行分析时，$d(n_i,n_j)$ 则定义为节点间最短的交通出行时间（出行距离），此时的 $Cen_C(n_i)$ 表示旅游节点 $n_i$ 与其他旅游目的地在空间距离上的接近程度，若旅游目的地位于区域的中心,且与其他旅游节点的连接性好,目的地交通越便利,接近中心性的值越高。

易知,当旅游节点 $n_i$ 与其他所有节点都直接相连的时候,此时的接近中心度 $Cen_C(n_i)$ 将达到最大值 $1/(n-1)$。因此,可以通过除以 $Cen_C(n_i)$ 的可能最大值来对该指标进行标准化,得到相对接近中心度的公式如下:

$$Cen'_C(n_i) = Cen_C(n_i) \cdot (n-1) \tag{2-16}$$

在计算旅游交通网的接近中心度时,需要考虑到交通网为加权的有量纲(时间或者距离)网络,对其进行接近中心度分析的时候,该指标不仅受到网络规模的影响,同样受到加权量纲的影响,若直接对路网进行二值化处理,旅游节点间的空间距离的信息被直接忽略。因此,本书在此针对旅游交通网对该指标进行改进,则计算式可以变换为:

$$Cen'_C(n_i) = Cen_C(n_i) \cdot Cen'_D(n_i) \cdot \min_i \sum_{j=1}^{n} d(n_i, n_j) \tag{2-17}$$

容易看出,对相对接近中心度进行无量纲化处理后的取值同样为 $0 \leq Cen'_C(n_i) \leq 1$,并且当且仅当节点 $n_i$ 与网络中其他节点都直接相连并且 $\sum d(n_i, n_j)$ 为取得最小时 $C'_C(n_i)$,此时该旅游节点地居于区域中心。

接近中心度的全局值,计算公式如下:

$$Cen_C = \frac{2n-3}{(n-1)(n-2)} \sum_{i=1}^{n} [Cen'_C(n_i)_{max} - Cen'_C(n_i)] \tag{2-18}$$

(3)中介中心度

中介中心度概念关注的是两个非邻接的旅游节点间相互依赖于旅游系统空间中其他节点的程度。该指标测量的是某具体节点在整个网络中的资源控制能力,其计算公式如下:

$$Cen_B(n_i) = \sum_{j}^{n} \sum_{k}^{n} \frac{g_{jk}(n_i)}{g_{jk}} \quad (i \neq j \neq k \text{ 并且 } j < k) \tag{2-19}$$

式中:$g_{jk}$——节点 $n_j$ 到节点 $n_k$ 间的路径的数量;

$g_{jk}(n_i)$——节点 $n_j$ 到节点 $n_k$ 所有经过节点 $n_i$ 的路径的数量。

如果一个旅游节点多次出现在其他旅游节点之间的路径上,则该节点就具有较大的中介中心性,为区域旅游集散中心兼旅游中心,游客在该节点停留或周转的概率较大。

容易知道,$n-1$ 个节点间所有点对的路径都不经过节点 $n_i$ 时,中介中心度的值为0；当节点 $n_i$ 位于所有点对的每一条路径上时，该值即达到最大值 $C_{n-1}^2 = (n-1)(n-2)/2$。因此，可以利用该理论最大值将中介中心度进行标准化，其计算公式如下：

$$Cen'_B(n_i) = \frac{2 \times Cen_B(n_i)}{(n-1)(n-2)} \quad (2\text{-}20)$$

接近中心度的全局值，计算公式如下：

$$Cen_B = \frac{2}{(n-1)^2(n-2)} \sum_{i=1}^{n} [Cen_B(n_i)_{\max} - Cen_B(n_i)] \quad (2\text{-}21)$$

## 三、旅游交通网络结构指标

区域旅游交通网络结构指标包括旅游流网络规模、旅游流网络密度和旅游流网络中心势三个指标，其中：旅游流网络规模是指在整个旅游流网络中所包含的旅游节点的数量；旅游流网络密度是指在整个旅游流网络中各旅游节点之间存在的关系的实际数量与理论上的最大数量的比值；旅游流网络中心势是反映整个网络中心化程度的指标，与旅游节点中心性不同，中心势反映的是一个旅游节点在整个网络中的中心程度，见表2-2。旅游流网络中心势根据计算方法的不同可以分为程度中心势、亲近中心势和中介中心势，这三个指标共同反映了旅游流网络总体的整合度和中心化程度；程度中心势值越大，说明旅游流网络围绕核心节点会聚或发散的趋势越明显，亲近中心势体现了整个网络的亲近化程度，而中介中心势较大，则说明旅游流的转移和扩散需要借助网络中少数几个中转节点来完成，这些节点在整个旅游流网络中占据着重要的地位。

旅游网络结构指标　　　　　表2-2

| 指标 | 公　式 | 解　释 |
|---|---|---|
| 旅游网络规模 | $k*(k-1)$ | 若旅游网络中有 $k$ 个旅游节点，则对于有向旅游网络图中所有可能的关系数量值 |
| 旅游网络密度 | $D = \dfrac{2\sum_{i=1}^{k} d_i(n_i)}{k*(k-1)}$  $d_i(n_i) = \sum_{i=1}^{k} d_i(n_i, n_j)$ | $k$ 为旅游节点数量；如果两个节点 $i$ 和 $j$ 有直接联系，那么 $d_i(n_i, n_j) = 1$，否则，$d_i(n_i, n_j) = 0$。网络密度越高说明网络中节点联结越多，节点之间存在旅游路线就多，旅游网络效果就好。当 $D = 1$ 时，说明网络中所有节点之间都有联系，反之，当 $D = 0$ 时，则旅游节点之间没有联系 |

续上表

| 指标 | | 公式 | 解释 |
|---|---|---|---|
| 旅游网络中心势 | 程度中心势 | $Cen_D = \dfrac{\sum_{i=1}^{k}[C_D(n^*) - C_D(n_i)]}{k^2 - 3k + 2}$ | $C_D(n^*)$为该网络中最大的程序中心性值,分子表示被评价网络中所有其他节点程度中心性与最大程度中心性之间的差值之和,$k$为旅游网络的旅游节点数 |
| | 亲近中心势 | $Cen_C = \dfrac{\sum_{i=1}^{k}[C_C(n^*) - C_C(n_i)]}{\max \sum_{i=1}^{k}[C_C(n^*) - C_C(n_i)]}$ | $C_C(n^*)$为被评价旅游网络节点的最大亲近性值,分子表示被评价网络中所有其他节点亲近中性与最大亲近性之间的差值之和,$k$为旅游节点数 |
| | 中介中心势 | $Cen_B = \dfrac{\sum_{i=1}^{k}[C_B(n^*) - C_B(n_i)]}{k^3 - 3k^2 + 5k - 2}$ | $C_B(n^*)$为被评价旅游网络节点的最大中介性值,分子表示被评价网络中所有其他节点中介性与最大中介性之间的差值之和,$k$为旅游节点数 |

## 四、案例分析

1. 数据来源

黑龙江省旅游客流 OD 数据来自于黑龙江省交通运输厅科技项目——"黑龙江省高等级公路网络与旅游资源整合技术研究"[61]。

2. 黑龙江省旅游客流网结构分析

将黑龙江省的旅游客流调查数据导入 Ucinet 6.216 软件中,可以得到黑龙江省旅游客流网结构图(图 2-3),同时对旅游客流进行分析,分析结果见表 2-3

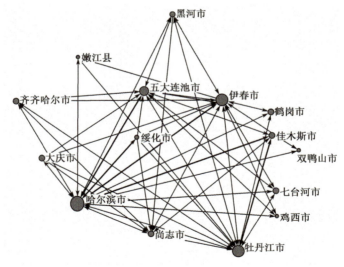

图 2-3　黑龙江省旅游客流网结构

和表2-4。从图2-3中可以看出,黑龙江省形成以哈尔滨市、五大连池市、伊春市、尚志市、牡丹江市为旅游核心的旅游出行布局。

黑龙江省旅游客流网与旅游交通网整体网分析结果　　　　表2-3

| 指　标 | 旅游客流网 | 高等级公路网 | 客运铁路网 |
|---|---|---|---|
| 密度(%) | 36.67 | 12.86 | 40.00 |
| 平均路径长度(km) | — | 415.6 | 530.7 |

黑龙江省旅游客流网与旅游交通网个体分析结果　　　　表2-4

| 旅游节点 | 客流网络 | | | | |
|---|---|---|---|---|---|
| | 程度中心度 | | 接近中心度 | | 中介中心度 |
| | IN | OUT | IN | OUT | |
| $n_1$ 嫩江县 | 14.29 | 14.29 | 50.00 | 53.85 | 0.00 |
| $n_2$ 黑河市 | 14.29 | 35.71 | 50.00 | 60.87 | 0.00 |
| $n_3$ 齐齐哈尔市 | 14.29 | 35.71 | 50.00 | 60.87 | 0.00 |
| $n_4$ 大庆市 | 21.43 | 35.71 | 51.85 | 60.87 | 0.00 |
| $n_5$ 绥化市 | 7.14 | 35.71 | 48.28 | 60.87 | 0.00 |
| $n_6$ 哈尔滨市 | 85.71 | 100 | 87.50 | 100 | 34.66 |
| $n_7$ 牡丹江市 | 71.43 | 71.43 | 77.78 | 77.78 | 12.11 |
| $n_8$ 伊春市 | 78.57 | 71.43 | 82.35 | 77.78 | 14.85 |
| $n_9$ 佳木斯市 | 28.57 | 35.71 | 58.33 | 60.87 | 9.03 |
| $n_{10}$ 五大连池市 | 78.57 | 28.57 | 82.35 | 46.67 | 5.27 |
| $n_{11}$ 尚志市 | 57.14 | 7.14 | 70.00 | 38.89 | 0.69 |
| $n_{12}$ 鹤岗市 | 28.57 | 28.57 | 56.00 | 58.33 | 1.33 |
| $n_{13}$ 双鸭山市 | 14.29 | 14.29 | 50.00 | 53.85 | 0.00 |
| $n_{14}$ 鸡西市 | 21.43 | 21.43 | 53.85 | 56.00 | 0.94 |
| $n_{15}$ 七台河市 | 28.57 | 28.57 | 56.00 | 58.33 | 1.33 |
| 均值 | 37.62 | 37.62 | 61.62 | 61.72 | 5.35 |
| 标准差 | 28.12 | 24.96 | 14.16 | 14.42 | 9.46 |
| 最小值 | 7.14 | 7.14 | 48.28 | 38.89 | 0.00 |
| 最大值 | 85.71 | 100 | 87.50 | 100 | 34.66 |
| 全局值 | 66.84 | 51.53 | 57.59 | 85.18 | 31.41 |

客流整体网络呈现出南密北疏、西密东疏的空间格局,旅游客流整体网密度为36.67,与国内其他旅游区域相比,该指标处于相对较高的水平,说明旅游者出行路径选择较为多样化,黑龙江省旅游资源的丰富、多样性。每个旅游节点平均与其他5个节点产生了客流的流动与交换,这说明旅游出行者并不倾向于进行单目的地的旅游出行。

从整体的角度来看,程度中心性和接近中心性的全局值均处于较高水平,这说明黑龙江省内旅游客流的分布中心性明显,分布不均匀。哈尔滨市的中心性分析指标均为最高值,为区域旅游的核心区域,这与哈尔滨市的行政地位、交通区位和自身涵盖冰雪、历史文化、爱国主义教育等丰富主题的旅游资源有着密不可分的关系。程度中心度第二、三位的城市为牡丹江市和伊春市,两地的程度中心度与接近中心度的值均较高(大于70),中介中心度指标相对较高,为区域旅游的次级核心区,说明省内的客流倾向于在此进行停留并周转。两地包含以小兴安岭风景区和镜泊湖风景区为代表的原始自然景色主题旅游,资源禀赋高,对旅游者有较强的吸引力。

尚志市的亚布力滑雪场与五大连池市的五大连池风景区是黑龙江省的经典旅游目的地,两地向内程度中心度较高(大于50),且要远远高于自身的向外程度中心度,到这两个旅游目的地的游览的游客的次级目的地较为单一,为区域旅游进口通道。佳木斯市、黑河市、齐齐哈尔市、绥化市和大庆市的向外程度中心度处于中等水平(>30),均远远高于自身的向内程度中心度,这些旅游城市为区域旅游出口通道,从此周转的游客选择的目的地较为多样化。

鹤岗市、鸡西市、双鸭山市、七台河市、嫩江县的程度中心度指标排名较为靠后,为区域旅游边缘区。位于以上五个旅游节点的三江平原湿地、嫩江现代农场等与省内其他旅游目的地相比差异化明显,拥有不错的旅游资源优势,但由于其地理位置处于黑龙江省较为边缘的地区,区位优势不突出,客流网络介入的机会较小,应该与周边的旅游通道进行产品的整合开发与线路合并。

3. 黑龙江省旅游交通网结构分析

黑龙江省旅游交通网研究节点与旅游客流节点一致,根据公路网和铁路网数据可描绘出黑龙江省旅游交通网结构图(图2-4、图2-5),同时基于VBA编程实现对加权网络的分析,其结果如表2-5所示。公路网的整体网络密度为12.86,铁路网络的密度为40.00,铁路网的网络密度要明显高于公路网的密度。

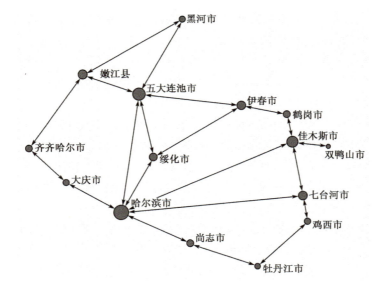

图 2-4　黑龙江省高等级公路网络

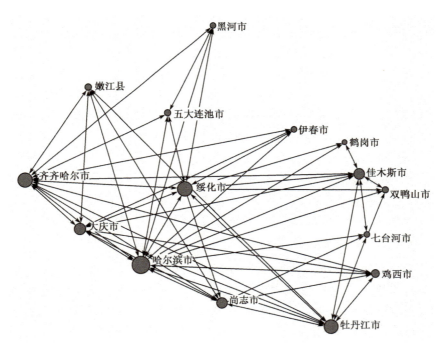

图 2-5　黑龙江省客运铁路班次网络

## 黑龙江省旅游客流网与旅游交通网个体分析结果　　表 2-5

| 旅游节点 | 交通网络 | | | | | |
|---|---|---|---|---|---|---|
| | 程度中心度 | | 接近中心度 | | 中介中心度 | |
| | 公路 | 铁路 | 公路 | 铁路 | 公路 | 铁路 |
| $n_1$ 嫩江县 | 21.43 | 35.71 | 25.86 | 53.07 | 3.30 | 0.00 |
| $n_2$ 黑河市 | 14.29 | 28.57 | 21.03 | 43.85 | 0.00 | 0.00 |
| $n_3$ 齐齐哈尔市 | 14.29 | 71.43 | 29.34 | 76.05 | 5.49 | 15.38 |
| $n_4$ 大庆市 | 14.29 | 57.14 | 34.94 | 82.28 | 14.29 | 21.98 |
| $n_5$ 绥化市 | 21.43 | 78.57 | 39.35 | 98.08 | 12.09 | 29.67 |
| $n_6$ 哈尔滨市 | 42.86 | 100 | 42.86 | 100 | 38.46 | 45.05 |
| $n_7$ 牡丹江市 | 14.29 | 71.43 | 27.93 | 76.21 | 2.20 | 18.68 |
| $n_8$ 伊春市 | 21.43 | 28.57 | 35.49 | 51.31 | 17.58 | 0.00 |
| $n_9$ 佳木斯市 | 28.57 | 57.14 | 36.83 | 78.01 | 31.87 | 30.77 |
| $n_{10}$ 五大连池市 | 35.71 | 28.57 | 31.57 | 59.61 | 18.68 | 2.20 |
| $n_{11}$ 尚志市 | 14.29 | 35.71 | 29.77 | 78.11 | 7.69 | 0.00 |
| $n_{12}$ 鹤岗市 | 14.29 | 21.43 | 34.92 | 66.14 | 18.68 | 0.00 |
| $n_{13}$ 双鸭山市 | 7.14 | 28.57 | 27.38 | 66.48 | 0.00 | 0.00 |
| $n_{14}$ 鸡西市 | 14.29 | 35.71 | 29.01 | 55.53 | 6.59 | 0.00 |
| $n_{15}$ 七台河市 | 21.43 | 28.57 | 33.14 | 58.26 | 16.48 | 0.00 |
| 均值 | 20.00 | 47.14 | 31.96 | 69.53 | 12.89 | 10.92 |
| 标准差 | 9.43 | 23.81 | 5.62 | 16.57 | 11.27 | 14.98 |
| 最小值 | 7.14 | 21.43 | 21.03 | 43.85 | 0.00 | 0.00 |
| 最大值 | 42.86 | 100 | 42.86 | 100 | 38.46 | 45.05 |
| 全局值 | 26.37 | 60.99 | 24.25 | 67.80 | 27.39 | 36.58 |

公路网和铁路网的程度中心度的全局值分别为 26.37 和 60.99，说明客运铁路的网络不均衡性要远高于公路网。结合图 2-4 与图 2-5 可以看出，铁路客运网是以哈尔滨、绥化、牡丹江等为中心的多中心放射式网络，边缘与中心之间的出行较为方便，但边缘节点之间的出行则需要借助其他点进行换乘来实现；公路网的结构是以哈尔滨为中心将周边的旅游节点逐一连接起来形成的环形放射

式网络。

按中心性指标分别给旅游节点进行排名,并求出各旅游节点在公路网和铁路网中排名的差值,可以得到图2-6。程度中心度、接近中心度以及中介中心度(以下简称三测度,顺序不变)排名差值的标准差分别为5.32、4.09、4.62,可以知道,同一旅游节点在公路网和铁路网中的职位差别较大。三测度差值最大的分别是五大连池市、伊春市、牡丹江市,其中五大连池市和伊春市在公路网中的职位远高于铁路网中的职位,牡丹江市则相反。而哈尔滨市的职位最为稳定,三测度差值均为零,其无论是在公路网还是铁路网中都处于绝对的中心地位,并且铁路网的程度中心度达到了100,说明从哈尔滨市到其他的所有的节点都有直达的列车班次,公路网也有6个节点与其相连,为区域交通的核心通道。绥化市和佳木斯市次于哈尔滨市但在公路网和铁路网中的地位均较高,结合图2-3可以知道,绥化市位于黑龙江省的中心地位,佳木斯市则处于东部节点群众的核心地位,两者的交通区位优势较为明显,为次级核心通道。

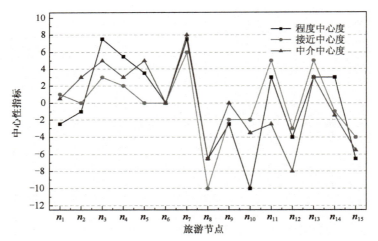

图2-6 黑龙江省高等级公路网络图与客运铁路网中心性指标排名差值(铁路网—公路网)

铁路网络的点对之间平均出行时间为531min,公路网的平均出行时间为416min,铁路网的出行时耗要普遍的大于公路网。而铁路网的接近中心性均高于公路网中相同节点的接近中心性,其网络密度更高,各节点间的通达性相对更好。从中介中心性的角度来看,公路网的全局值为27.39,要低于铁路网的36.58,说明旅客在铁路网的中转需要依赖的节点更为集中。

综合各项指标可以看出,公路网与铁路网之间的差异较为明显,这从交通资源利用的角度来说是较好的现象,资源投入的重复率较少,不同的交通系统之间能够很好地起到互补的作用,能够为旅游者提供多样化的出行决策集,有助于旅游者对于出行目的地、出行路径、出行方式的多样化选择。

4. 旅游客流网与交通网对比分析

将公路网和铁路网的中心性指标按照 2013 年黑龙江省全年各交通网的客运总量进行加权平均,向内和向外中心性指标进行算术平均,并按各项指标的最大值进行归一化。本书更多关心的是各旅游节点职位的相对高低,因此描绘出客流网与交通网三测度对比图,如图 2-7 所示,同时以交通网为自变量、客流网为因变量对三测度进行回归分析和相关性分析,可以得到表 2-6。

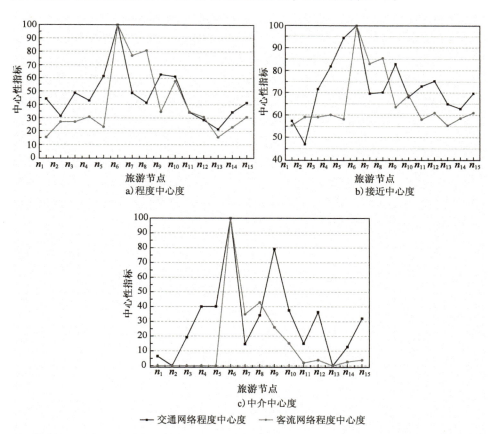

图 2-7 黑龙江省旅游客流网与交通网中心性指标对比图

黑龙江省旅游客流网与旅游交通网三测度相关性分析结果　　表2-6

| | 程度中心度 | 接近中心度 | 中介中心度 |
|---|---|---|---|
| $\hat{\beta}_0$ | 0.625 6 | 34.830 8 | -6.775 1 |
| $t$检验 | 0.046 0 | 1.927 0 | -0.879 5 |
| $\hat{\beta}_1$ | 0.850 2 | 0.426 6 | 0.712 1 |
| $t$检验 | 2.914 8 | 1.739 3 | 3.806 0 |
| 相关系数 | 0.628 7 | 0.434 5 | 0.726 0 |

　　旅游客流网可以看作是旅游者的出行行为的集合，旅游交通网则是旅游出行行为的载体。从图2-7中可粗略地看出，客流网与交通网的三测度变化规律存在一定的关联性，结合表2-6可知，程度中心度与中介中心度这两个测度的相关性较高，同时其因变量系数通过了参数检验，这说明在游客的出行决策时，将直接受到旅游节点的交通基础设施建设的完善性、交通区位优势性的直接影响，游客更倾向于选择交通区位优势更好的地区进行出行。

　　在所有节点中，哈尔滨市为客流网与交通网切合度最高的节点，这种系统间的相互耦合，将有助于交通系统与旅游系统共同实现可持续性发展。同时可以看出，佳木斯市、大庆市和绥化市其交通职位要明显高于客流网的职位，这可能受到城市的其他产业资源的影响，如大庆市的油田，绥化市、佳木斯市的交通区位等，这些城市以其交通优势为依托，加大旅游产业的开发力度。伊春市和牡丹江市的旅游客流网职位要高于交通职位，而这种现象可能是因为其旅游资源的综合优势较为突出所导致的，这些城市则可以尝试通过提高自身的区域交通职位的方式来促进旅游资源的开发和利用。

# 第三章 区域旅游交通调查及需求预测

## 第一节 区域旅游交通调查

### 一、旅游交通调查方法

在竞争愈加激烈的商业环境中,为了对旅游者的旅游交通方式选择和旅游交通消费行为特征进行更加准时、及时、充分的掌握,必须要有完善的研究技术支持。研究旅游交通消费者行为所采用的调查方法是多元化的,其中最为普遍的方法就是深入访谈法、观察法、实验法和问卷调查法。

1. 深入访谈法

深入访谈法是一种定性的研究方法,研究人员在调查时简要地列出所需要讨论的话题,访问双方在轻松的环境氛围中进行交谈,研究人员倾听并记录受访者对相关问题的看法,调查结束后对访问记录进行整理归纳。深入访谈法普遍采用焦点小组访谈的模式,即在调查时,首先由研究人员引出话题,让小组成员各抒己见,保证小组人人都能参与讨论,访谈应对成员发言加以记录,并对关键性的评论和建议加以标识。

2. 观察法

观察法是研究人员对消费者行为进行系统的观察记录,并加以研究分析的方法。或在旅游景点的进出口设立感应线圈记录景点交通量等。观察法获得的信息较为客观准确,但只能反应事物的表面现象,对于事物的本质问题和内在规律很难进行直接分析。通过观察法的分析只能知道消费者的行为而不能对消费者采取这种行为的内在原因、态度和动机做出有效判断。因此,观察法一般都和其他方法配合使用。

3. 实验法

实验法是通过建立相关条件进行实验,并将实验结果与原始结果进行比对,找到相关条件与实验结果之间的联系的方法。实验分为实验室实验和现场实验,实验室实验是指在人为创造出实验环境中,对自变量进行操控,记录因变量的变化过程进行分析。但是由于现实环境往往与实验室环境有所不同,因此,实验室实验得出来的结论不具有普适性。现场实验法得出的结果虽然较为普适,但是由于现场环境中有太多不可控的自变量因素,因此现场实验一般很难实施。

4. 问卷调查法

问卷调查法是指研究者根据研究内容设置问项,并将问项进行有效组合制作出问卷,通过回收问卷对数据进行分析研究的方法。问卷调查法是一种较为常用的方法,随着信息技术的快速发展,问卷调查法有了更多的发放途径,研究者可以采用电话、邮寄、网络问卷等方式来进行问卷调查。

## 二、旅游交通调查内容

在旅游过程中,休闲娱乐是最主要的,游客在旅行过程中必然会产生交通需求。要了解游客出行方式选择的特性及其影响因素,必须先对游客的出行特性进行分析。为了掌握游客旅游的出行特性及交通流特征,促进高等级公路网络与旅游资源充分整合,提高旅游景点的可进入性,合理布局优化旅游交通网络,本书进行了游客旅游出行调查。调查内容主要有以下几方面:游客的基本信息、旅游行程安排、出行方式选择、对景区和旅游交通的满意度及对旅游景区的意向建议调查。具体的调查项目及目的一览表如表3-1所示。

调查项目及目的一览表　　　　　　　表3-1

| 调查项目 | 调查目的 |
| --- | --- |
| 出游者基本信息<br>(来源地、人均消费、旅游人次) | 探讨个人属性与出行行为的关系 |
| 旅游基本信息及行程安排<br>(起终点、旅游交通方式、旅游路线) | 掌握旅游现状<br>分析出游者的旅游特性和旅行模式 |
| 游客出行选择行为<br>(出行方式选择、旅行时间费用等) | 分析游客出行方式的选择特性<br>得到游客旅行所花费的时间费用 |
| 游客满意度<br>(旅游交通和旅游景区的服务水平) | 分析旅游景区交通的便捷性和可进入性<br>了解游客对旅游景区服务的满意度 |
| 意向建议调查<br>(对公路提级改建,或新建公路的态度) | 了解公路建设对居民出行的影响 |

## 三、旅游交通调查案例分析

本案例以黑龙江省为研究范围进行旅游调查,时间选择为2012年"十一黄金周"期间,选取省内5个景点为调查对象,包括镜泊湖风景区、五大连池风景区、五营国家森林公园、亚布力滑雪场和太阳岛风景区。为了更好地进行数据统计以及交通流分配等,以各地市政府所在地为形心,所管辖范围为小区范围,将黑龙江省划分为8个交通小区,分别为黑河、齐齐哈尔、大庆、绥化、哈尔滨、牡丹江、伊春和佳木斯8个交通小区。

每个旅游景区调查问卷份数、当天旅游人数数据根据旅游景区反馈如表3-2所示,调查问卷见附录1。

调查景区旅游人数　　　　　　　　　　　　　　　　表3-2

| 旅游景区 | 五大连池 | 亚布力滑雪场 | 太阳岛 | 镜泊湖 | 五营国家森林公园 |
|---|---|---|---|---|---|
| 景区级别 | 5A | 4A | 5A | 5A | 4A |
| 所属OD小区 | 黑河 | 哈尔滨 | 哈尔滨 | 牡丹江 | 伊春 |
| 小区编号 | 1 | 5 | 5 | 6 | 7 |
| 有效问卷份数 | 349 | 302 | 217 | 426 | 383 |

在调查中,获得的数据主要有游客出行统计信息、旅游出行人数统计信息、景区意愿调查统计信息、公路畅通性统计信息、游客出行方式路线统计信息,由此可对出游者的大体特征有所了解。表3-3是旅游景区游客出行源地统计信息。

旅游景区游客出行源地统计　　　　　　　　　　　　表3-3

| 城市 | 五大连池 | 亚布力滑雪场 | 太阳岛 | 镜泊湖 | 五营国家森林公园 |
|---|---|---|---|---|---|
| 哈尔滨市 | 127 | 229 | 25 | 146 | 154 |
| 齐齐哈尔市 | 48 | 4 | 9 | 11 | 7 |
| 牡丹江市 | 11 | 22 | 6 | 90 | 3 |
| 佳木斯市 | 8 | 2 | 11 | 20 | 11 |
| 大庆市 | 49 | 21 | 66 | 17 | 43 |
| 鸡西市 | 1 | 0 | 5 | 0 | 5 |
| 双鸭山市 | 0 | 0 | 11 | 0 | 8 |
| 伊春市 | 18 | 0 | 8 | 1 | 65 |
| 七台河市 | 2 | 0 | 3 | 8 | 2 |
| 鹤岗市 | 3 | 0 | 2 | 7 | 6 |
| 黑河市 | 19 | 0 | 4 | 1 | 18 |
| 绥化市 | 38 | 0 | 29 | 0 | 26 |

根据2011年黑龙江省各地市的国民经济和社会发展统计公报,在统计得到的旅游客运量基础上乘以游客的年增长率,推测出各OD小区接待的游客人数,如表3-4所示。

旅游出行OD(人次/d)　　　　　　　表3-4

| D | O | | | | | | | |
|---|---|---|---|---|---|---|---|---|
| | 1 | 2 | 3 | 4 | 5 | 6 | 7 | 8 |
| 1 | 312 | 980 | 641 | 60 | 301 | 37 | 196 | 670 |
| 2 | 788 | 1 742 | 501 | 72 | 979 | 408 | 76 | 635 |
| 3 | 788 | 2 178 | 561 | 104 | 6 548 | 630 | 468 | 1 094 |
| 4 | 624 | 1 634 | 962 | 157 | 2 183 | 556 | 283 | 635 |
| 5 | 2 084 | 9 311 | 3 708 | 277 | 19 119 | 5 413 | 1 677 | 4 339 |
| 6 | 197 | 817 | 461 | 112 | 2 484 | 3 337 | 87 | 917 |
| 7 | 295 | 871 | 501 | 100 | 602 | 445 | 708 | 811 |
| 8 | 213 | 980 | 381 | 76 | 2 183 | 1 298 | 294 | 670 |

# 第二节　社会经济发展预测

## 一、社会经济发展特点

目前国内的城市发展逐渐向市区—郊区化发展,但与发达国家的郊区化不同,国内城市由于工业用地和居民用地的区分不够明显,其郊区化发展是随着工业扩张推进的,各个城镇在货运交通上足够频繁,但在通勤交通上并不紧密。郊区化城市的发展其交通出行以向心的通勤为主,城市服务职能较为完善。

## 二、经济发展与公路交通关系分析

市域经济水平对于交通运输系统的发展有着决定性的作用,市域经济是交通运输系统存在的基础,是交通运输系统的服务对象。市域内的交通系统不仅用以运输原材料和产品,还用以完成人员流动。市域的经济水平越发达,与外界的联系就越紧密,产品输出就越稳定,并推动经济水平的发展,而发展交通运输可以确保产品运输和市外联系。市域经济水平和交通运输系统的发达程度是相适应的。

(1)市域经济发展速度与公路交通发展速度相互适应。

在不同影响因素作用下,这种适应关系有三种基本类型:

①高度适应型。即交通供给高于经济增长的需求,可以满足经济发展需要的各种交通需求。

②协同适应型。即交通供给与经济增长需求持平,可以保证市域经济的稳步发展,同时又不会造成社会财富的浪费。

③制约型适应。即交通供给不能满足经济增长的需求,对经济产品的流通产生一定影响,制约对地区经济的发展。

(2)社会经济与公路交通协调发展。

社会经济和公路交通相互作用,互相影响。经济活动促进交通需求的产生,交通设施的新建和改善又能加强经济发展和区域之间的联系,推动社会经济发展,二者相辅相成,相互适应。

公路交通建设与社会经济发展相适应,不仅仅要使道路不再拥挤,同时应使生产力的布局更加合理,区域经济之间的联系发展变得更加协调。

## 三、经济发展预测

社会经济发展预测与区域公路的发展是弹性关系。社会经济的发展促进交通需求的产生,社会经济的发展程度决定交通需求的大小,同时交通条件的改善促进社会经济的发展,二者相互促进,使区域经济与交通运输协调发展。交通量可以分为趋势型交通量和诱增型交通量,趋势交通量是指由于社会经济发展而促进增长的交通量;诱增交通量则是由于交通需求对经济条件的反馈作用,使得区域市场和产业的结构变化,从而引起经济增长所产生的交通需求。社会经济发展与交通量的关系如图3-1所示。

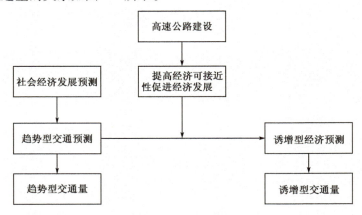

图3-1 社会经济发展与交通量的关系

1. 趋势型经济发展预测

趋势型经济发展预测,是基于土地面积、人口、GDP、工农业生产总值等社会指标的历史数据,采用相关方法和模型对各项指标进行预测。由于经济指标的复杂性,常采用定性和定量相结合的方法。常用的定性分析方法有:市场调查法、专家评估法(德尔菲法)、主观概率法、交叉影响法。常用的定量经济预测方法主要有:趋势外推法、时间序列分析法、回归预测法、因果分析法、弹性系数法、马尔可夫预测法等。下面简要介绍趋势外推法和弹性系数法。

(1) 趋势外推法

趋势外推法认为事物发展有跳跃过程,但主要还是渐进的,如果掌握了事物过去的发展规律,就可以根据这种规律预测未来。这种方法基于两条假设:决定事物过去发展的因素也将决定未来发展,影响发展趋势的条件在预测期内不变或变化不大;事物发展过程是渐进变化的,不是跳跃式变化。趋势外推法预测时一般包括六个阶段:选择预测趋势线的函数类型、收集数据、拟合曲线、趋势外推、预测结果分析和说明、研究预测结果在决策和规划中的应用。趋势外推的实质是利用某种函数分析描述预测对象某参数的发展趋势。常用的函数形势有:直线、多项式、指数曲线、生长曲线等。这里简要介绍指数曲线法和生长曲线法。

① 指数曲线法

指数曲线法主要用于研究事物在发生质变以前的发展速度与变化趋势,适应于经济特性参数稳定增长且远离极限值的各种经济特性参数增长情形的预测。在利用指数曲线进行外推预测时,必须满足下列三个基本条件:

a. 待预测的功能特性参数(如产量、产值成本等)与实践的关系必须符合指数增长的规律。

b. 由于特性参数未来的增长规律与过去的增长规律完全相同,指数增长曲线的斜率应该保持不变。

c. 功能特性参数的预测区间必须远离饱和点,即极限值。

指数曲线的数学模型为:

$$\frac{dy}{dt} = K \quad (K > 0) \tag{3-1}$$

式中:$y$——社会经济发展的特性参数;

$t$——时间;

$K$——比例常数。

解微分方程并化简得：

$$\ln y = \ln y_0 + K_t \tag{3-2}$$

式中：$y_0$、$K_t$——可以根据最小二乘法确定。

②生长曲线法

当指数曲线趋近于极限时，社会经济的增长规律会发生改变，所以指数曲线法不能预测极限情况下的社会经济发展。经济学家发现，经济与生物成长的发展过程较为类似，即可以将发展过程分为产生、发展、成熟三个阶段，且各阶段发展速度不同，产生阶段的发展速度较为缓慢，发展阶段发展速度加快并达到顶峰，成熟阶段的发展速度又趋于平缓，具有这种变化特征的曲线称为生长曲线，因整个曲线呈 S 形，故又称 S 曲线。生长曲线有多种数学模型，这里主要介绍常用皮尔（P·Pearl）模型和龚珀兹（B·Gompertz）模型。

a. 皮尔模型

皮尔生长曲线数学模型的一般形式为：

$$Y_t = \frac{K}{1 + a e^{-bt}} \tag{3-3}$$

式中：$a$、$b$——均为常数；

$t$——时间；

$K$——预测变量的极限值。

$$Y_t \leq k \quad (k > 0)$$

b. 龚珀兹模型

该数学模型的一般形式为：

$$y = k a^{bt} \tag{3-4}$$

式中：$y$——研究对象；

$t$——年份；

$k$、$a$、$b$——待估参数。

(2) 弹性系数法

弹性系数法是通过变量之间变化率的关系来预测未来的变化。交通运输与经济发展的关系是密切的，根据其间的相互促进、制约和反馈的关系进行分析，往往有很好的结果。目前，弹性系数预测方法在制定规划、研究策略等方面有着重要应用。

弹性系数及其特点在一个系统中若有两个变量 $x_1$、$x_2$，其各自的变化率之比就称为弹性系数，其表达式为：

$$e = \frac{\frac{\Delta x_2}{x_2}}{\frac{\Delta x_1}{x_1}} \tag{3-5}$$

式中：$\Delta x_1$、$\Delta x_2$——单位时间变化量；
$\quad\quad x_1$、$x_2$——变量。

以公路货运量弹性预测为例。公路货运量与国民经济的发展有着密切的关系，国民经济发展速度越快，公路货运量增长速度一般也越快。这两种增长率之间的比例关系，可用公路货运量弹性系数 $e$ 表示。

$$e = \frac{I_R}{I_E} \tag{3-6}$$

式中：$e$——公路货运量弹性系数；
$\quad\quad I_R$——公路货运量增长率；
$\quad\quad I_E$——国民经济增长率。

只要确定了未来的国民经济增长速度和公路货运量弹性系数，就可以得到未来预测期的公路货运量增长率，进而在预测基年的基础上计算得到未来预测年份的公路货运量。

**2. 诱增型经济发展预测**

新建高速公路能够使经济发展发生突变性的增长，并且增长较为持久。这种诱增突变的效果取决于高速公路所在地的社会经济状况、交通条件和建设规模等。对于诱增交通量的预测，较为常用的方法是先通过时间距离模型计算国内生产总值发展潜力，再使用有无对比法得出诱增型经济预测值。

（1）时间距离模型及参数标定

交通条件的改善，最明显的特征是缩短了区域间的时间和空间距离，提高经济可接近性，国内生产总值发展潜力随着经济可接近性和人口密度的增大而增加，可用下式确定：

$$\text{POT}_i = e^{\alpha} \cdot p_i^{\beta} \cdot \text{Acc}_i^{\gamma} \tag{3-7}$$
$$\text{Acc}_i^{\gamma} = \sum P_i \cdot e^{(\varepsilon \cdot D_{ij})}$$

式中：$\text{POT}_i$——国内生产总值发展潜力；
$\quad\quad P_i$——$i$ 区的人口（人）；
$\quad\quad \text{Acc}_i$——$i$ 区的经济可接近性；
$\quad\quad D_{ij}$——$i$ 区和 $j$ 区间的时间距离（min）；
$\quad\quad \alpha$、$\beta$、$\gamma$、$\varepsilon$——回归系数。

计算时间距离的公路网应与交通量分配的公路网相同,时间距离模型适用于区域间距离较远,时间距离缩短明显的高速公路项目。

(2)诱增型经济预测模型

有该项目和无该项目时,未来各区的经济潜力是不同的,诱增型经济预测模型反映了由该项目带来的经济基础上的上升部分。根据国内生产总值发展潜力的计算结果,诱增型经济的预测模型为:

$$\mathrm{GDP}_i' = \mathrm{GDP}_i \cdot \frac{\mathrm{POT}_i(W)}{\mathrm{POT}_i(W/0)} \tag{3-8}$$

式中:$\mathrm{POT}_i$——国内生产总值发展潜力;

$\mathrm{POT}_i(W/0)$——$i$ 区无该项目时的国内生产总值发展潜力;

$\mathrm{GDP}_i$——$i$ 区的趋势型国内生产总值;

$\mathrm{GDP}_i'$——$i$ 区的诱增型(含趋势型)国内生产总值。

## 四、人口发展预测

### 1. 流动人口的出行特性

流动人口的出行特性与城市居民的出行特性差异较大,其出行特性有以下几点:

(1)出行目的单一:流动人口通常是为了完成一个目标而出行。

(2)出行次数随机:流动人口的出行次数由于出行目的的不同而不同。

(3)出行方式集中:流动人口通常是由别的城市到达现居城市,一般使用公共交通方式出行,出行方式较为集中。

(4)出行时段分散:流动人口的出行一般不具有强制性,出行时段不固定,没有形成规律性。

(5)出行距离不确定:流动人口选择的居住地到其出行的目的地的距离具有不确定性。

(6)出行时长离散:由于出行距离和出行时段的不同,其出行时长具有明显的离散性。

### 2. 旅游人口的出行特性

旅游人口作为流动人口的一种,除了上述特性外,还具有特殊的出行特性:

(1)出行空间集中:旅游人口出行在空间上具有强烈的集中特性,主要出行目的均为旅游景点,住宿地点均为周边酒店旅馆等。

(2)出行信息缺乏:旅游人口一般都是外地人口,对旅游城市的信息资料掌握不全面,出行多依靠公共交通。

3. 人口发展预测模型

应用于公路网规划中的人口预测模型比较多,它们的应用根据规划年限及规划精度的不同而不同。

(1)人口回归预测模型

该方法对于近期预测结果比较精确,对于远期可能会产生较大的误差,一般认为预测年限跨度不能超过人口统计年份的跨度。

(2)人口增长率预测模型

人口增长率预测模型是一类比较简单的模型,它主要以人口的增长率作为变量,预测今后人口的发展趋势,主要包括线性增长模型、指数增长模型和人口生长曲线模型。

## 第三节 公路旅游交通需求预测

### 一、高速公路交通量形成机理及其影响因素分析

公路旅游交通需求量主要由趋势交通量、诱增交通量、转移交通量几部分组成,各部分的主要影响因素如表3-5所示。

**公路网旅游交通量主要影响因素** 表3-5

| 公路网旅游交通需求量 | 影响因子 |
| --- | --- |
| 趋势交通量 | 居民经济收入、人口、地区生产总值 |
| 诱增交通量 | 景区道路交通状况改善、景区等级质量的提高 |
| 转移交通量 | 和其他交通运输方式相比更快捷,舒适 |

旅游资源对交通量产生影响具有以下受时间和季节影响的特点,旅游出行多发生在休息日、节假日,因此,旅游交通量具有明显的时间季节性,有旅游淡旺季之分。在旅游淡季时,应确保周边公路的服务水平维持在较高水平。而在旅游旺季时,应允许适当降低周边公路服务水平,但交通等级不应过度下降,不应发生交通拥堵等状况。

1. 趋势交通量的影响因素

(1)经济发展水平

经济发展水平的高低对于趋势交通量的大小有一定影响。经济发展水平较

高的地区高速公路的交通量较大,经济发展水平较低的地区交通量较小。

(2)距离的远近

经济发展水平相当的地区,运输距离越短,交通量就越大;运输距离越近,交通量就越小。这表明距离越短,高速公路与其他运输的竞争中优势越强。

2. 转移交通量的影响因素

转移交通量受多种因素影响,国内外对此已经进行过许多相关研究。美国、英国、加拿大已有一些研究成果,形成了一成套主要考虑使用成本、舒适性、行程时间等因素的交通转移模型。但关于高速公路转移交通量方面研究成果较少,尚未形成完善的分析计算模型,可以认为高速公路的交通量转移主要受以下因素影响:

(1)收费价格占用户效益的比例

道路出行者会倾向选择道路条件好、距离短、混合交通少、交通不拥挤的行驶路线,而高速公路的全立交、全封闭、弯道少、坡度小、通行能力大等特点,是道路出行最理想的行驶路线。但因为我国现有高速公路均为收费公路,道路出行者为减少出行费用,会选择其他免费的低等级公路作为行驶路线。高速公路收费是影响高等级公路交通量转移到低等级公路上最主要、最直接的因素。收费价格是影响交通量转移的主要因素,收费价格增加,低等级公路的交通量会增加,转移到高速公路上的交通量减少;与之相反,收费价格降低,从低等级公路转移到高速公路上的交通量会增加。

(2)公路等级级差效益

不同等级的道路其行驶条件、交通条件不同,道路使用者选择不同等级路出行所需的出行时间不同即出行效益不同。高速公路与其他低等级公路相比,主要有几个方面的级差效益:行驶里程缩短、行驶成本降低、行车时间减少、交通事故率降低。级差效益越大,对道路出行者的吸引力越大,会有更多车辆从低等级公路转移至高速公路上。

(3)路网及其道路条件的变化

长远来看,道路网的完善会对转移交通量产生影响。随着道路网的完善,如果存在与公路平行的其他等级道路,则高速公路上的交通量将会受到影响。如果高速公路存在收费过高的现象,道路出行者将会选择与之平行的低等级公路。

(4)高速公路的行驶距离

道路出行者在选择行驶路线时基于他们的直观成本。直观成本是指时间价值和收费价格对其产生的影响。在短途出行选择高速公路时,需要考虑高速公路离市区较平行公路较远导致的行车距离增加,一次收费后在高速公路上行驶距离不长等因素导致在高速公路上行驶的时间价值效益不高,因此与之相比,长距离出行选择高速公路对比短途出行选择高速公路更有优势。短距离出行的高速公路交通转移量相对要大;长距离出行选择高速公路,道路出行者节约的行驶时间的越大,直观成本中的时间价值越高,则高速公路对公路使用者的吸引力越大,高速公路上的交通量转移到平行公路上的就越少。

3. 诱增交通量的影响因素

诱增交通量的产生原因主要有两点,一是公路网建设使区域的经济布局、产业结构发生变化,引起新的经济结构和开发项目;二是由于新路的建设改善了交通条件,诱发了那些因交通条件约束而未能出行的潜在交通量。在以上两点基础上,诱增交通量受到多种因素的影响。

(1) 生产力水平提高或产业结构变化:生产力的发展区域产业结构的调整会影响生产资源的运输,既影响了区域之间的交通流量,也影响交通的流向,也会诱发服务区域生产的新交通量。

(2) 区域人口变动:交通量与人口密度相关,人口密集区域交通量较人口稀少地区多。项目影响区域范围内的人口增加,在区域道路建成后,道路交通出行量增加,必然会诱发新的交通量的产生。

(3) 生活水平提高:随着生活水平的提高,购买力、社会活动和娱乐活动的增加,购买交通工具的人会越来越多,客运或货运等商业活动也会相应增加,也会产生诱增交通量。

(4) 国家政策的调整:国家宏观政策、价格政策和产业结构的布局的调整,会影响交通流向、交通量、运距等多个方面,对诱增交通量的产生有很大影响。

(5) 国家贸易:随着国际之间交流贸易的进一步扩大,国际之间的交通量也在增长。以外向型经济为主的区域,其交通量会随着国际贸易进一步增加,从而引发诱增交通量的产生。

(6) 土地利用和旅游开发:土地的开发利用直接影响到区域产业结构的调整,从而带来新的经济增长点(包括各类商业活动、运输产业发展),旅游景点的开发其目的也是吸引客流,对诱增交通量有显著推动作用。

## 二、我国现行高速公路交通量预测模型与方法

我国借鉴了国外研究成果并结合国内长期以来的研究,提出高速公路交通量预测方法,即单项分别预测(时间序列法、回归分析法)和基于 OD 调查的四阶段预测法。

单项分别预测交通量指对高速公路远景年份的基本交通量、转移交通量和诱增交通量分别进行预测后,再依据各项预测的结果预测远景交通量。预测主要有两种方式:一是考虑预测指标时,以交通量为因变量进行预测;二是设定公路运输量为预测指标,再将预测结果转换为交通量预测值。

高速公路基本交通量是交通量的主要部分,同时也可作为预测转移和诱增交通量的基础。目前常用的定量预测方法有时间序列分析的趋势外推法和因果关系分析的回归模型预测法。趋势外推法以指数平滑法、时间因子多项式回归法最为常用;回归模型预测法中以一元、多元线性或非线性模型法最为常用。

1. 交通量预测的基本内容

交通量预测的基本内容如表3-6所示。

**交通量预测的基本内容**　　　　表3-6

| 构成 | 含义 |
| --- | --- |
| 基本交通量 | 现有交通量按照其固有的发展规律,在预测特征年增长达到的交通量。由现有交通量和自然增加交通量构成 |
| 转移交通量 | 高速公路建成后,从其他公路或由于竞争关系而从其他交通方式(铁路、水路、航空等)转移而来的交通量 |
| 诱增交通量 | 高速公路建成后,刺激沿线或区域社会经济发展而新产生的交通量 |

交通量预测是交通需求预测的基础,经济活动、社会活动等需求的变化直接影响交通需求的大小,通过分析经济活动和社会活动的变化规律,分析其与交通运输之间的关系,由此可知交通需求的变化规律,从而可进一步进行交通量的预测。交通量预测主要有以下原则。

(1)明确关系

高速公路交通量受到多种因素的综合影响,包括经济、人口、土地利用、交通政策等各种因素,可表示为下式:

$$Q = f(\alpha,\beta,\cdots,\gamma) \tag{3-9}$$

式中:$Q$——路段交通量;

$\alpha,\beta,\cdots,\gamma$——与交通量相关的经济、人口、土地利用等因素;

$f$——经济、人口、土地利用等因素与交通量的函数关系。

由于社会经济是在不断变化发展的,是连续不间断发展的,因而连续性也是交通量的变化特征。交通量随着时间的变化,反映了函数$f$中不同因素的变化,交通量变化体现了不同因素的变化。

(2) 系统分析

高速公路交通预测是受社会环境因素和公路交通等诸因素影响的一种综合预测。应运用多角度的思想,从不同的角度去分析,研究内容应覆盖区域的历史路网结构、交通构成、运输方式结构以及区域内、外部环境、人口、经济、土地、产业与产品结构等多个方面、多种因素对交通量的发生、分布等产生的影响程度,揭示其深层次的变化规律。除此之外,还要从人的交通心理、经济要求、大交通系统演变等多个方面,对高速公路各路段远景的交通量进行预测。

(3) 定性、定量、定时预测相结合

高速公路交通系统只是交通运输系统中的一个组成部分,许多不确定因素会对交通量预测造成影响。这些不确定因素有多个方面,如政策、人的心理要求等环境的不确定性;模型的选用、参数的标定等预测技术的不确定性。对这些不确定因素的正确判断和处理,需要预测人员熟悉交通系统以及各相关环境条件、具有一定广度的知识面、了解交通系统演变历史,以及对未来发展的综合分析判断;需要预测人员将定性、定量、定时预测有机结合起来,在熟悉交通系统未来总体发展趋势的基础上,进一步分析交通分布的各种可能性及其影响,得出交通量的变化趋势。

2. 时间序列法

时间序列法通过已有的高速公路历史流量数据,探寻其发展规律,建立相应的预测模型,常用的预测模型有指数平滑法、多项式回归法、灰色预测法等。

(1) 指数平滑法

指数平滑法是利用对历史数据进行平滑来消除随机因素影响的一种方法。这种方法只需要本期的实际值和本期的预测值便可以预测下一期的数据,但需要保存大量的历史数据。指数平滑法的基本公式为:

$$S^{(n)} = \alpha X_t + (1-\alpha) S_{t-1}^{(n)} \tag{3-10}$$

式中:$S^{(n)}$——$n$ 阶平滑值,$n$ 为平滑阶数的大小,$n=1,2,3$;

$X_t$——对象主表的第 $t$ 期观察值;

$\alpha$——平滑系数,一般取值范围是 0.3~0.8。

根据平滑阶数的大小,可分为一次指数平滑法、二次指数平滑法和三次指数平滑法。$\alpha$ 的大小对预测值的影响与移动平均法中的观测值个数 $N$ 对预测效果的影响相同。当 $\alpha$ 的值趋近 1 时,新的预测值中将包含一个相当大的调整,即用前次预测中所产生的误差进行调整。

(2) 多项式回归法

根据交通量历史资料的时序变动特点,建立以时序数 $t$ 为自变量的多项式回归模型。二项式回归的一般形式为：

$$y_t = b_0 + b_1 t + b_2 t^2 \tag{3-11}$$

式中：$y_t$——自基年起第 $t$ 年的年平均日交通量预测值；
$b_0$、$b_1$、$b_2$——回归系数。

(3) 灰色预测法[GM(1,1)模型]

GM(1,1)表示一阶单个变量的微分方程,是最常用的灰色预测模型,其形式为：

$$\frac{dx}{dt} + ux = b \tag{3-12}$$

式中：$u$、$b$——待估参数。

该微分方程的解为：

$$x(t) = \left[x(0) \cdot \frac{b}{u}\right] e^{-ut} + \frac{b}{u} \tag{3-13}$$

通过生成序列的数据 GM 模型得到预测值,即 $x^{(1)} t$ 将拟合成一阶线性微分方程：

$$dx^{(1)}(t) + ax^{(1)}(t) = u \tag{3-14}$$

进一步求得时间响应函数：

$$\hat{x}^{(1)}(k+1) = \left[x^{(0)}(l) - \frac{u}{a}\right] e^{-ak} + \frac{u}{a} \tag{3-15}$$

之后,做逆生成(还原)处理,并求导,还原模型为：

$$\hat{x}^{(1)}(k+1) = (-a)\left[x^{(0)}(l) - \frac{u}{a}\right] e^{-ak} \tag{3-16}$$

指数平滑法和多项式回归法的出发点都是在寻求交通量与时间的关系,去除与交通量预测相关的社会、经济等影响因素,仅考虑时序对交通量的影响,模型往往构成比较复杂,需要通过复杂算式的约束来准确反映交通量随时间的变化规律。但这也是趋势法的局限性所在,完全依赖于历史数据的交通量预测,不能正确反映各影响因素发生突变而导致交通量变化,该方法在进行短期交通量预测或各影响因素在规划年变化相对稳定的情况下较为适用。

通过时间序列法预测的交通量仅考虑了地区经济、人口等因素变化的发展情况,缺乏由于道路本身等级提高、道路条件改善等因素引起的转移交通量和诱增交通量方面的考虑,因而趋势外推法是对高速公路的趋势型交通量的预测,缺少转移型和诱增型交通量方面的预测。诱增交通量与转移交通量的预测主要采用四阶段预测法。

3. 回归预测法

回归预测法亦称为"因果预测法",是由事物变化因果关系来进行预测的方法。它将要预测的指标看作因变量,与之密切相关的因素看作自变量,通过对变量的调查数据进行统计分析,来确定变量之间联系的一种有效方法。

常用的是线性回归方法,其回归方程为:

$$y = b_0 + b_1x_1 + b_2x_2 + \cdots b_nx_n \tag{3-17}$$

式中:$y$——因变量(回归估计值);

$x_k$——自变量($k=1,2,3,\cdots,n$);

$b_k$——待定参数($k=0,1,2,3,\cdots,n$)。

多元线性回归方程中,因变量 $Y$ 对某一自变量的回归系数 $b_k$($k=1,2,\cdots,n$)表示当其他自变量都固定时,该自变量变化对因变量 $Y$ 影响的大小,又称为偏回归系数。参数 $b_0$、$b_k$($k=1,2,\cdots,n$)的确定采用最小二乘法。

当 $k=1$ 时,为一元线性回归,预测的基本思想是:根据 $x$、$y$ 的观测数据,把 $x$、$y$ 作为已知数,寻求合理的回归系数 $b_0,\cdots,b_n$ 的值,从而确定回归方程。利用已求出的回归方程,把 $b_1$ 当作已知数,再根据 $x$ 的值进行预测。当 $k>1$ 时,为多元线性回归,它是一元线性回归的推广,通过两个或两个以上的自变量来估计因变量。

回归预测法得出的预测值在近期误差较小,但是随着远期预测中不确定因素作用的增强,其可靠性会越来越低。并且随机误差的存在也会出现估计值过高的结果,用它进行预测可能会产生与实际变化之间存在着系统误差的问题,一般通过缩短回归分析样本区间的方法来纠正回归预测方法的系统误差,让近期数据在分析中发挥作用。

4. 四阶段预测法

(1)预测的基本思路

四阶段预测法是目前最为常用的交通量预测方法,其包括的基本步骤有出行产生、出行分布、方式划分和出行分配分布预测、交通分担预测、交通分配预测,也就是通常所说的四个阶段。四阶段预测法工作流程如图3-2所示。

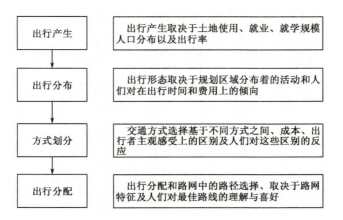

图 3-2 四阶段预测法工作流程

（2）交通生成预测

旅游交通与一般交通运输相比有明显区别，旅游交通量的分布主要集中在高速公路、一级公路等设施条件等级较高的干线道路及联系景区的其他道路上。影响区域旅游交通需求的因素很多，主要包括以下几方面：

①旅游资源的等级、数量和接纳游客容量：对旅游客源地的规模范围有影响，同时也决定了该区域旅游交通需求的大小。以部分省份旅游业发展为例，见表 3-7 和图 3-3，随着各省份旅游景区权重的增大，旅游人数呈上升的发展趋势。旅游景区权重从 13.33 增大为 82.17，吸引的旅游人数从 1 169.6 万人次上升到 41 737.3 万人次。

2011 年全国部分省份旅游业发展情况　　　　表 3-7

| 省份 | 5A 级景区 | 4A 级景区 | 3A 级景区 | 旅游景区权重 | 旅游人数（万人次） |
|---|---|---|---|---|---|
| 宁夏 | 3 | 10 | 35 | 13.33 | 1 169.6 |
| 海南 | 4 | 12 | 35 | 14.42 | 3 001.3 |
| 贵州 | 2 | 26 | 23 | 15.25 | 17 019.4 |
| 吉林 | 3 | 18 | 61 | 22.50 | 7 641.3 |
| 山西 | 3 | 29 | 47 | 22.67 | 15 155.3 |
| 河北 | 5 | 32 | 70 | 30.25 | 18 740.8 |
| 云南 | 6 | 48 | 58 | 33.00 | 17 063.7 |
| 福建 | 6 | 35 | 77 | 33.42 | 14 022.4 |
| 陕西 | 5 | 49 | 68 | 35.42 | 18 400 |
| 江西 | 6 | 55 | 66 | 37.33 | 15 989.8 |

续上表

| 省份 | 5A级景区 | 4A级景区 | 3A级景区 | 旅游景区权重 | 旅游人数(万人次) |
|---|---|---|---|---|---|
| 辽宁 | 3 | 57 | 73 | 38.50 | 32 973.8 |
| 湖南 | 5 | 64 | 69 | 40.67 | 25 328.6 |
| 黑龙江 | 3 | 43 | 108 | 42.58 | 20 443.4 |
| 四川 | 5 | 83 | 59 | 44.50 | 35 163.8 |
| 湖北 | 7 | 64 | 88 | 46.25 | 27 368.4 |
| 河南 | 9 | 84 | 94 | 55.25 | 30 700 |
| 广东 | 8 | 101 | 97 | 61.25 | 58 102.8 |
| 浙江 | 10 | 114 | 126 | 73.67 | 34 773.7 |
| 山东 | 7 | 128 | 114 | 74.08 | 42 000 |
| 江苏 | 16 | 120 | 142 | 82.17 | 41 737.3 |

注：数据来源于《中国统计年鉴》。

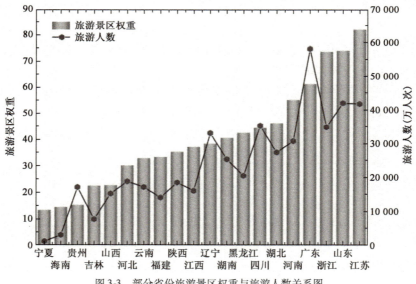

图3-3 部分省份旅游景区权重与旅游人数关系图

②旅游地与客源地的经济发展水平：旅游需要一定的经济基础支撑，不同经济基础的出行者选择的旅游地是不一样的，区域经济发展程度是旅游发展的基础。以黑龙江省为例，由表3-8中数据可看出，旅游人数随着GDP的增长而不断增长。从2002年至2011年期间，GDP增幅为346%，达到了12 582.0亿元，旅游人数的增幅为591.5%，达到了20 237万人次。黑龙江省社会经济与旅游

人数发展趋势见图3-4。

黑龙江省社会经济与旅游人数统计表　　　　表3-8

| 年份(年) | GDP(亿元) | 人均GDP(元) | 旅游人数(万人次) | 旅游收入(千万元) |
|---|---|---|---|---|
| 2002 | 3 637.2 | 9 541 | 3 421 | 1 816 |
| 2003 | 4 057.4 | 10 638 | 3 648 | 2 223 |
| 2004 | 4 750.6 | 12 449 | 4 075 | 2 503 |
| 2005 | 5 513.7 | 14 440 | 4 548 | 2 803 |
| 2006 | 6 211.8 | 16 255 | 5 300 | 3 510 |
| 2007 | 7 104.0 | 18 580 | 6 515 | 3 800 |
| 2008 | 8 314.4 | 21 740 | 8 353 | 5 020 |
| 2009 | 8 587.0 | 22 447 | 10 844 | 6 060 |
| 2010 | 10 368.6 | 27 076 | 15 702 | 8 320 |
| 2011 | 12 582.0 | 32 819 | 20 237 | 10 320 |

注：数据来源《黑龙江省统计年鉴》。

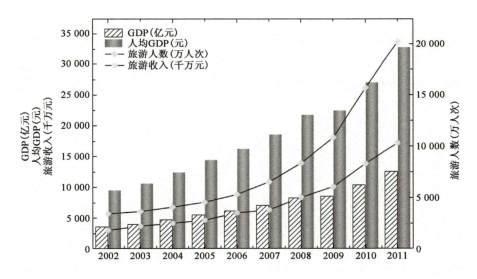

图3-4　黑龙江省社会经济与旅游人数发展趋势图

③旅游地与客源地间的距离：距离与游客出行行为是负相关关系，距离越大，游客出行的交通阻抗也就越大，导致游客不愿去旅游，且出行频率也低，从而降低了旅游交通需求；相反，旅游地与客源地间的距离越小，游客出行就越方便，出行频率就高，从而增长了旅游交通需求。其中，距离不仅包含自然的时间、空

间距离,还包含出行者主观上的感知距离。

④旅游地交通便捷程度:交通对旅游的发展具有促进作用,决定着旅游资源地的可进入程度,会直接影响出行者的出行选择行为。

此外,由于旅游业的特殊性,它具有很明显的假日经济特征,旅游会出现淡季和旺季交替,导致旅游交通需求的产生具有间歇性,会随着淡旺季的交替而发生交通需求变化。

将常规客运量预测的方法运用在旅游交通需求预测上,有突出代表的是集中在因果关系和时间序列分析的时间序列法、回归分析法等。可依据获得数据的特点,采用时间序列模型中的指数平滑法进行预测,充分利用变量过去值信息来外推预测未来变量值,能较好地预测区域规划年旅游客运总量。指数平滑法是一种特别的加权平均法,将以前的观测值和预测得到的数值的加权平均数当作为下一层的预测值,其公式如下:

$$\hat{x}_{t+1} = \alpha x_t + (1-\alpha)\hat{x}_t \tag{3-18}$$

由于旅游游客与其他旅客的不同,因此在对其进行预测时应考虑旅游交通的特点。

①基于旅行距离的预测法

按照经济的供需关系,需求与价格呈反比的关系,而价格又与两者间的距离呈正相关性,旅行距离越大,旅行的交通费用就越高,从而导致游客不愿出游,旅游交通需求减少。建立旅行距离对交通需求的模型如下:

$$Y = k\sum \frac{I \times P \times Rank}{d^2} \tag{3-19}$$

式中:$k$——因变量(回归估计值);

$I$——自变量($k = 1,2,3,\cdots,n$);

$P$——待定参数($k = 0,1,2,3,\cdots,n$);

$Rank$——旅游景区的等级;

$d$——旅行距离。

②诱增经济预测法

旅游景区交通条件改善或等级提升后,其吸引能力加强,游客的可达性提高,去往景区的交通会更便捷,从而吸引更多的游客。其计算公式为:

$$Y = f(w_x, w_k, d_x, d_k) \tag{3-20}$$

式中:$w_x$、$w_k$——旅游景区新建或改建后的等级评价指标;

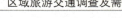

$d_x$、$d_k$——旅游公路新建或改建后的评价指标。

③弹性系数预测法

该方法能较好地利用历史数据,能根据经济发展情况和历史旅游人数数据来预测未来的旅游人数。其计算公式为:

$$P_1 = P_0(1+v_1)^n = y(1+E \times u_1)^n \qquad (3-21)$$

$$R = \frac{v_0}{u_0} \qquad (3-22)$$

式中:$P_1$、$P_0$——预测年和基年的旅游人数;

$v_1$、$v_0$——预测年和基年的旅游人数增长率;

$u_1$、$u_0$——预测年和基年的国民经济增长率;

$E$——旅游人数的弹性系数;

$n$——预测的年限。

在对研究区域进行具体预测时,应依据其旅游业发展情况、旅游资源情况及游客来源等进行选择。

①预测思路

交通量发生和吸引预测是四阶段交通量预测法的重要阶段。在这一阶段,必须研究对象地区内发生的总出行量,即生成交通量。根据对象地区的特性直接求得生成交通量的步骤被称为交通量的生成。此生成交通量通常作为总控制量,用来预测和校核各个交通小区的发生(或吸引)交通量。所谓发生(或吸引)交通量,是指研究对象地区内由各交通小区发生(或吸引)的交通量。人们通常把研究对象区域全体的交通总量称作交通生成量,把研究对象区域各个交通小区的交通发生量和交通吸引量称为交通的发生和吸引。

交通量的生成是社会经济活动对交通运输需求的具体反映。交通生成量的预测,必须以社会经济活动及其发展趋势为基本依据,影响交通量生成的因素主要有:a. 人口与社会经济发展水平。它是一个交通小区发展规模的重要标志,人口与经济活动密不可分,有了人口与经济活动就必然会产生交通需求,这种需求必然要通过交通运输系统来实现;b. 交通运输系统设施。运输系统的数量和质量对交通量有着直接的影响。运输系统通过能力大,将吸引更多的交通量,反之,则影响交通需求的实现;c. 土地利用状况。主要包括:经济水平与结构,主要产品产量、需求量,自然地理现状,对外社会经济联系等。因此,预测交通生成量时,必须对交通节点的人口与社会经济、交通运输系统和土地利用状况等进行分析预测,尤其要分析交通运输与社会经济发展的关系,并以社会经济、人口发展水平的预测结果为依据。交通生成量预测流程如图 3-5 所示。

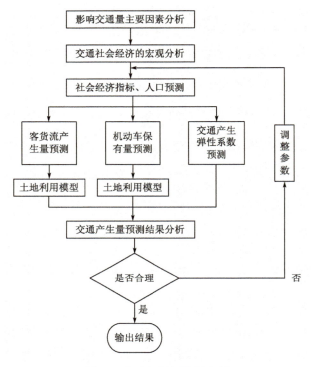

图 3-5　交通生成量预测流程图

②预测方法

对交通小区的发生、吸引交通量,要考虑的是交通发生源与空间布局的关系,从而按区域进行发生、吸引交通量预测。常见的预测方法有:增长率法、函数模型法(回归分析法)、弹性系数法等。

a. 增长率法

增长率法是通过分析影响交通量生成的社会经济和交通运输等各方面的主要因素,考虑这些主要因素对交通量增长的影响,分析预测这些指标未来的发展趋势,参照影响区域内有关的发展规划,借鉴相关地区的发展经验,通过数据分析、专家咨询等方法,最后综合确定项目影响区域内未来各特征年的产生、吸引交通量增长速度,进而预测出各特征年的产生、吸引交通量。具体就是把基年的交通发生、吸引量 $T_{0i}$ 与到预测点时的增长率 $F_i$ 相乘,从而求得发生、吸引交通量 $T_i$,即:

$$T_i = F_i \cdot T_{0i} \tag{3-23}$$

式中：$T_{0i}$——基年的 $i$ 小区的交通发生量（吸引量）；

$T_i$——未来预测特征年 $i$ 小区的交通发生量（吸引量）；

$F_i$——至该预测特征年交通出行增长率。

这种方法的关键问题是如何确定 $F_i$，通常用表示各交通小区活动的指标的增长率作为发生、吸引交通量的增长率。原交通部《公路建设项目交通量评价方法》推荐的增长率预测模型为：

$$F_i = \frac{P_i}{P_{0i}} \frac{E_i}{E_{0i}} \quad (3\text{-}24)$$

式中：$P_{0i}$——$i$ 小区基年人口；

$P_i$——$i$ 区特征年人口；

$E_{0i}$——$i$ 区基年经济指标；

$E_i$——$i$ 区预测特征年的经济指标。

经验表明，单纯依靠交通量的历史预测数据或地区经济发展速度来确定交通出行增长率有一定的不足，我们应该考虑交通量发展变化的内在规律性和外在影响因素。根据高速公路沿线地区宏观经济发展的特点和发展规划目标以及高速公路通道内交通运输特征，采取多因素方法，综合考虑社会经济发展，汽车保有量，公路客、货运运输量（运量、周转量），以及近年来相关公路交通量增长等情况，确定未来交通量增长速度。

b. 函数模型法

函数模型法是交通小区的发生、吸引交通量预测最常用的方法。由于绝大部分研究采用多元回归分析模型，故又称回归分析法（Regression Analysis）。一般采用以下三个模型：

$$T_i = a_0 + \sum_{k}^{n} a_k x_{ik} \quad (3\text{-}25)$$

$$T_i = a_0 \prod_{k}^{n} a_k x_{ik} \quad (3\text{-}26)$$

$$T_i = a_0 \exp \sum_{k}^{n} a_k x_{ik} \quad (3\text{-}27)$$

式中：$T_i$——某小区的交通生成量；

$a_0$、$a_k$——偏回归系数（$k = 1, 2, \cdots, n$）；

$x_{ik}$——被选出的自变量（$k = 1, 2, \cdots, n$）。

回归分析是为了求得对象区域的因变量与相关自变量 $x_{ik}$ 之间的关系，在诸多影响出行产生量的因素中，有些是与其他因素独立或近似独立的，有些则是密切相关的。我们选取其中主要的而且各自是相互独立的因素作为自变量,如国民生产总值、人口、工业用地等,然后分析每个自变量和产生量大致的函数关系。

c. 弹性系数法

弹性系数法基本思路是通过分析交通与国民经济的关系,确立增长速度比例模型,模型表达式如下:

$$e = \frac{v_t}{v_e} \tag{3-28}$$

式中:$v_t$——运输发展速度;

$v_e$——经济发展速度;

$e$——弹性系数。

上式中运输发展速度指标为交通发生量,经济发展速度指标采用国内生产总值、工农业生产总值和人口指标。

a)公路运输量弹性系数

$$v_\gamma = \alpha v_G^{-\beta} \tag{3-29}$$

式中:$v_\gamma$——公路运量的年平均增长率;

$v_G$——国内生产总值的年平均增长率;

$\alpha$、$\beta$——参数。

b)公路运输周转量弹性系数

$$v_z = v_g^{-\gamma} \tag{3-30}$$

式中:$v_z$——公路运输周转量的年平均增长率;

$v_g$——工农业生产总值的年平均增长率;

$\gamma$——参数。

(3)旅游交通分布预测

分布预测是指根据预测得到的各交通分区的交通产生吸引量,确定各交通分区间的交通流量即 OD 矩阵。本书只介绍重力模型的应用。其基本条件是两景区间的旅游交通分布量与一个景区的旅游交通产生量及另一个景区的旅游交通吸引量呈正相关性,而与这两个景区间的交通阻抗呈负相关性[88]。

$$X_{ij} = \frac{O_i D_j f(t_{ij})}{\sum_j D_j f(t_{ij})} \tag{3-31}$$

式中:$X_{ij}$——景区间的旅游交通分布量;

$O_i$——景区 $i$ 的交通产生量;

$D_j$——景区 $j$ 的交通吸引量;

$f(t_{ij})$——景区间的交通阻抗函数。

交通分布预测是指给定发生交通量 $G_i$ 和吸引交通量 $A_{ij}$($i$、$j$ 为交通小区的号码),对全部的 OD 求 $i$、$j$ 之间的分布交通量 $t_{ij}$,即在预测出各交通小区的发生、吸引交通量的基础上,推算规划期各小区之间的分布交通量。交通量分布预测方法可分为两大类:

①增长率法

增长率法假定要预测的 OD 分布与现状 OD 分布形式相同,以现状 OD 预测未来 OD。该方法适应于宏观交通量的分布预测,不限于因素的影响,着重于总的趋势,适应性较强,但基年交通分布的误差将会被扩大。增长率法以平均增长系数法、底特律法、弗莱特(Fractor)法、弗尼斯(Furness)法为主。

②构造模型法

构造模型法是从交通分布的实态分析中,剖析 OD 交通量的分布规律,并将此规律用数学模型来表现,然后用实测数据标定模型中的各系数,最后根据所标定的模型预测交通量分布。主要有重力模型法、机会模型法、熵最大化模型法、概率模型法等,以前面两种较为常用。下面介绍几种较为常用且预测效果较好的交通分布预测方法。

a. 弗莱特(Fractor)法

1954 年,弗莱特提出分别从产生区和吸引区两个角度分析计算 $q_{ij}$,然后平均的方法,它是双约束增长系数法的一种。弗莱特认为,两个交通小区之间的未来出行量不仅与这两区的增长系数有关,还与整个调查区内其他交通小区的增长系数有关。

弗莱特法的基本公式为:

$$T_{ij} = t_{ij} a_i b_j \frac{L_i + L_j}{2} = t_{ij} \times \frac{\sum_j T_{ij}}{\sum_j t_{ij}} \times \frac{\sum_i T_{ij}}{\sum_i t_{ij}} \times \frac{L_i + L_j}{2} \quad (3\text{-}32)$$

式中:$T_{ij}$——第 $i$、$j$ 小区之间的未来特征年交通量;

$t_{ij}$——第 $i$、$j$ 小区之间的基年交通量;

$a_i$——第 $i$ 小区的出行发生增长率,$a_i = \sum_j T_{ij} / \sum_j t_{ij}$;

$b_j$——第 $j$ 小区的出行吸引增长率,$b_j = \sum_i T_{ij} / \sum_i t_{ij}$;

$\sum_j t_{ij}$——第 $j$ 小区基年交通总吸引量;

$\sum_i t_{ij}$——第 $i$ 小区基年交通发生量;

$\sum_j T_{ij}$——第 $j$ 小区未来特征年交通总吸引量;

$\sum_i T_{ij}$——第 $i$ 小区基未来特征年交通总发生量;

$$L_i = \frac{\sum_j T_{ij}}{\sum_j t_{ij} \times b_j};$$

$$L_j = \frac{\sum_i T_{ij}}{\sum_i t_{ij} \times a_i}。$$

用迭代方法反复修正计算,直到收敛在误差范围之内为止,一般要求精度达到 95% 以上。

弗莱特法的计算流程如图 3-6 所示。

b. 弗尼斯(Furness)法

弗尼斯法是增长系数法的代表之一,模型结构简单,可操作性强,同弗莱特法一样,应用极为广泛。

该方法迭代过程用公式表达如下:

$$T^0(i,j) = t(i,j) \times E(i) \quad (3-33)$$

$$T^k(i,j) = T^{k-1}(i,j) \times \frac{\sum_{i}^{n}[t(i,j) \times E(i)]}{\sum_{i}^{n} T^{k-1}(i,j)} \quad (3-34)$$

$$T^{k+1}(i,j) = T^k(i,j) \times \frac{\sum_{i=1}^{n}[t(i,j) \times E(i)]}{\sum_{j=1}^{n} T^k(i,j)} \quad (3-35)$$

式中:$T^0(i,j)$——初始 OD;

$T^k(i,j)$——第 $k$ 次迭代的预测 OD 量;

$T^{k-1}(i,j)$——第 $k-1$ 次迭代的预测 OD 量;

$T^{k+1}(i,j)$——第 $k+1$ 次迭代的预测 OD 量;

$E(i)$——第 $i$ 小区的吸引量。

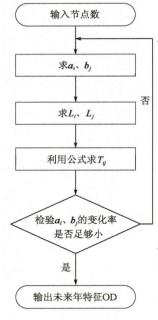

图 3-6 弗莱特法计算流程图

这种方法能在几次迭代后使结果误差控制在 3%~5% 以内,使约束误差范围强制在此出行矩阵估计误差更小的范围内是没有任何意义的。如果小区之间的距离或阻抗的作用不被考虑的话,这种方法只是最大熵或重力模型的一种特殊形式。但无论如何,弗尼斯模型能够在约束的条件下求解出最趋于正确的未来年出行矩阵,这种方法收敛的一个重要条件是

各个约束目标年的值的总和应该相等,即:

$$\sum_i \tau_i \sum_j t_{ij} = \sum_j f_j \sum_i t_{ij} = T \tag{3-36}$$

这个约束条件可以用来校正出行发生模型的结果。

c. 重力模型法

增长率法具有明显的缺陷,即:仅用增长率这种唯一指标来预测未来交通量而没有考虑到网络中影响交通分布的诸多因素,因而在新的交通方式、新的道路、新的收费政策或新的小区生成时无法描述交通分布的变化。此外,增长率法对基年出行矩阵精度的依赖性较大,换句话说,未来年出行矩阵的可信度不可能超过基年而任何出现在基年出行矩阵中的误差均将在计算过程中被放大;同时,如果基年矩阵的部分数据没有观测到,那么增长率法便无能为力。

"重力模型法"又称为"综合模型法",该模型认为区与区之间的交通分布受区间距离、运行时间、费用等所有交通阻抗的影响,即区与区之间的出行分布各对出行的吸引呈正比,而同区之间的交通阻抗呈反比。主要有基本重力模型、单约束重力模型和双约束重力模型。

a) 基本重力模型

$$t_{ij} = k \frac{G_i^\alpha \cdot A_j^\beta}{R_{ij}^\gamma} \tag{3-37}$$

式中: $t_{ij}$——$i,j$ 区域间未来分布交通量的预测值;

$G_i^\alpha$——$i$ 区未来年发生交通量预测值;

$A_j^\beta$——$j$ 区未来年吸引交通量预测值;

$R_{ij}^\gamma$——$i,j$ 区域间阻抗值(距离、时间或费用);

$\alpha$、$\beta$、$\gamma$、$k$——模型系数,在现状 OD 表的情况下,可用最小二乘法求得,$\alpha$,$\beta$ 也可以按经验取值,$\alpha = \beta = 1.0$(或 0.5)。

作为分布阻抗,不一定总是取距离项最为合适。当然作为反映影响分布交通发生的因素,小区间所需时间或小区间的距离最为常用,因为其能有效地反映将来的交通基础设施建设水平的变化。所以,取此要素能够开发出有效的模型。

分布阻抗的影响因素主要有:小区中心间直线距离,沿线距离,所需时间(时间距离),所需费用、票价、收费道路时的通行费和燃料费等,设定距离函数。

b) 单约束重力模型

由于基本重力模型无法保证:

$$\sum_j t_{ij} = P_{i'} \qquad \sum_i t_{ij} = A_j \tag{3-38}$$

A. M. Vooehees 对基本重力模型做出修改,提出了修正重力模型,也称单约束重力模型:

$$t_{ij} = G_i \frac{A_j f(R_{ij})}{\sum_{j=1}^{n} A_j f(R_{ij})} \qquad (3-39)$$

c)双约束重力模型

同时引进行约束系数和列约束系数的重力模型即为双约束重力模型,模型如下:

$$t_{ij} = k_i k_j G_i A_i f(R_{ij}) \qquad (3-40)$$

$$k_i = \left[ \sum_i k_j A_j f(R_{ij}) \right]^{-1} \qquad (i = 1,2,\cdots,n) \qquad (3-41)$$

$$k_j = \left[ \sum_j k_i G_i f(R_{ij}) \right]^{-1} \qquad (j = 1,2,\cdots,n) \qquad (3-42)$$

式中:$k_i$、$k_j$——分别为行约束系数和列约束系数。具体标定方法同单约束重力的系数标定方法。

"重力模型法"充分考虑了土地利用或路网结构变化对交通发生或吸引的影响,能敏感地反映地区间交通所需时间的变化,模型结构简单易懂,且在预测未来年的出行矩阵时可不直接使用基年观测矩阵,任何地区都能适用,因此,它是一种能较好地满足精度要求的比较实用的交通分布预测方法。当然,与增长率法相比,重力模型中阻抗函数的确定及系数的标定较复杂,这也是其至今尚不够普及的主要原因。

(4)旅游交通方式划分

①基本思想

交通量分担预测也称为交通方式划分预测。高速公路项目的建设是在一定的影响区范围内进行的,包括直接影响区和间接影响区。在高速公路项目影响区范围内,势必存在其他运输方式分担区域内的客货流运输,如铁路、水路、航空及管道,整个影响区内的客货运输是这些运输方式共同承担的。随着高速公路项目的建成通车,原有的各种运输方式的运输格局将会被打破,高速公路项目由于具有快捷、方便、安全等特点,其他运输方式所承担的运输量一部分将会转移到高速公路上来,这样高速公路交通量大小势必有一定幅度的增加;另一方面,其他交通运输方式对交通服务区域内的交通条件和运输结构的改善,也必然刺激交通需求的增长,产生相应的诱增交通量。因此,必须考虑其他运输方式的交通量分担情况,其他运输方式未来的交通量分担包括转移交通量和诱增交通量两部分。

对高速公路项目影响区而言,交通方式划分分为两个部分,即公路运输方式和其他运输方式之间的划分、公路运输方式中各车型之间的划分。随着经济的发展,不仅未来高速公路上的车型比例将与现状相差很大,而且公路、铁路、水运等方式之间的相互影响和促进作用也将越来越大。交通量的分担预测分析,可以清晰地在宏观上把握高速公路项目影响区内的交通运输发展趋向和运输方式的构成,能够更为准确地预测未来高速公路流量大小。

②预测方法

交通运输方式的选择,除受各种运输方式的运输能力限制外,还受许多因素影响,如运价、运输时间等。一般情况下运输方式选择可通过三种因素来表述:一是各种运输方式的运价;二是各种运输方式的运输时间;三是各种运输方式的特征。在考虑这些影响因素的前提下,可采用的预测方法有:Logit 模型(Binary Logit Model)和广义出行费用最小选择模型,即可测算出各种运输方式之间的交通量转移率分担比例。

a. Logit 分担模型

Logit 模型效用函数为:

$$U_1 = \theta_1 c_1 + \theta_2 t_2 + \theta_3 + \varepsilon_1 (公路) \quad (3-43)$$

$$U_2 = \theta_1 c_2 + \theta_2 t_2 + \varepsilon_2 \quad (3-44)$$

式中:$t_i$——交通方式所需时间;

$c_i$——交通方式所需运费,两者均为共同变量;

$\theta_i$——固有变量;

$\varepsilon$——涵盖了不能量化、不能确定的影响因素的效用随机项。

假定随机项相互独立且服从二重指数分布(Gumbel Distribution),则推导出以下 Logit 模型。

选择公路出行的概率:

$$P_1 = \frac{\exp(\theta_1 C_1 + \theta_2 T_2 + \theta_3)}{\exp(\theta_1 C_2 + \theta_2 T_2 + \theta_3) + \exp(\theta_1 C_2 + \theta_2 T_2)} \quad (3-45)$$

选择铁路出行的概率:

$$P_2 = 1 - P_1$$

若存在除铁路和公路外的其他运输方式,则按以上公式分别加以推导。

b. 广义出行费用最小选择模型

广义出行费用最小选择模型可以用来提供一个综合的分担比例来描述各种运输方式的合理结构,模型形式为:

$$P_{ijm} = \frac{e^{-r_{ijm}}}{\sum_k e^{-r_{ijm}}} \qquad (3\text{-}46)$$

式中：$P_{ijm}$——$i$ 区到 $j$ 区交通方式 $m$ 的分担率（吸引力）；

$r_{ijm}$——$i$ 区到 $j$ 区交通方式 $m$ 的交通阻抗；

$\sum_k e^{-r_{ijm}}$——$i$ 区到 $j$ 区 $k$ 种交通方式的交通阻抗。

$r_{ijm}$ 反映的是交通使用者在选择交通方式时所考虑的各种因素及重要性，定义为：

$$r_{ijm} = \sum_n \alpha_n y_{ijmn} + \alpha_0 \qquad (3\text{-}47)$$

式中：$\alpha_n$——权重系数；

$y_{ijmn}$——$i$ 区到 $j$ 区第 $m$ 种交通方式的第 $n$ 种阻抗因子值；

$\alpha_0$——不可定量因素。

交通方式的阻抗因子是指交通方式的特征因素，如经济性、快捷性、舒适性、方便性、独立性、安全性等，其中费用和时间是最为重要的阻抗因子。$P_{ijm}$ 确定后，即可得到转移交通量。

③弹性系数法

弹性系数法是通过研究单位社会经济指标产生的小区交通出行量，预测将来吸引、发生量的一种方法。该方法综合考虑我国经济发展水平和产业结构，我国汽车工业的发展趋势，参考地方有关文献资料，确定各车型弹性系数的大致范围，结合所得出的历史年各车型弹性系数及高速公路所处的区域位置，以相关道路历史交通量与直接影响区历史经济量的回归分析作为进一步分析的手段，确定出项目影响区的交通增长弹性系数，依次进行发生、吸引交通量预测。

根据相关道路上交通量观测站的历年交通量资料，以里程为权计算出分车型交通量的加权平均值，以此来代表区域内路网各车型交通量的历史发展值。以区域交通量与项目影响区域各对应年份的经济指标（国内生产总值）进行回归分析，确定车型交通量预测模型如下：

$$Q_k = a_k + b_k \text{GDP} \qquad (3\text{-}48)$$

式中：$Q_k$——各车型交通量；

GDP——国内生产总值；

$a_k$、$b_k$——回归系数。

回归参数确定后，根据下式确定各车型交通量与经济发展的弹性系数：

$$r_k^t = \frac{(\sum_{i=1}^{n} C_{ik}^0)\dfrac{a_k + b_k \mathrm{ET}^t}{a_k + b_k \mathrm{ET}^0}}{\sum_{i=1}^{n}\left(C_{ik}^0 \dfrac{E_i^t}{E_i^0}\right)} \qquad (3\text{-}49)$$

式中：$r_k^t$——$t$ 年 $k$ 种车辆交通量与经济发展的弹性系数；

$C_{ik}^0$——基年 $i$ 区 $k$ 种车型的发生量/吸引量；

$\mathrm{ET}^0$——区域基年国民生产总值（亿元）；

$\mathrm{ET}^t$——区域 $t$ 年国民生产总值（亿元）；

$a_k$、$b_k$——回归系数。

(5) 旅游交通分配预测

交通量分配预测是在预测出未来特征年份交通出行 OD 表后，采用交通分配方法，将各交通小区间交通量分配到建设项目所在地区未来年路网中，以计算出建设项目通道上的交通量。近年来，随着计算机技术的不断发展，交通分配理论越来越受到关注，各种分配模型层出不穷，如：最短路径分配模型、静态多路径分配模型、动态多路径分配模型、容量限制分配模型、增量加载分配模型、随机用户平衡分配模型等，各种模型各有优缺点和适用条件。

① 多路径概率分配法

多路径概率分配法强调出行者对费用感受的变化和他们寻求其最小化的不同指标（如距离、出行时间、广义费用等）。概率分配法需要考虑次优路线，从而产生一些额外的问题，因为在每个 OD 矩阵对之间可选的次优路线的数量可能非常多。解决这个问题主要有两种方法，基于模拟的方法和基于比例的方法。第一种利用了随即模拟的思想，引入感受费用的变化；第二种方法是基于比例的方法，它采用 Logit 型的路线选择模型计算出行路线被选用的概率。第一种方法的最终结果依赖于模拟采用的随机数序列，在应用过程中存在困难。因此，一般采用第二种方法，Logit 型的路线选择模型为：

$$p_{rs}^k = \frac{\exp\dfrac{-\theta r_k}{r}}{\sum_{m=1}^{M}\exp\dfrac{-\theta r_m}{r}} \qquad (3\text{-}50)$$

式中：$p_{rs}^k$——OD 出行量 $T$ 在第 $k$ 条有效路径上的分配率；

$r_k$——第 $k$ 条有效路径的路权；

$r$——各有效路径的平均路权；

$r_m$——第 $m$ 条有效路径的路权；

$\theta$——分配参数,与供选择的有效路径条数有关,实际运用中,一般取值在 3.5~3.5 之间;

$m$——有效出行路径条数。

用本模型进行交通量分配时,首先必须确定每一 OD 点对的有效路段及有效出行路线,有效出行路线必须由有效路段所组成,每一 OD 点对的出行量只在它相应的有效出行路线上进行分配。同时,路径集的选取也相当重要,因为路径集的定义不同,选择路径的行为准则和概率就不同,将直接影响配流的效果。

出行者从它的出行起点到达出行终点时,需要经过一系列交通节点(交叉路口),每到一个交通节点,都必须作出选择,在该节点所邻接的有效路段中选择一条作为他出行的一部分继续进行。因此,在某交通节点,可供出行者选择的有效出行路线条数等于该节点所邻接的有效路段个数。在通常的交通网络中,交通节点邻接多边形为 3~5,而其邻接的有效路段绝大部分为 2,少数为 3 或 1(只有一条有效路段时,不存在选择问题)。

②增量分配法

这是一个有重要使用价值的方法。建模者通过采用一系列比例因子 $p_n$ 将整个出行矩阵分成许多小的分矩阵,满足 $\sum_n p_n = 1$。逐步调用这些矩阵,并将其加载到最短路径上。每次均按上次累积的流量计算出行费用,然后按更新后路段费用重新计算最短路径。$p_n$ 的典型值是:0.4,0.3,0.2,0.1。算法描述如下:

a. 选择初始的当前路段费用集,通常是自由流出行时间。令所有的流量为 0;选择出行矩阵 $T$ 的分量集 $p_n$,使 $\sum_n p_n = 1$,令 $n = 0$。

b. 用当前费用构造最小费用树集,令 $n = n + 1$。

c. 将按全有全无算得的 $T_n = p_n T$ 加载到这些树上,得到一个流量集 $F_a$;累计每个路段的流量:$V_{a,n} = V_{a,n-1} + F_a$。

d. 以流量 $V_{a,n}$ 为基础计算一个新的当前路段费用集:如果 $T$ 的所有分量没有分配完,返回步骤 b;否则停止。

这种算法无须收敛到 Wardrop 平衡解,即使比例量 $p$ 很大且增量很小。增量加载技术的局限是一旦流量被分配到一个路段,便不能移动加载到其他的路段上。因此,如果迭代时为满足 Wardrop 平衡而分配了太多的流量到一个路段(如果这个路段很短,但能力又很低),则这种算法就不能收敛到其正确解。增量分配法的复杂程度和解的精确性介于全有全无法和平衡分配法之间。

③用户平衡分配法

用户平衡分配法建立在以下三点假设之上:

a. 所有使用者都试图以最短时间或最小费用达到自己的目的地;

b. 使用者可以得到可利用路线的当前交通状态的全部情报;

c. 所有使用者均根据同一标准选择路线。

同时,基于对出行量是否随路阻的变化而变化的不同假设,其又分为固定需求用户平衡分配法和弹性需求用户平衡分配法。

a. 固定需求用户平衡分配法

基本思想为:在平衡点,连接每一个 OD 点对的所有被使用的路径具有相同的阻抗,且小于或等于任何未被使用路径的阻抗。1956 年,Beckmann 根据 Wardrop 第一原理提出如下数学模型:

$$\min Z(x) = \sum_a \int_0^{x_a} t_a(x) \mathrm{d}x \qquad (3\text{-}51)$$

$$\text{s.t.} \quad \sum_k f_k^{rs} = q_{rs} \quad \forall\, r,s \qquad (3\text{-}52)$$

$$f_k^{rs} \geqslant 0 \quad \forall\, k,r,s \qquad (3\text{-}53)$$

$$x_a = \sum_r \sum_k \sum_s f_k^{rs} \delta_{a,k}^{rs} \qquad (3\text{-}54)$$

式中:$x_a$——路段 $a$ 的流量;

$t_a(x)$——路段 $a$ 的广义费用,它取决于流量 $x$;

$f_k^{rs}$——起点 $r$ 与讫点 $s$ 之间路径 $k$ 上的流量;

$q_{rs}$——起点 $r$ 与讫点 $s$ 之间的出行量;

$\delta_{a,k}^{rs} = \begin{cases} 1 & \text{路段 } a \text{ 位于连接 } r\text{-}s \text{ 的路径 } k \text{ 上时} \\ 0 & \text{其他} \end{cases}$。

该模型有两个基本假定:

a)假设路段阻抗仅是该路段流量的函数,而与其他路段上的流量没有关系;

b)路段阻抗是流量的严格递增函数。

b. 弹性需求用户平衡分配法

在固定需求的用户平衡模型中,出行矩阵被认为是固定的,这与实际不能完全吻合,因为实际上某些出行将随路段阻抗的变化而变化。允许 OD 矩阵随路段阻抗的变化而变化的用户平衡配流问题也被称为弹性需求用户平衡分配法。其数学模型表达如下:

$$\min(x,q) = \sum_a \int_0^{x_a} t_a(w) \mathrm{d}w - \sum_{rs} \int_0^{q_{rs}} D_{rs}^{-1}(w) \mathrm{d}w \qquad (3\text{-}55)$$

$$\text{s. t.} \quad \sum_k f_k^{rs} = q_{rs} \quad \forall r,s$$

$$f_k^{rs} \geq 0 \quad \forall k,r,s$$

$$q_{rs} \geq 0 \quad \forall r,s$$

$$x_a = \sum_{rs} f_k^{rs} \delta_{a,k}^{rs}$$

式中：$D_{rs}^{-1}(w)$——交通需求函数的反函数。

④随机用户平衡分配法

实际上，出行费用往往随交通量的变化而变化，出行者也不可能知道所有路径的出行费用，且其路径选择标准也不会完全一致。一般来说，出行者倾向于选择行驶费用少的路径，但只能通过日常行驶积累的经验，凭主观判断进行选择，因此往往带有很大的随机性。

随机用户平衡分配法是基于如下假设：已经没有一个出行者认为单方面改变路线会缩短行驶时间。其数学表达式为：

$$\min_x Z(x) = -\sum_{rs} q_{rs} M[\min_x \{C_{rs}^k\} c^{rs}(x)] + \sum_a x_a t_a(x_a) - \sum_a \int_0^a t_a(w) \mathrm{d}w$$

(3-56)

交通预测的目的是掌握交通量的发展方向和分布，由于交通量预测期长，加之我国各地区各阶段经济发展的趋势差异很大，在整个预测期内是否适应四阶段预测法，应进一步加以研究。

## 第四节 旅游景点的旅游交通需求预测案例

交通基础设施系统在推动区域旅游发展中扮演了一个重要的角色。Prideaux 已经讨论了在旅游目的地选择上，Malucelli 等旅游距离和交通成本决定了在区域旅游发展上交通的作用[62]。随着中国经济发展的逐渐提升和居民汽车旅行的逐渐增加，连接旅游景点的道路交通也在增加。这一现象不仅为区域经济发展和居民休闲旅行提供方便，而且会导致道路网交通区域的不平衡。怎样合理准确地预测旅游景点旅游公路交通需求，如何进行区域旅游规划和道路网优化成为当下研究人员和管理部门的关键议题。

### 一、模型构建

旅游交通需求的影响因素包括人口、收入、游客吸引特征、从源头到旅游景点的距离、节假日和交通基础设施。根据不同的距离,游客将会选择合适的交通方式去完成空间旅行。游客的数量与旅游景点和交通模式相联系,比如道路安全、道路舒适性和沿路风景。本书仅仅专注于公路道路交通和基于国际、国内游客数量去预测旅游公路交通需求,它能够为旅游景点旅游交通需求提供一种有用的方法。

通过分析游客数量和旅游公路交通需求的关系,根据旅游公路交通特征,利用旅游景点游客数量去建立一种计算旅游公路交通需求的方法。该方法包含四个步骤:①根据去年记录的旅游景点的游客数量进行拟合和预测;②调查旅游景点客运交通状况;③在游客数量的基础上,预测旅游公路交通需求;④运用准确的交通调查数据比较和纠正预测结果。该预测方法的计算流程图如图 3-7 所示。

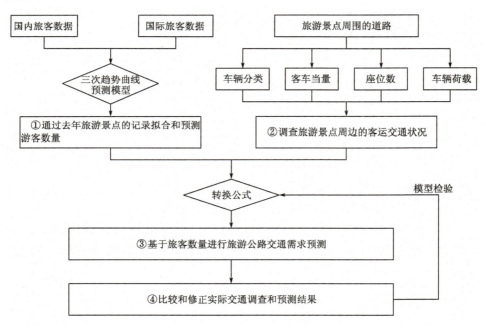

图 3-7 旅游交通需求预测流程图

(1)根据历年记录的旅游景点的游客数量进行拟合和预测

旅游景点游客的数量被划分为国际游客和国内游客;因为旅游景点游客的到达是呈梯度增长,所以这一步采用时间序列方法之一——三个趋势曲线预测模型来预测和拟合过去几年游客的数量。三次多项式趋势曲线预测模型可以表示为:

$$P = b_0 + b_1 \times t + b_2 \times t^2 + b_3 \times t^3 + \cdots \tag{3-57}$$

式中： $P$——游客的预测值；

$t$——时间值；

$b_0$、$b_1$、$b_2$、$b_3\cdots$——需要被决定参数。

这里用最小二乘法解决这个模型。

(2)调查旅游景点客运交通状况

在这一步中需要调查围绕旅游景点的客运交通状况。通常状况下,将会有几条道路连接旅游景点,所以同时需要调查客运交通状况,并且调查时段不能少于连续24h。调查内容包括客运车辆分类、乘用车、每辆车的座位数量和客运车辆负荷系数。

(3)在游客数量的基础上,预测旅游公路交通需求

在步骤(1)和步骤(2)的基础上,这里需要建立一个转换模型去预测旅游公路交通需求,这个转换模型的表示方法如下：

$$Q' = \frac{P_{tot} \times a_1 \times PCE_1}{365 \times N_{S1} \times L_1} + \frac{P_{tot} \times a_2 \times PCE_2}{365 \times N_{S2} \times L_2} \tag{3-58}$$

式中： $Q'$——旅游公路交通需求的预测值；

$a_1$、$a_2$——乘用车和大客车的共享率；

$PCE_1$、$PCE_2$——分别代表乘用车和大客车的等价值；

$N_{S1}$、$N_{S2}$——乘用车和大客车座位的数量；

$L_1$、$L_2$——乘用车和大客车的车辆负荷系数。

(4)用准确的交通调查数据比较和纠正预测结果

在步骤(4)中,通过比较旅游公路交通需求的预测值和调查值,可以确定预测值和真实值之间的相对误差。如果预测值不能满足要求,就反馈和修正模型假设。

## 二、案例研究

首先,应用建立的模型去分析兴凯湖的旅游公路交通需求。兴凯湖坐落于黑龙江省的东南部,南边是俄罗斯的边界。兴凯湖占地面积 4 380km², 是中国4A级度假旅游景点。

图 3-8 是 2000—2011 年兴凯湖游客数量变化趋势,可以看到国际游客和国内游客的增长趋势,分别得到了国际和国内游客数量的三次多项式趋势曲线预测模型。

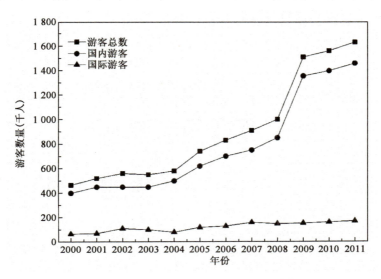

图 3-8  2000—2011 年兴凯湖游客数量变化趋势图

$$P_{int} = 61.71717 + 5.32066x + 1.13742x^2 - 0.06902x^3 \quad R^2 = 0.8871$$
(3-59)

$$P_{dom} = 562.1212 - 70.8886x + 18.1926x^2 - 0.3594x^3 \quad R^2 = 0.9616$$
(3-60)

2011 年 9 月,调查了围绕兴凯湖的 9 条道路的客运交通状况,详细信息如表 3-9 所示。

**兴凯湖客运交通状况**　　　　　　　　　　　表 3-9

| 车辆种类 | 分享率(%) | 当量 | 平均座位数 | 车辆荷载因素 |
|---|---|---|---|---|
| 客车 | 90 | 1 | 6.5 | 0.78 |
| 大客车 | 10 | 2.5 | 27 | 0.88 |

替换后调查数据应用到式(3-58),我们可以获得 2011 年兴凯湖旅游公路交通需求的预测值为 969pcu/d,然后将预测值和真实值 960pcu/d 作比较,相对误差为 0.94%。所以,现有的模型能够在实践中预测旅游公路交通需求。

将这个建立的模型应用到 2015 年和 2020 年旅游公路交通需求中,分别得到的预测值为 1 426pcu/d 和 1 960pcu/d 旅游公路将满足设计通行能力,旅游景点的停车空间将超过承载能力。所以,兴凯湖将需要优化和调整游客需求,比如现有道路升级、道路加宽改造、服务游客增长的新公路的建设和私家车交通旅行需求。

# 第四章 区域公路网发展规模预测与等级结构确定

## 第一节 公路网络合理发展规模的内涵

公路网规模主要指的是公路网总里程和公路网的等级结构,其大小能够代表公路交通的服务水平。合理的公路网规模需要具有一定的通达深度和路线长度,具有满足路网交通需求的相应等级公路,具有合理的网络结构以及足够的经济效益。区域公路网合理发展应该保证以下几个方面:

(1)与社会经济发展战略相适应

一个区域的公路建设必须综合考虑社会经济与生产力发展因素,其数量、质量和等级结构也要符合社会与经济发展趋势。公路建设资金的投入在保证取得一定经济效益的同时还要使资金为区域社会经济可持续发展带来积极影响。

(2)与交通区位相适应

交通区位指的是区域所具有的地理特性、运输方式特性及线路等级特性,本质上是一种"交通资源",一个区域公路及其网络的建设必须符合该区域交通区位线的等级及其分布。

(3)与区域资源状况相适应

资源是社会经济发展的基础保障,资源结构的不同会导致区域社会经济结构特征的不同。区域公路网络的建设必须符合其资源分布状况,并且与区域生态环境、社会环境、经济环境的趋向相适应。

(4)与区域的公路功能要求相适应

区域的运输结构应符合社会经济发展的需求,使公路网发展规模和综合运输体系相互协调,做到"宜铁则铁、宜公则公、宜水则水、宜空则空",满足区域社会经济发展的要求。

# 第二节 公路网规模指标

## 一、里程指标

公路网规模的里程指标有两个：公路网通车总里程和公路网当量总里程，前者是指各级公路里程的总和，后者是指将各等级公路的里程换算成二级公路后的总里程。

公路网通车总里程能够反映公路网的发展规模，并且能够在一定程度上反映公路网的发展水平和公路网的连通情况。但不同等级公路的通行能力和交通需求都不一样，所以需要将不同等级公路的里程进行统一，即将各等级公路里程按照通行能力换算成二级公路的相应里程，其计算公式为：

$$L_{eq} = \frac{\sum \alpha_j \gamma_j x_j}{\gamma^2} \qquad (4\text{-}1)$$

式中：$\alpha_j$——$j$ 级公路一个车道的等效系数（表 4-1）；

$\gamma_j$——$j$ 级公路的车道数（条）；

$x_j$——$j$ 级公路的实际里程（km）。

**各级公路等效系数以及有关参数**　　　　表 4-1

| 参数 | 高速公路 | 一级公路 | 二级公路 | 三级公路 |
| --- | --- | --- | --- | --- |
| $\gamma_j$（条） | 4 | 2 | 2 | 2 |
| $C_j$ | 1 400pcu/(h·ln) | 1 100pcu/(h·ln) | 1 400pcu/h | 1 250pcu/h |
| $\alpha_j$ | 2.5 | 1.25 | 1.0 | 0.4 |

## 二、密度指标

公路网的密度指标表征公路网与其所在区域的社会经济环境的关系。

1. 单一密度

公路网覆盖的大小直接决定区域交通的便利程度，而人口和经济活动规模的大小也直接对交通状况造成影响，考虑直接影响，可以按照面积密度、人口密度、经济密度三种情况进行分析：

面积密度

$$D_s = \frac{L}{S} \qquad (4\text{-}2)$$

人口密度

$$D_p = \frac{L}{P} \qquad (4\text{-}3)$$

经济密度

$$D_g = \frac{L}{G} \qquad (4\text{-}4)$$

式中：$L$——区域公路总长(km)；

$S$——区域总面积($100\text{km}^2$)；

$P$——区域总人口(万人)；

$G$——区域经济活动规模(亿元)。

但以上三种指标过于单一，不足以说明区域公路网的发展状况与服务水平，也无法对其合理性进行合理的证明。

2. 综合密度

为获得全面指标，将上述三种单一指标进行平均：

$$D_2 = \sqrt{D_s \cdot D_p} \qquad (4\text{-}5)$$

$$D_3 = \sqrt[3]{D_s \cdot D_p \cdot D_g} \qquad (4\text{-}6)$$

获得的综合指标能够较为全面地说明区域公路网的发展状况和服务水平，但其受地理、经济和人口的限制较大。

### 三、公路网技术等级

公路网技术等级是组成公路网各路段的技术等级的加权平均值，即：

$$J = \sum J_i p_i \qquad (4\text{-}7)$$

式中：$J$——公路网技术等级；

$J_i$——第 $i$ 个路段的技术等级，$J_i$ 取值分别为 0、1、2、3、4、5，分别对应高速、一级、二级、三级、四级、等外；

$p_i$——公路网路段 $i$ 的里程权，$p_i = \frac{l_i}{L}$，该值从总体上反映了区域公路网的技术等级水平，$J$ 值越小，技术等级水平越高。

### 四、路网容量

路网容量是指不同交通状态下的最大公路网流量，即：

$$C = \max[Q_1, Q_2, \cdots, Q_k] \qquad (4\text{-}8)$$

式中：$C$——公路网容量（辆/日）；
$Q_k$——公路网中某一交通状态 $k$ 下的公路网流量（辆/日）。
在实际工作中可以取：

$$C = \sum_j C_j p_j \tag{4-9}$$

式中：$p_j$——公路网中各技术等级公路的里程权；
$C_j$——公路网中各技术等级公路的交通通行能力（辆/日），其值，见表4-1。

以上四个指标反映了区域公路网建设的发展规模和发展结构，其中，公路网当量里程和公路网容量从质上反映区域公路交通的发展水平，是区域公路网运输能力的具体体现，同时在一定程度上反映了公路交通系统运输能力与集散能力的协调程度。

## 第三节 区域公路网络规模影响因素

### 一、公路网合理发展规模的影响因素系统分析

由系统工程理论可知，公路交通系统是社会经济系统的一个子系统，它具备复杂大系统的特征，公路网作为公路交通系统的组成要素之一，其发展规模受到各种纷繁复杂的外界环境因素制约，这也决定了区域公路网规模影响因素的多元化。所以，为了对路网规模做出合理预测，就应对其影响因素进行综合分析，分清主次关系、影响程度大小和各因素的相互关系等，为合理确定区域公路网发展规模奠定基础，同时也使工程决策者对影响路网发展的方方面面有一个清晰的认识，便于抓住主要矛盾，运用系统工程理论的有关方法，做出科学合理的规划。

公路网的发展规模应合理，应与同时期的社会经济发展程度相适应，能促进经济发展。同时也要满足社会经济对交通的需求，此外应该与其他交通运输方式高效衔接，协调发展。

公路网系统是社会经济系统中的一部分，它的发展受到社会经济因素的影响。影响公路网规模的因素主要有以下几方面：

1. 社会经济及产业结构发展

公路网系统是为国民经济的发展服务的，经济发展水平越高就越需要更加发达的交通网络来满足其对公路交通的需求，经济发展到一定程度后会反过来影响公路网系统的发展，改善交通运行质量，它们之间是密切相关的。同理，交通基础设施的建设会促进第三产业的发展，使物流、旅游业等快速增长，这些又反过来对

交通提出更高的需求,相互促进。以黑龙江省为例,从 2001 年至 2014 年期间,黑龙江省地区生产总值从 3 390.1 亿元增长到 15 039.4 亿元,增长幅度达443.6%,人均地区生产总值增长幅度为 440.7%,达到了 39 226 元,期间第三产业产值也从 1 181.2 亿元增长到 6 883.60 亿元,增长幅度达 581.8%,地区生产总值和第三产业产值的变化促进了公路网规模的变化,14 年间公路通车里程从 62 979 km 增长到了 162 464 km,增长幅度达 250%。黑龙江省社会经济与公路网规模及发展趋势见表 4-2、图 4-1。

黑龙江省社会经济与公路网规模统计表  表 4-2

| 年份（年） | 人口（万人） | 地区生产总值（亿元） | 人均地区生产总值（元） | 第三产业产值（亿元） | 公路通车总里程（km） |
| --- | --- | --- | --- | --- | --- |
| 2001 | 3 811.0 | 3 390.1 | 8 900 | 1 181.2 | 62 979 |
| 2002 | 3 813.0 | 3 637.2 | 9 541 | 1 319.4 | 63 046 |
| 2003 | 3 815.0 | 4 057.4 | 10 638 | 1 467.9 | 65 123 |
| 2004 | 3 816.8 | 4 750.6 | 12 449 | 1 670.3 | 66 821 |
| 2005 | 3 820.0 | 5 513.7 | 14 440 | 1 857.4 | 67 077 |
| 2006 | 3 823.0 | 6 211.8 | 16 255 | 2 096.4 | 139 335 |
| 2007 | 3 824.0 | 7 104.0 | 18 580 | 2 493.0 | 140 909 |
| 2008 | 3 825.0 | 8 314.4 | 21 740 | 2 905.7 | 150 846 |
| 2009 | 3 826.0 | 8 587.0 | 22 447 | 3 372.0 | 151 470 |
| 2010 | 3 833.4 | 10 368.6 | 27 076 | 3 861.6 | 151 945 |
| 2011 | 3 834.0 | 12 582.0 | 32 819 | 4 550.0 | 155 592 |
| 2012 | 3 834 | 13 691.58 | 35 711 | 5 540.3 | 159 063 |
| 2013 | 3 835.02 | 14 382.9 | 37 509.3 | 5 947.9 | 160 200 |
| 2014 | 3 833 | 15 039.4 | 39 226 | 6 883.61 | 162 464 |

注:数据来源《黑龙江省统计年鉴》。

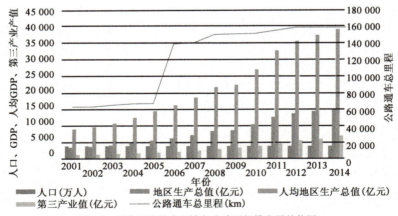

图 4-1 黑龙江省社会经济与公路网规模发展趋势图

## 2. 区域人口规模及国土面积

人是产生交通需求的基础,公路的建设也是为人所服务的,人口规模的增加会导致公路客运需求的增长,人的经济活动必然会影响交通需求的发展,人口规模越大,产生的交通需求也就越大,因此,区域人口的规模也是公路网合理发展规模的一个影响因素。此外区域面积越大,需要连接的节点也就越多,在满足同等交通服务水平的情况下,所需的公路规模也越大,才能满足客货的流动需求。

## 3. 公路交通需求

交通需求是影响公路网规模主要的因素,基本的交通设施是满足交通需求的基础。随着经济的增长,客货运量及周转量也在不断增长,对公路的需求不断加大,从而引起公路网规模的增长。以黑龙江省为例(表4-3和图4-2),从2000年至2014年期间,在2007年达到顶峰,客货运量的增长幅度分别为136.9%、131%,达到了54 592万人、51 996万t,期间客货运周转量的增长幅度分别为146.3%、179.1%,达到了313.9亿人·km、289.9亿t·km。从2000年到2014年公路交通需求的变化促进了公路网规模的变化,15年间公路通车里程从50 284km增长到了162 464km,增长幅度达323.1%。

黑龙江省公路客货运数据与公路网规模统计表　　表4-3

| 年份<br>(年) | 公路客运量<br>(万人) | 公路客运周转量<br>(百万人·km) | 公路货运量<br>(万t) | 公路货运周转量<br>(百万t·km) | 公路通车总里程<br>(km) |
|---|---|---|---|---|---|
| 2000 | 39 864 | 21 450 | 39 685 | 16 190 | 50 284 |
| 2001 | 40 900 | 21 900 | 39 900 | 16 600 | 62 979 |
| 2002 | 41 490 | 22 180 | 40 317 | 16 750 | 63 046 |
| 2003 | 39 347 | 20 330 | 39 031 | 16 310 | 65 123 |
| 2004 | 42 170 | 22 580 | 40 712 | 20 380 | 66 821 |
| 2005 | 46 808 | 25 430 | 44 376 | 22 760 | 67 077 |
| 2006 | 51 023 | 28 060 | 48 389 | 25 210 | 139 335 |
| 2007 | 54 592 | 31 390 | 51 996 | 28 990 | 140 909 |
| 2008 | 31 400 | 21 360 | 35 424 | 65 713 | 150 846 |
| 2009 | 32 947 | 22 700 | 36 500 | 65 713 | 151 470.4 |
| 2010 | 36 001 | 24 320 | 40 600 | 76 240 | 152 000 |
| 2011 | 39 424 | 27 390 | 44 420 | 84 345 | 155 592 |
| 2012 | 41 551 | 29 680 | 47 465 | 92 900 | 159 063 |
| 2013 | 35 102 | 21 610 | 45 288 | 98 650 | 160 200 |
| 2014 | 36 379 | 23 123 | 47 173 | 100 846 | 162 464 |

注:数据来源于《黑龙江省统计年鉴》。

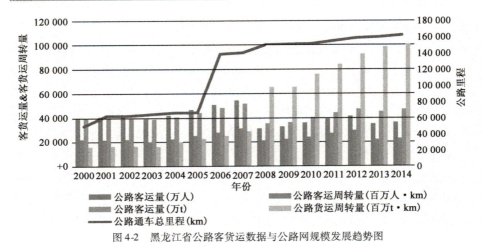

图 4-2 黑龙江省公路客货运数据与公路网规模发展趋势图

4. 旅游资源的影响

旅游资源主要是自然风景、人文习俗风情等资源,旅游业的发展会促进其他产业的发展,是现今经济的一个增长点,旅游业越发达,则由于旅游而吸引的客流量就越大,由此而导致出行者对公路资源有更大的需求,从而促使公路网规模技术等级的提升,满足不断增长的旅游需求。以黑龙江省为例(表 4-4 和图 4-3),从 2000 年至 2013 年期间,旅游人数的增长幅度为 1 069.5%,达到了 29 004 万人次,期间旅游收入的增长幅度为 1 114%,达到了 13 480 亿元,旅游业的快速发展促进了公路网规模的变化,14 年间公路通车里程从 50 284km 增长到了 160 200km,增长幅度达 246.8%。

黑龙江省旅游人数、收入与公路网规模统计表　　　　表 4-4

| 年份(年) | 旅游人数(万人次) | 旅游收入(千万元) | 公路通车总里程(km) |
|---|---|---|---|
| 2000 | 2 712 | 1 210 | 50 284 |
| 2001 | 300 | 1 580 | 62 979 |
| 2002 | 3 350 | 1 792 | 63 046 |
| 2003 | 3 590 | 2 020 | 65 123 |
| 2004 | 4 002 | 2 250 | 66 821 |
| 2005 | 4 500 | 2 520 | 67 077 |
| 2006 | 5 194 | 3 120 | 139 335 |
| 2007 | 6 515 | 3 804.7 | 140 909 |
| 2008 | 8 353 | 5 020.7 | 150 846 |
| 2009 | 11 000 | 6 062 | 151 470.4 |

续上表

| 年份(年) | 旅游人数(万人次) | 旅游收入(千万元) | 公路通车总里程(km) |
| --- | --- | --- | --- |
| 2010 | 15 702 | 8 320 | 152 000 |
| 2011 | 20 237 | 10 320 | 155 592 |
| 2012 | 25 174 | 12 480 | 159 063 |
| 2013 | 29 004 | 13 480 | 160 200 |
| 2014 | 10 531 | 10 310 | 162 464 |

注：数据来源于《黑龙江省统计年鉴》《黑龙江省国民经济和社会发展统计公报》。

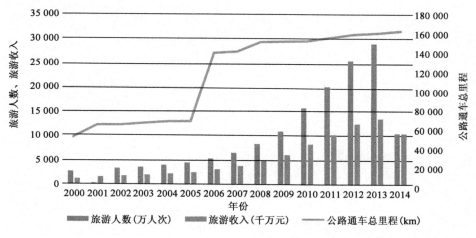

图4-3 黑龙江省旅游人数、收入与公路网规模发展趋势图

5. 建设投资资金的约束

公路网建设需要耗费大量的社会资源与土地，此外，区域不同经济发展水平和方向也不同，用于基础设施建设的投资也必然会有很大差异，因此，公路网规模会受到交通基础设施建设投资的限制约束。

6. 自然地理区位的约束

公路网的建设会受到自然地理条件的限制，不同的地形会使公路建设费用不一样，地形地貌的差异直接影响了公路建设，如在边缘山区，丘陵地带公路建设在技术和费用上会存在较大困难，导致公路发展十分缓慢，此外受土地资源因素的影响，公路网也不可能无限发展，必然会达到一个最终的规模而不再发展。

## 二、公路网规模与其影响因素的关系

合理的公路网规模符合社会、经济、政治、国防的发展要求，具有良好的经济性、技术合理性、土地使用效率、环保性等。另外，公路网规模影响因素之间也存在相互制约作用，例如，社会和经济的发展会增加建设资金的投入，同时也会使得区域机动车保有量增加、公路交通需求增大。这些影响因素相互影响相互作用共同构成一个关系系统，对关系系统内各影响因素的关联性质和关系结构进行深入分析，建立关系如图4-4所示。

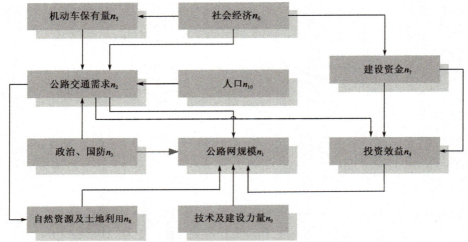

图4-4 公路网规模与其影响因素的有向连接图

### 三、公路网规模与其影响因素可达矩阵

根据有向连接图确定邻接矩阵，以描述系统中各要素间关系，用 $A$ 表示，其元素 $a_{ij}$ 如下：

$$a_{ij} = \begin{cases} 1 & n_i R n_j & R \text{ 表示可以从 } n_i \text{ 到达 } n_j \\ 0 & n_i \overline{R} n_j & \overline{R} \text{ 表示不可以从 } n_i \text{ 到达 } n_j \end{cases}$$

公路网规模的影响因素邻接矩阵建立如下：

$$A = \begin{bmatrix} 0 & 0 & 0 & 0 & 0 & 0 & 0 & 0 & 0 & 0 \\ 1 & 0 & 0 & 1 & 0 & 0 & 0 & 0 & 0 & 0 \\ 1 & 1 & 0 & 0 & 0 & 0 & 0 & 0 & 0 & 0 \\ 1 & 0 & 0 & 0 & 0 & 0 & 0 & 0 & 0 & 0 \\ 0 & 1 & 0 & 0 & 0 & 0 & 0 & 0 & 0 & 0 \\ 0 & 1 & 0 & 0 & 1 & 0 & 1 & 0 & 0 & 0 \\ 1 & 0 & 0 & 0 & 0 & 0 & 0 & 0 & 0 & 0 \\ 1 & 0 & 0 & 0 & 0 & 0 & 0 & 0 & 0 & 0 \\ 1 & 0 & 0 & 0 & 0 & 0 & 0 & 0 & 0 & 0 \\ 0 & 1 & 0 & 0 & 0 & 0 & 0 & 0 & 0 & 0 \end{bmatrix}$$

矩阵中行表示该行因素到其他因素的可达性,列表示其他因素到该列因素的可达性。公路网规模影响因素的可达矩阵 $Ma_{ij}$ 表示有向连接图中各节点间的可达性,可用邻接矩阵 $A$ 加入单位矩阵 $I$ 经过一定的运算求得。设 $A_1 = (A+I)^1, A_2 = (A+I)^2, \cdots, A_n = (A+I)^n$,矩阵 $A_r$ 是不是可达矩阵,应根据可达矩阵的定义:当 $(A+I)^r = (A+I)^{r+1}$ 时,则矩阵 $(A+I)^r = M$(可达矩阵)。

令 $A_r = (A+I)^r$,其中 $I$ 为单位矩阵,则:

$$A_1 = A + I = \begin{bmatrix} 1 & 0 & 0 & 0 & 0 & 0 & 0 & 0 & 0 & 0 \\ 1 & 1 & 0 & 1 & 0 & 0 & 0 & 0 & 0 & 0 \\ 1 & 1 & 1 & 0 & 0 & 0 & 0 & 0 & 0 & 0 \\ 1 & 0 & 0 & 0 & 0 & 0 & 0 & 0 & 0 & 0 \\ 0 & 1 & 0 & 0 & 1 & 0 & 0 & 0 & 0 & 0 \\ 0 & 1 & 0 & 0 & 1 & 1 & 1 & 0 & 0 & 0 \\ 1 & 0 & 0 & 1 & 0 & 0 & 1 & 0 & 0 & 0 \\ 1 & 0 & 0 & 0 & 0 & 0 & 0 & 1 & 0 & 0 \\ 1 & 0 & 0 & 0 & 0 & 0 & 0 & 0 & 1 & 0 \\ 0 & 1 & 0 & 0 & 0 & 0 & 0 & 0 & 0 & 1 \end{bmatrix}$$

将上式平方获得 $A_2$:

$$A_2 = (A+I)^2 = \begin{bmatrix} 1 & 0 & 0 & 0 & 0 & 0 & 0 & 0 & 0 & 0 \\ 1 & 1 & 0 & 1 & 0 & 0 & 0 & 0 & 0 & 0 \\ 1 & 1 & 1 & 1 & 0 & 0 & 0 & 0 & 0 & 0 \\ 1 & 0 & 0 & 1 & 0 & 0 & 0 & 0 & 0 & 0 \\ 1 & 1 & 0 & 1 & 1 & 0 & 0 & 0 & 0 & 0 \\ 1 & 1 & 0 & 1 & 1 & 1 & 1 & 0 & 0 & 0 \\ 1 & 0 & 0 & 1 & 0 & 0 & 1 & 0 & 0 & 0 \\ 1 & 0 & 0 & 0 & 0 & 0 & 0 & 1 & 0 & 0 \\ 1 & 0 & 0 & 0 & 0 & 0 & 0 & 0 & 1 & 0 \\ 1 & 1 & 0 & 1 & 0 & 0 & 0 & 0 & 0 & 1 \end{bmatrix}$$

继续对 $A_1$ 进行三次方,可得 $(A+I)^2 = (A+I)^3$,满足可达矩阵定义,即 $A_2$ 为可达矩阵。

### 四、路网规模影响因素的递阶层次结构

将 $A_1$ 进行区域分解和级间分解,以得到路网规模影响因素的递阶层次

结构。

1. 区域分解

在可达性矩阵中,可将元素组成可达性集合 $R(n_i)$ 和先行集合 $A(n_i)$,即:

$$R(n_j) = \{n_j \in N \mid m_{ij} = 1\} \quad (4\text{-}10)$$

$$A(n_i) = \{n_j \in N \mid m_{ij} = 1\} \quad (4\text{-}11)$$

式中:$n_i$——节点编号;

$N$——所有要素构成的节点集合。

把所有要素 $n_i$ 的可达性集合与先行集合的交集为先行集合的要素集合定义为共同集合 $T$,即:

$$T = \{n_j \in N \mid R(n_j) \cap A(n_i) = A(n_i)\} \quad (4\text{-}12)$$

于是,由前面的可达性矩阵 $M$ 可得到可达性集合、先行集合及两者的交集,见表 4-5,则共同集合 $T = \{n_3, n_6, n_8, n_9, n_{10}\}$。因为 $R(n_3) \cap R(n_6) \neq \phi, R(n_3) \cap R(n_8) \neq \phi, R(n_3) \cap R(n_9) \neq \phi, R(n_3) \cap R(n_{10}) \neq \phi, R(n_6) \cap R(n_8) \neq \phi, R(n_6) \cap R(n_9) \neq \phi, R(n_6) \cap R(n_{10}) \neq \phi, R(n_8) \cap R(n_9) \neq \phi, R(n_8) \cap R(n_{10}) \neq \phi, R(n_9) \cap R(n_{10}) \neq \phi(\phi$ 为空集),所以可达性矩阵 $M$ 中的任一元素都属于同一区域。

区域分解计算表　　　　表4-5

| $i$ | $R(n_i)$ | $A(n_i)$ | $R(n_i) \cap A(n_i)$ |
|---|---|---|---|
| 1 | 1 | 1,2,3,4,5,6,7,8,9,10 | 1 |
| 2 | 1,2,4 | 2,3,5,6,10 | 2 |
| 3 | 1,2,3,4 | 3 | 3 |
| 4 | 1,4 | 2,3,4,5,6,7,10 | 4 |
| 5 | 1,2,4,5 | 5,6 | 5 |
| 6 | 1,2,4,5,6,7 | 6 | 6 |
| 7 | 1,4,7 | 6,7 | 7 |
| 8 | 1,8 | 8 | 8 |
| 9 | 1,9 | 9 | 9 |
| 10 | 1,2,4,10 | 10 | 10 |

2. 级间分解

级间分解应满足可达性集合与先行集合的交集等于可达性集合,即:$R(n_i) \cap A(n_i) \neq R(n_i)$。由表 4-5 可知,满足此条件的只有 1,则第一级为 $L_1 = \{n_1\}$,从表 4-5 中除去 1,得表 4-6,可得第二级为 $L_2 = \{n_4, n_8, n_9\}$,从表 4-6 中除去元素 4、8、9,得到表 4-7,可知第三级为 $L_3 = \{n_2, n_7\}$;从表 4-7 除去元素 2、7,得到表 4-8,于是得到分级结果,见表 4-9。

**级间分解计算表 1**　　　　　　　　　　　　　表 4-6

| $i$ | $R(n_i)$ | $A(n_i)$ | $R(n_i) \cap A(n_i)$ |
|---|---|---|---|
| 2 | 2,4 | 2,3,5,6,10 | 2 |
| 3 | 2,3,4 | 3 | 3 |
| 4 | 4 | 2,3,4,5,6,7,10 | 4 |
| 5 | 2,4,5 | 5,6 | 5 |
| 6 | 2,4,5,6,7 | 6 | 6 |
| 7 | 4,7 | 6,7 | 7 |
| 8 | 8 | 8 | 8 |
| 9 | 9 | 9 | 9 |
| 10 | 2,4,10 | 10 | 10 |

**级间分解计算表 2**　　　　　　　　　　　　　表 4-7

| $i$ | $R(n_i)$ | $A(n_i)$ | $R(n_i) \cap A(n_i)$ |
|---|---|---|---|
| 2 | 2 | 2,3,5,6,10 | 2 |
| 3 | 2,3 | 3 | 3 |
| 5 | 2,5 | 5,6 | 5 |
| 6 | 2,5,6,7 | 6 | 6 |
| 7 | 7 | 6,7 | 7 |
| 10 | 2,10 | 10 | 10 |

**级间分解计算表 3**　　　　　　　　　　　　　表 4-8

| $i$ | $R(n_i)$ | $A(n_i)$ | $R(n_i) \cap A(n_i)$ |
|---|---|---|---|
| 3 | 3 | 3 | 3 |
| 5 | 5 | 5,6 | 5 |
| 6 | 5,6,7 | 6 | 6 |
| 10 | 10 | 10 | 10 |

**系统结构分级表**　　　　　　　　　　　　　　表 4-9

| 级别 | $L_1$ | $L_2$ | $L_3$ | $L_4$ |
|---|---|---|---|---|
| 元素 | $n_1$ | $n_4, n_8, n_9$ | $n_2, n_7$ | $n_3, n_5, n_6, n_{10}$ |

3. 公路网规模影响因素递阶层次结构的确立

由表 4-9 可得到变位可达矩阵 $M'$(将可达矩阵 $M$ 按等级变位),即:

$$M' = \begin{bmatrix} 1 & 0 & 0 & 0 & 0 & 0 & 0 & 0 & 0 & 0 \\ 1 & 0 & 0 & 0 & 0 & 0 & 0 & 0 & 0 & 0 \\ 1 & 1 & 0 & 0 & 0 & 0 & 0 & 0 & 0 & 0 \\ 1 & 0 & 1 & 0 & 0 & 0 & 0 & 0 & 0 & 0 \\ 1 & 0 & 0 & 1 & 0 & 0 & 0 & 0 & 0 & 0 \\ 1 & 1 & 0 & 0 & 0 & 1 & 0 & 0 & 0 & 0 \\ 1 & 1 & 0 & 0 & 1 & 0 & 0 & 1 & 0 & 0 \\ 1 & 1 & 0 & 0 & 1 & 1 & 0 & 1 & 1 & 0 \\ 1 & 1 & 0 & 0 & 1 & 0 & 0 & 0 & 0 & 1 \end{bmatrix}$$

由变为矩阵 $M'$ 减去单位矩阵 $I$，并由可达性定义可知，第二级 $n_4$，$n_8$，$n_9$ 仅与 $n_1$ 有关，即 $n_4 \rightarrow n_1$，$n_8 \rightarrow n_1$，$n_9 \rightarrow n_1$；去掉 $n_1$ 所在的行和列，再确定第二级与第三级元素之间的关系，可知第三级中 $n_2$ 和 $n_7$，有 $n_2 \rightarrow n_4$，$n_2 \rightarrow n_8$，$n_7 \rightarrow n_4$；去掉 $n_4$、$n_8$、$n_9$ 所在的行和列，可知第四级中 $n_3$、$n_5$、$n_6$、$n_{10}$，有 $n_3 \rightarrow n_2$，$n_5 \rightarrow n_2$，$n_6 \rightarrow n_2$ 和 $n_{10} \rightarrow n_2$，$n_6 \rightarrow n_7$，$n_6 \rightarrow n_5$。据此建立公路网规模影响因素的多级递阶结构模型，如图4-5所示。

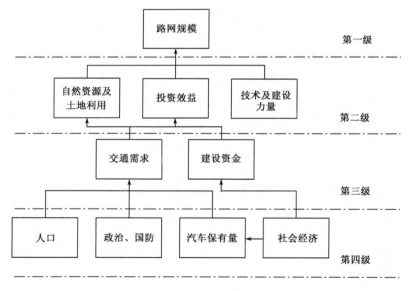

图4-5 公路网规模影响因素的多级递阶结构模型图

# 第四节 区域公路网络发展规模的预测方法

## 一、公路网规模预测的传统方法

社会经济的发展与公路网建设间存在相应的互动联系,可从其历史轨迹、社会经济发展要求、投资金额的限制以及交通需求等多因素考虑分析路网规模的发展趋势,因此,对路网规模的研究存在着多种模型,主要有国土系数法、连通度分析法、统计预测法、类比法和生长曲线模型法。

1. 国土系数法

国土系数法主要研究公路网相关因素区域人口规模、区域国土面积、区域社会经济发展水平、区域交通需求等,建立合适的函数模型,对公路规模进行预测。

$$L = k\sqrt{VA} \tag{4-13}$$

式中:$L$——区域公路网的总里程(km);

$V$——区域人口规模(千人);

$A$——区域国土面积(千 $km^2$);

$k$——经济发展水平系数。

经济发展水平系数可以采用历年人均 GDP 与公路网里程的资料统计回归分析得出,一般采用以下模型:

$$k = a + b \times P_{GDP} \tag{4-14}$$

式中:$a$、$b$——统计回归系数;

$P_{GDP}$——区域人均 GDP(美元/人)。

从上述关系看出,公路网系数与人均国民生产总值呈线性关系。经分析可知,系数 $b$ 为正,公路网规模随着 $b$ 的增大而增大,当经济发展到一定程度时,增长率减小,公路网系数随之减小,公路网规模逐渐达到饱和状态。

该方法的关键是选取恰当的影响因素和参数,模型中考虑了区域土地、人口规模、社会经济等主要影响因素,简单易懂,可操作性强,能比较好地反映各因素与规模间的关系。缺陷在于对经济方面的影响因素考虑不够,仅仅考虑了土地、人口和人均 GDP 三项指标来衡量,可能会使计算结果不精确,较适用于宏观分析,无法反映公路网中各公路的等级结构,因此有必要在此基础上进行等级结构优化研究。

## 2. 连通度分析法

连通度分析法主要是对公路网连接度的反映,也称节点法,计算式如下:

$$L = \text{Con}\varphi\sqrt{NS} \tag{4-15}$$

式中:$L$——区域公路网的总里程(km);

$\text{Con}$——区域人均 GDP(美元/人);

$N$——区域内要连接的节点数;

$S$——规划区面积(km$^2$);

$\varphi$——公路路线的非直线系数。

连通度分析法以图论为基础,能反映该区域公路网布局特点,计算简单方便,适用于面积较小、地势变化不明显的区域公路网规划。但由于节点的选择受到公路网规划层次和规模的影响,节点不易确定。同时,公路网建设的等级和功能不同,连接的节点也是不同的,连通度和公路网变形系数等参数也不易确定,这些都与研究区域的自然地理条件密切相关。

## 3. 统计预测法

$$L = a_0 + \sum_{i=1}^{n} a_i x_i \tag{4-16}$$

式中: $x_i$——自变量,一般为与公路运输密切相关的经济、人口或交通运输指标;

$a_0$、$a_1$、$\cdots$、$a_n$——相关系数,一般用最小二乘法标定。

统计预测模型的优点是思路清晰、简单,能同时考虑多种因素的影响;缺点是模型本身的可靠度难易评价。

## 4. 类比法

类比法是基于因素分析法提出的,主要是通过分析与调查区域公路网发展特点相类似的区域,对其进行类比来确定合理规模。类比的对象主要是发达国家和发达地区的公路网系统,两者间要具有一定的可比性。类比法主要包括以下步骤:

第一,确定类比变量,即研究对象需要通过与类比对象对比确定的因素;第二,确定类比对象,即选取与该区域未来发展情况相似的区域作为参照;第三,确定类比因素,即挑选研究对象与类比对象共有的,有与类比变量息息相关的影响因素;第四,确定类比关系,即确定研究对象与类比对象之间的函数关系。

$$L = \sigma A \tag{4-17}$$

式中:$\sigma$——面积密度(km/km$^2$);

$A$——区域国土面积(1 000km$^2$);

$L$——区域公路网的总里程(km)。

类比法考虑因素较全面,计算简单方便,适应性强。但缺陷也很明显,不能很好地确定因素对其影响,类比结果也因个人的不同而不一样,受到研究者经验和意识的影响较大,类比关系中得到的变量因子权重的取值主观性太强,缺少论证,得到的最终结果很难表示出区域间的差异,导致预测结果不准确。此外,由于区域之间存在较大差异,公路网规模的影响因素多且关系复杂,通过类比法得到的方案很难真实地反映研究区域与类比区域之间的不同,因而对公路网规模的预测结果准确性不高。

5. 生长曲线模型法

公路网系统的发展是呈现阶段性的,并且其发展是有极限的,虽然其规模在不断增长,但也不可能是无限增长,而是符合生长曲线模型的特点。

$$L = \frac{L_{极限}}{1 + a \times e^{-bt}} \tag{4-18}$$

式中:$L_{极限}$——公路网发展的极限规模;

$a$、$b$——参数;

$t$——时间。

可将式(4-18)变形转化为线性回归模型:

$$\ln\left(\frac{L_{极限}}{L} - 1\right) = \ln a - bt \tag{4-19}$$

随意选取一个 $L_{极限}$ 值,用历史数据做线性回归,不断重复,并观察相关系数 $R$ 的变化。当 $R$ 为单峰函数时,取 $R$ 最大时的 $L_{极限}$ 作为极限值;当 $R$ 为多峰函数时,取 $R$ 大于 0.9 且递增小于 1% 时的 $L_{极限}$ 作为极限值;模型参数 $a$、$b$ 也可以采用历史数据进行回归,用最小二乘法标定求得。

6. 弹性系数法

弹性系数法通过分析公路网规模与国内生产总值之间的联系,通过统计分析公路网规模的增长幅度与国内生产总值的增长幅度之间的关系,进而确定弹性系数。选择基年,对区域规划年的国内生产总值进行预测;然后,运用回归分析法建立路网规模增长率与国内生产总值增长率之间的联系模型;通过回归模型确定规划年公路网规模的增长率,进而得到规划年的路网规模。确定弹性系数是至关重要的一步,具体的计算步骤如下:

$$\theta = \frac{P_L}{P_{GDP}} \tag{4-20}$$

$$L = L_0 \times (1 + \theta \cdot P_L)^n \tag{4-21}$$

式中：$\theta$——公路网总里程与国内生产总值之间的弹性系数；

$P_L$——公路网总里程增长率；

$P_{GDP}$——国内生产总值增长率；

$L_0$——基年公路网总里程(km)；

$L$——规划年公路网总里程(km)。

该方法属于因素分析法的一种，它能很好地将经济的发展反映到公路网规模的预测中，模型分析的关键是找到因素之间的影响关系，比较适用于区域公路网规模的中远期预测规划。

## 二、公路网规模预测新型方法

### 1. 改进的国土系数法

随着国民经济发展，影响公路网发展的因素越来越多，因此，需要对已有的公路网规模预测方法进行改进，考虑一些新的因素。

传统的国土系数法的一些参数是类比其他发达国家得来的，我国不管在经济发展还是居民出行需求等方面都和其他发达国家存在着一定的差距，因此，国土系数法在适应我国国情时存在一些问题。国情的不同导致经济发展水平系数 $k$ 的计算模型不一定符合我国的国情，以往我们认为公路网系数只与人均 GDP 呈线性关系，无法反映公路网规模与相关因素间的关系，导致计算得到的公路网规模不精确。

通过对研究区域社会经济历史数据的分析，发现其他经济指标与公路网系数的相关性，故在应用国土系数法预测公路网合理规模时，需要进一步综合分析各种社会经济指标，选取其中相关性高的指标引入模型中，使得到的预测数据满足区域社会经济发展的实际情况，从而预测得到合理的公路网发展规模。以黑龙江省为例，黑龙江省公路网相关系数 $k$ 值与主要经济指标相关性分析如表 4-10 所示。

黑龙江省公路网系数 $k$ 与主要经济指标的相关系数表　　表 4-10

| 经济指标 | GDP | $v_{GDP}$ | $G_1$ | $G_2$ | $G_3$ |
|---|---|---|---|---|---|
| 相关系数 | 0.892 | 0.895 | 0.884 | 0.891 | 0.894 |
| 显著性水平 | 0.000 | 0.000 | 0.000 | 0.000 | 0.000 |

从表 4-10 中可以看出，公路网相关系数 $k$ 值除了与人均 $v_{GDP}$ 呈显著相关性外，还与 $G_3$ 的相关性非常显著。因此计算公路网系数 $k$ 时应把 $v_{GDP}$ 和 $G_3$ 都进行统计回归分析，得到如下改进公式：

$$k = a + bv_{GDP} + cG_3 \tag{4-22}$$

## 2. 组合预测模型的应用

由于国土系数随着人均 GDP 的增长,公路网指标系数 $k$ 也在不断增长,通过国土系数法计算到的公路网规模也一直在增加,这不符合实际情况,因为当社会经济发展到一定程度时,对公路网的需求将趋于平稳,进而达到一个饱和临界值,公路网规模将不会再有大的突破发展。然而改进的国土系数法没有解决这一缺陷,因此需要考虑将几种方法结合起来进行组合分析,故本书选取改进的国土系数法、生长曲线模型法和连通度分析法进行组合预测,以降低单个方法预测值误差较大对结果精度的影响,目标函数是使预测值与实际值的误差绝对值加权和最小,这样的得到的权重系数将会使误差最小。其计算公式如下:

$$\min \quad R = \sum_{t=1}^{n} | \sum_{i=1}^{3} w_i e_{it} | \quad L = L_0 \times (1 + \theta \cdot P_{\mathrm{GDP}})^n \quad (4-23)$$

$$\mathrm{s.\,t.} \begin{cases} w_1 + w_2 + w_3 = 1 \\ w_1, w_2, w_3 \geq 0 \end{cases}$$

式中:$w_i$——权重系数;

$e_{it}$——第 $i$ 种预测方法得到的第 $t$ 年的误差;

$n$——统计数据的年限周期;

$R$——三种方法预测值与实际值的误差绝对值加权和。

## 3. 基于灰色聚类分析基础的目标规划类比分析模型[63]

基于灰色聚类分析基础的目标规划类比分析模型的主体思路是:先以灰色聚类分析的方法对作为参照样本的发达国家或区域进行筛选,挑选出与研究对象尽量类似的国家或区域,然后将其纳入类比对象,通过目标规划模型确定其类比关系。本模型基本思路如图 4-6 所示。

（1）公路建设环境评价指标体系

建立一套科学、合理的公路建设环境评价指标体系是进行灰色聚类分析的前提和基础,然而设计出一套这样的评价指标体系本身就是一个难度很大的课题。因此,在借助相关研究成果的基础上,遵循完备性、最小冗余性和可操作性的原则,建立公路建设环境评价指标(图 4-7)体系。

（2）灰色关联度

灰色系统理论认为,客观世界是信息的世界,其中,既有大量的已知的信息,也有许多未知的、非确定的信息。未知的信息称为黑色,已知的信息称为白色,既含有未知信息又含有已知信息的系统,则称为灰色系统。信息不完全是灰色系统的特征,通过对灰色系统的白化,对系统的认识便由知之不多到知之甚详,由知之甚详再到认识其变化规律,最后从变化规律中提取所需要的信息。

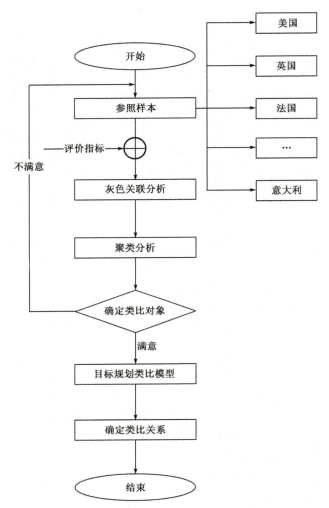

图 4-6 基于"灰色聚类分析的目标规划类比分析模型"基本思路

两个系统或两个因素间关联性大小的量度,称为关联度。关联度描述了系统发展过程中各因素间相对变化的情况,如果两者在发展过程中相对变化基本一致,则认为两者关联度大;反之,两者关联度小。灰色关联分析作为一种系统分析技术,其基本思路是通过对系统历年有关数据构成的几何曲线形状进行定量比较分析,从而测算出不同系统或系统中不同因素在动态发展的过程中,其发展态势的相似程度。几何形状越相似,其发展态势就越接近,关联度就越大,该系统因素的影响力也就越大。灰色关联分析对于系统因素及结构间的关系不完

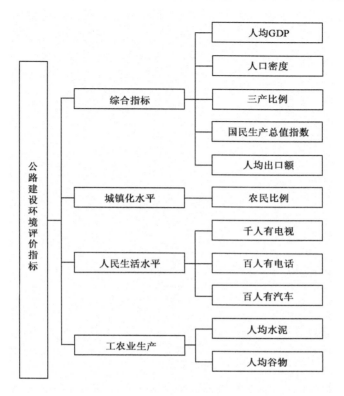

图 4-7 公路建设环境评价指标

全明确,即信息不完全的"贫信息系统"的数据分析具有独到之处,比回归分析对数据的要求更低,但结果科学。其基本步骤归纳如下:

设有分析系统 $S_i(i=1,2,\cdots,m)$,其特征参量序列为 $X_i$,另外,设基准特征参量序列为 $X_0$,其中:

$$X_i = (X_{i1}, X_{i2}, \cdots, X_{in})$$

$$X_0 = (X_{01}, X_{02}, \cdots, X_{0n})$$

第一步,数据标准化处理。由于各特征值的单位、量纲、数量级可能都不一样,有必要对其进行标准化处理,使之无量纲化、归一化。假设原决策矩阵为 $\boldsymbol{D} = (X_{ij})_{m \times n}$,经过标准化处理后的矩阵为 $\boldsymbol{K} = (K_{ij})_{m \times n}$,且令 $X_j^{\max} = \max\limits_{1 \leqslant i \leqslant m}(X_{ij})$,$X_j^{\min} = \min\limits_{1 \leqslant i \leqslant m}(X_{ij})$,则标准化处理的方法大致有以下几种:

①向量归一法。

其计算公式为：

$$K_{ij} = \frac{X_{ij}}{\sqrt{\sum_{i=1}^{m} X_{ij}^2}} \quad (4-24)$$

②线性比例变换。

其中，对效益指标公式为：

$$K_{ij} = \frac{X_{ij}}{X_j^{\max}} \quad (4-25)$$

对成本指标公式为：

$$K_{ij} = \frac{X_j^{\max}}{X_{ij}} \quad (4-26)$$

③极差变换法。

其中，对效益指标公式为：

$$K_{ij} = \frac{X_{ij} - X_j^{\min}}{X_j^{\max} - X_j^{\min}} \quad (4-27)$$

对成本指标公式为：

$$K_{ij} = \frac{X_j^{\min} - X_{ij}}{X_j^{\min} - X_j^{\max}} \quad (4-28)$$

针对本书的数据特点，选择线性比例变换法中的效益指标公式作为标准化方法，并且选择每一列的最大值作为基准特征参量序列，即 $X_{0j}(j=1,2,\cdots,n)$。

第二步，求绝对差。设标准化矩阵 $K$ 中第 $i$ 个样品第 $j$ 个分量与基准特征参量之间的绝对差计为 $\Delta_i(j)$，则：

$$\Delta_i(j) = |X_{0j} - X_{ij}| \quad (4-29)$$

第三步，求关联系数。设关联系数计为 $\zeta_i(j)$，将第二步求得的绝对差矩阵中最小值计为 $\Delta_{\min}$，最大值计为 $\Delta_{\max}$，则：

$$\begin{aligned}\zeta_i(j) &= \frac{\Delta_{\min} + \rho\Delta_{\max}}{\Delta_i(j) + \rho\Delta_{\max}} \\ &= \frac{\min_i \max_j |X_{0j} - X_{ij}| + \rho\min_i \max_j |X_{0j} - X_{ij}|}{|X_{0j} - X_{ij}| + \rho\min_i \max_j |X_{0j} - X_{ij}|}\end{aligned} \quad (4-30)$$

式中，$\rho \in [0,1]$，为给定的实数，一般取 0.5。上式为灰色系统理论中可不包括自身求差的一般定义式，在此由于包括自身求差，$\Delta_{\min} = 0$，因此 $\Delta_{\min}$ 可省略。

第四步，求关联度 $\gamma_i$。灰色系统理论一般取关联系数的算术平均值作为 $X_i$

对于 $X_0$ 的关联度。

$$\gamma_i = \frac{1}{n}\sum_{j=1}^{n}\zeta_i(j) \tag{4-31}$$

关联度 $\gamma_i \in (1,2,\cdots,n)$，且满足等价关系的三个公理，即反身性、对称性、传递性。在初定参照样本及评价指标体系的基础上，通过灰色关联分析求出各样本的关联度，从而为下一步做好准备。

(3) 聚类分析

上面的分析中提到，一个国家或区域的自然资源与政治经济环境是一个极为复杂的灰色系统，不可能找到两个完全类似的国家或区域，本书研究的目的不是要找两个完全类似的国家或区域，只要尽量挑选出那些相对比较类似的，而剔除那些相差太远的就足够了。一个国家或区域的自然资源与政治经济环境并不是不能描述的，而是可以通过一些指标反映出来，运用适当的方法对这些指标传递的信息进行处理，就能达到筛选的目的，这恰好是聚类分析的研究范畴。

聚类分析是数理统计中研究"物以类聚"的一种方法，是将一批样品或变量，按照它们性质上的亲疏程度进行分类，把每个样品看成是 $m$ 维（变量的个数为 $m$ 个）空间的一个点，在 $m$ 维坐标中，定义点与点（变量数值与数值）之间的某种距离。首先将 $n$ 个样品自成一类，然后每次将具有最小距离的两类合并，合并后重新计算类与类之间的距离，这个过程一直继续到所有样品归为一类为止。聚类分析根据分类对象的不同分为 Q 型和 R 型两大类，Q 型是对样本进行分类处理，R 型是对变量进行分类处理。聚类分析具体步骤如下：

①聚类前先对数据进行变换处理。

②聚类分析处理的开始是各样品自成一类（$n$ 个样品一共有 $n$ 类），计算各样品之间的距离，并将距离最近的两个样品并成一类。研究变量或样本的亲疏程度的数量指标有两个：一个是相似系数，即性质越接近的样品，它们之间的相似系数越接近于 1（或 -1），在进行聚类处理时，将比较相似的样品归为一类，不怎么相似的样品归为不同的类；另一个是距离，它是将每一个样品看成是 $m$ 维空间（$m$ 个变量）的一个点，在这 $m$ 维空间中定义距离，距离较近的点归为同一类，距离较远的点归为不同的类。

③选择并计算类与类之间的距离，然后将距离最近的两类合并，如果类的个数大于 1，则继续并类，直到所有样品归为一类为止。

在系统聚类法中，设第一次并类的两类的距离为 $D_1$，第二次合并的两类距离为 $D_2$……，如果满足 $D_1 \leq D_2 \leq \cdots\cdots$，则称并类距离具有单调性。常用的聚类方法有最短距离法、最长距离法、中间距离法、重心法、类平均法及离差平方和法

等,其聚类原则和步骤都完全一样,现对最短距离法进行简要介绍:

最短距离聚类算法是把两个类之间的距离定义为一个类的所有个体与另一个类的所有个体之间距离的最小者,即类 $G_P$ 与 $G_Q$ 之间的距离 $D_{PQ}$ 定义为:

$$D_{PQ} = \min_{x_j \in G_P, x_j \in G_Q} D_{ij} \tag{4-32}$$

**(4) 目标规划类比模型**

构造类比模型的最终目的,是确定类比对象与研究对象之间的类比关系。目标规划类比模型以类比因素作为约束条件,如国内生产总值、人口、国土面积等,以类比关系作为系数矩阵,以离差变量之和的最小值作为目标函数,求类比误差最小条件下的类比关系,这相对于简单地以平均数作为类比关系来说要更合理。现以国内生产总值、人口、国土面积等类比因素为例,构造目标规划类比模型如下:

$$\begin{aligned} \min Z &= \sum_{j=1}^{3} P_j (d_j^- + d_j^+) \\ \text{s.t.} \quad &\sum_{i=1}^{n} G_i \cdot X_i + d_j^- + d_j^+ = G_0 \\ &\sum_{i=1}^{n} P_i \cdot X_i + d_j^- + d_j^+ = P_0 \\ &\sum_{i=1}^{n} A_i \cdot X_i + d_j^- + d_j^+ = A_0 \\ &X_i \geq 0; d_j^-, d_j^+ \geq 0 \quad (i=1,2,\cdots,n; j=1,2,3) \end{aligned} \tag{4-33}$$

式中:$P_j$——目标的优先级次序;

$d_j^-$、$d_j^+$——离差变量;

$G_i$——第 $i$ 个类比国家的国内生产总值;

$G_0$——区域国内生产总值;

$P_i$——第 $i$ 个类比国家的人口数量;

$P_0$——区域人口数量;

$A_i$——第 $i$ 个类比国家的国土面积;

$A_0$——区域国土面积;

$X_i$——第 $i$ 个类比国家的类比系数。

其中,$G_0$、$P_0$ 的确定是难点,可参照国土系数法中的方法。用单纯形法求解该模型得到的最优解 $X^* = (X_1^*, X_2^*, \cdots, X_n^*)$,即为类比系数集,区域道路网合理规模为:

$$L = \sum_{i=1}^{n} X_i^* \cdot L_i$$

其中,$L_i$ 为第 $i$ 个国家的道路里程。

4. 基于 BP 神经网络与马尔可夫链的公路网规模组合预测[64,65]

1) BP 神经网络基础理论

(1) 神经网络原理

人工神经网络是基于人类大脑的结构和功能而建立的复杂网络系统,是模仿人脑神经网络的结构和某些工作机制而建立的一种计算模型,具有很强的自适应、自组织、自学习、联想、容错及抗干扰能力,可以从逐渐演变的序列中找到其隐藏的规律。它的运用对象主要有以下特点:不确定性的模型、高度的非线性、复杂的信息类型。基于以上原因,近十多年,人工神经网络的研究形成了第二次热潮,人工神经网络的典型形式主要有 BP 模型、Hopfield 模型、Kohonen 模型等,其中。以 BP 算法(Back-propagation algorithm)为基础的前反馈神经网络是应用最为广泛的一种人工神经网络。

现在人工神经网络理论日趋成熟和实用化。由于人工神经网络具有广泛的适应能力、学习能力、映射能力,在理论上可以逼近任何非线性函数,在多变量非线性系统的建模方面取得了惊人的成就。运用 BP 神经网络对时间序列进行预测,建立了历史数据与未来数据之间的映射关系,它较大程度地简化了原本复杂的求解过程和大量人工参数的引进。而且训练后得到的网络具有很好的自适应能力,能随着训练组的不同来灵活改变网络权值,以达到实时求解的目的。

(2) BP 神经网络算法

神经网络的工作过程由两个阶段组成:一个阶段是神经元工作期,此时各连接权值固定,计算各神经元的状态变化,以求达到稳定状态;另一个阶段是学习期,此时各种计算单元状态不变,修改各连接权值。而训练一个神经网络的目的就是能用一组输入矢量产生一组所希望的输出矢量。训练是应用一系列训练样本,通过预先确定的过程调整网络的权值来实现的。

BP 模型的计算步骤如下:

①权值和网值初始化:随机地给全部权值和神经元网值赋以初始值;

②给定样本输入 $x$ 和期望输出 $y$;

③计算实际输出 $y$:

$$y_i = |\sum_{i=0}^{n} w_{ij} x_i| \quad (j = 1,2,\cdots,n) \quad (4\text{-}34)$$

④修正权值:从输出层开始,将误差信号沿连接通路反向传播,通过修正各权值使误差最小:

$$W_{ij}(t+1) = w_{ij}(t) + \eta \delta_{pj} y_j \quad (4\text{-}35)$$

式中:$\eta$——增益项;

$w_{ij}$——连接节点 $i$ 和 $j$ 的权值;

$t$——权值修正次数;

$\delta_{pj}$——$j$ 节点 $p$ 模式的误差项。

如果误差定义为:

$$E_i = \frac{1}{2}\sum_j (y_j - \hat{y}_j)^2 \quad (4-36)$$

则有

a. $j$ 若为输入节点,则 $\delta_{pj} = y_j(1 - y_j) \leq \hat{y}_j - y_j$;

b. $j$ 若为隐节点,则 $\delta_{pj} = y_j(1 - y_j)\sum_k \delta_{pj}w_{jk}$;

c. 如果加入动量项,此时有 $W_{ij}(t+1) = w_{ij}(t) + \eta\delta_{pj}y_j + a[w_{ij}(t) - w_{ij}(t-1)]$,此时,$0 < a < 1$ 为动量因子。

(3) BP 算法的改进

虽然 BP 网络存在可以实现从输入到输出的任意非线性映射的优越性,但是在实际应用中却存在很大的缺陷,主要为:①学习算法的收敛速度慢,通常需要上千次或更多次;②从数学角度看,它可以看成非线性的梯度优化问题,不可避免地存在局部极小问题;③难以确定隐含层和隐节点的个数。因此近些年来出现了很多改进的 BP 算法,例如:变步长算法、动量法和自适应调整学习率的改进算法等。

2) 马尔可夫链预测模型

马尔可夫链预测模型是应用马尔可夫链的基本原理和方法来研究分析系统状态转移规律,并预测未来发展变化趋势及可能结果的一种预测模型。马尔可夫预测模型建立的基础是无后效性和平稳性。其中,无后效性是指事物本阶段的状态只与前一个阶段的状态有关,而与以前其他任何阶段的状态都无关。在使用马尔可夫预测模型时,必须考虑这两个性质,即预测对象必须满足这两个性质。如果变量的状态是可数的,假设有 $N$ 个状态,那么从状态 $E_i$ 经一步转移到 $E_j$ 都有发生的可能,则称为一步转移概率。将其依序排列起来就构成一个转移概率矩阵,称为一步转移概率矩阵:$\boldsymbol{P} = [p_{ij}]_{N \times N}$,其中,$p_{ij} \leq 1; \sum_{j=1}^{N} p_{ij} (i = 1, 2, \cdots, N)$。

当有足够多的样本时,$p_{ij}$ 可以近似表示为:

$$p_{ij} \approx \frac{m_{ij}}{m_i}$$

式中:$m_i$——状态 $E_i$ 出现的次数;

$m_{ij}$——状态从 $E_i$ 转移到 $E_j$ 的次数。

设系统初始状态向量 $S_0 = (s_1, s_2, \cdots, s_N)$，其中，$s_i (i = 1, 2, \cdots, N)$ 为处于状态 $i$ 的概率，若经过 $k$ 步转移后处于状态向量 $S_k$，由切普曼—柯尔莫哥洛夫方程可知：

$$S_k = S_{k-1} \times p = S_0 \times p^{k+1} \tag{4-37}$$

对由 BP 神经网络预测得到的结果，运用马尔可夫模型分析其误差的波动幅度与波动发展趋势，获得误差的状态转移概率矩阵，并据此矩阵对 BP 神经网络预测结果进行修正，每一个预测值被修正为一组由概率状态表示的预测区间值。

3）公路网规模的组合模型构建

（1）基于 BP 神经网络的路网规模预测

①影响因素

公路网合理发展规模的确定是一项复杂的系统工程，影响公路建设总体规模的因素也较为复杂，根据本书第三章对公路网规模的影响因素和发展规律进行分析的结果，本着影响因素与预测目标一致性且具有系统性、直观性、可测性和稳定性等原则，确定若干影响因素，最后选取的影响因素为国内生产总值、总人口、居民消费水平、民用汽车拥有量、客运量和货运量。

②预测模型的建立

标准的 BP 神经网络是由三个神经元素层次组成，即输入层、隐含层、层间神经元相互连接，层内神经元之间没有连接。输入节点以前面分析的公路网合理发展规模影响因素为基准，确定输入层为 6 个神经元、隐含层为 12 个神经元、输出层为 1 个神经元，即公路网实际规模。所以用于公路网合理发展规模预测的神经网络模型为：输入层向量集 $\{a_k\}$，$(k = 1, 2, \cdots, 6)$；隐含层向量集为 $\{b_i\}$，$(i = 1, 2, \cdots, 6)$；输出层为 $\{c_i\}$，$(i = 1)$；BP 神经网络模型结构如图 4-8 所示。

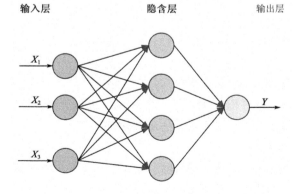

图 4-8　BP 神经网络模型结构

模型中输入层与隐含层的传递函数为 logit 函数，表达式为 $f_x = \dfrac{1}{1+e^x}$，隐含层与输出层的传递函数为线性传递函数 purelin，其表达式为 $y = x$。

③模型训练、检验与仿真预测

a. 输入参数的确定

根据确定的影响因素统计国内生产总值、总人口、人民消费水平、民用汽车保有量、客货运量统计资料，并根据各指标规律以及区域发展规划确定未来年的各影响因素的指标值。

b. 输入输出数据的规范化

为了改善学习过程中的收敛速度和收敛误差，训练前采用以下隶属度函数对样本数据进行规范化预处理。

对于越小越好指标，采用下面隶属度函数：

$$r_i = U_{d_i}(x_i) = \begin{cases} 1 & x_i \leq \min_i \\ \dfrac{\max_i - x_i}{\max_i - \min_i} & x_i \in d_i \\ 0 & x \geq \max_i \end{cases}$$

对于越大越好指标，采用下面隶属度函数：

$$r_i = U_{d_i}(x_i) = \begin{cases} 1 & x_i \leq \min_i \\ \dfrac{x_i - \min_i}{\max_i - \min_i} & x_i \in d_i \\ 0 & x \geq \max_i \end{cases}$$

其中，$d_i$ 为 $x_i$ 的论域，$\max_i = \max_i(d_i)$，$\min_i = \min_i(d_i)$。

c. 模型训练

选取输入数据的前 $n$ 组数据作为学习样本，选用 levenberg-Marquardt 动量项算法，用 MATLAB 软件编程进行计算。设定精度误差 $E$，通过 $m$ 次训练，计算的均方差满足精度要求，得到合适的权值和网值。

d. 仿真与预测

将规划年的各影响因素的指标值与得到的权值和网值代入仿真函数进行运算，求出未来特征年的公路网规模的预测数值。

（2）基于马尔可夫链的路网总里程预测结果修正

①马尔可夫状态区域的划分

根据 BP 神经网络的拟合误差幅度（绝对误差占实际值的百分比），将马尔可夫状态区域划分为 5 种状态：

a. 极度高估状态（$\alpha^+$），即误差幅度小于 $-3\%$ 的状态；

b. 高估状态（$\alpha^+$），即误差幅度在 $-3\% \sim -1\%$ 之间的状态；

c. 正常状态（$\beta$），即误差幅度在 $-1\% \sim 1\%$ 之间的状态；

d. 低估状态（$\gamma$），即误差幅度在 $1\% \sim 3\%$ 之间的状态；

e. 极度低估状态（$\gamma^+$），即误差幅度大于 $3\%$ 的状态。

②马尔可夫状态转移矩阵的确定

根据上述分类标准，可以获得 BP 神经网络拟合结果的马尔可夫状态转移概率矩阵，即 $\boldsymbol{P} = [p_{ij}]_{N \times N}$。

③规划期预测值的最终结果

根据马尔可夫链预测模型，由一步状态转移概率矩阵可得到规划期的路网规模预测值的状态向量，然后根据计算结果，进一步对规划期的预测值进行改进。

## 第五节　公路网合理等级结构的确定

### 一、行政等级结构优化

我国公路按照行政等级可以被划分为国道、省道、县道、乡道和专用公路。一般而言，国道主要连接地市级行政区的经济节点，省道主要连接县市级行政区划的经济节点，县道主要连接乡镇级行政区划的经济节点，乡道主要连接行政村级的经济节点。一个区域公路网的行政等级结构可以体现出该区域公路网对于各个经济节点连接的合理性。

区域干线公路里程可以采用国土系数理论来确定。根据国土系数理论可知，"道路长度与人口和面积的平方根以及经济指标成正比"，即：

$$L_干 = K_0 (P \cdot A)^{\frac{1}{2}} \tag{4-38}$$

式中：$L_干$——区域干线公路网；

$P$——人口；

$A$——区域面积；

$K_0$——干线公路经济指标系数。

结合区域人均国内生产总值以及人口在各特征年的预测结果,就可得到区域干线公路的目标里程;结合各特征年公路网的总里程即可完成对公路网行政等级结构的配置。

## 二、技术等级结构优化

公路网技术等级结构是各技术等级公路在公路网中所占的比重,即路网中不同等级公路的组合方案。公路网的技术等级结构越好,其对交通需求的满足程度就越高。在公路网建设时,除了考虑通行能力外还应考虑公路公路建设资金的限制,在公路网建设时应协调不同等级公路的建设,从系统上考虑问题。

1. 目标的选取

公路网的等级结构应满足交通需求,同时又受建设资金、路网和出行者服务水平要求等因素的限制,形成了一个多目标规划问题。

(1) 目标函数

① 公路网通行能力最大

$$\max \sum_{i=1}^{6} C_i L_i \tag{4-39}$$

式中: $C_i$——规划年第 $i$ 级公路的道路通行能力;

$L_i$——规划年第 $i$ 级公路的规模里程;

$i = \{1,2,3,4,5,6\}$——高速、一级、二级、三级、四级和等外公路。

② 公路网络运行效率最高

$$\min \sum_{i=1}^{6} L_i t_i \tag{4-40}$$

$$t_i = \frac{L_i}{V_i} \tag{4-41}$$

式中: $t_i$——规划年第 $i$ 级公路的单位里程平均行程时间;

$V_i$——第 $i$ 级公路的设计车速。

③ 公路网整体技术等级最高

$$\min \sum_{i=1}^{6} L_i \times i \tag{4-42}$$

式中：$i$——公路的技术等级。

（2）约束条件

模型中需要考虑的约束条件如下：

①公路网的通行能力应能满足规划年的最大交通需求；

②公路网的运行效率应达到期望的运行效率；

③公路网的整体技术等级应达到期望的技术等级；

④公路网的建设费用不应高于规划年的预期建设投资；

⑤各不同等级公路里程之和应等于预测的公路网总里程；

⑥各不同等级公路应在上下限值之内；

⑦各约束条件、偏差变量的非负性。

2. 模型的建立

综合上述目标函数和约束条件，结合优先级顺序，得公路网等级结构优化模型，见式(4-43)。

$$\min \quad R_1 d_1^- + R_2 d_2^+ + R_3 d_3^+ \qquad (4\text{-}43)$$

$$\text{s.t.} \begin{cases} \sum_{i=1}^{6} C_i L_i + d_1^- - d_1^+ = Q_{\text{NTF}}/F_N \\ \sum_{i=1}^{6} L_i t_i + d_2^- - d_2^+ = L_N t_N \\ \sum_{i=1}^{6} L_i \times i + d_3^- - d_3^+ = L_N J_N \\ \sum_{i=1}^{6} p_i L_i = I_N + I_0 \\ \sum_{i=1}^{6} L_i = L \\ L_{i\text{下}} \leq L_i \leq L_{i\text{上}} \\ C_i, L_i, p_i \geq 0 \quad (i = 1,2,3,4,5,6) \\ d_n^-, d_n^+ \geq 0 \quad (n = 1,2,3,4) \end{cases}$$

式中：$R_n$——$n$ 目标的优先因子；

$d_n^+$、$d_n^-$——$n$ 目标的正负偏差变量，其中 $n = 1,2,3,4$；

$Q_{\text{NTF}}$——规划年公路网交通周转量，车公里/日；

$F_N$——规划年公路网服务系数（公路网饱和度）；

$t_N$——规划年公路网单位里程平均运行时间；

$J_N$——规划年公路网平均技术等级；

$I_N$——规划年公路建设可用投资额；

$I_0$——现有道路的折旧费用;

$L$——规划年所有等级公路的规模里程;

$L_{i下}$、$L_{i上}$——规划年第 $i$ 级公路的上下限值;

$p_i$——规划年第 $i$ 级公路的单位里程建设费用。

3. 模型参数的计算及模型求解

(1)公路网的通行能力和设计车速的确定

这两个参数的确定可以依据现行的《公路路线设计规范》(JTG D20—2006),如表 4-11 所示。

模型参数取值  表 4-11

| 模型参数 | 高速公路<br>[pcu/(h·ln)] | 一级公路<br>[pcu/(h·ln)] | 二级公路<br>(pcu/h) | 三级公路<br>(pcu/h) |
| --- | --- | --- | --- | --- |
| 通行能力 | 1 400 | 1 100 | 1 400 | 1 250 |
| 设计速度(km/h) | 100 | 80 | 60 | 45 |

(2)公路网交通周转量 $Q_{NTF}$

公路网交通周转量应为客货运交通周转量之和,计算公式如下:

$$Q_{NTF1} = \frac{Q_{T1}}{\overline{m}_t \times u_t} \tag{4-44}$$

$$Q_{NTF2} = \frac{Q_{T2}}{\overline{s}_t \times u_t} \tag{4-45}$$

式中:$Q_{T1}$——货运周转量;

$Q_{T2}$——客运周转量;

$\overline{s}_t$——平均座位数;

$u_t$——平均吨位数;

$\overline{m}_t$——满载率。

由各客货量相关统计数据可计算得出货运周转量和客运周转量,然后通过预测可得出规划年的交通周转量。

(3)公路网饱和度 $F_N$

$$F_N = \frac{Q_N}{C_N} \tag{4-46}$$

$$Q_N = \sum_{i=1}^{6} q_i L_i \tag{4-47}$$

$$C_N = \sum_{i=1}^{6} C_i L_i \tag{4-48}$$

式中:$Q_N$——规划年公路网交通流预测量;

$C_N$——规划年公路网的交通容量;
$q_i$——第 $i$ 级公路的预测交通量;
$C_i$——公路网各等级公路的加权容量。

(4)现有道路的折旧费用 $I_0$

$$I_0 = \frac{C_0 - N_S}{N} \tag{4-49}$$

式中:$C_0$——固定资产原值;

$N_S$——残净值;

$N$——预计使用年限。

模型中参数可通过查阅相关统计资料、政府文件、公路发展趋势等,并结合以上计算公式来确定。在具体实例研究中,应根据研究区域的实际情况,分别确定其约束条件和目标优先级的差异性。在本书中,应在规划年最大限度满足交通需求和服务水平的要求,确定目标的先后顺序依次为公路网通行能力最大、公路网络运行效率最高、公路网络整体技术等级最高。模型可采用多目标单纯形法进行求解计算,但由于单纯形法计算复杂,因此计算常借助于软件求解。

# 第五章 区域旅游资源与公路网络整合布局优化模型

公路网节点的选择是公路网布局优化的基础工作和重要内容。节点的选择范围直接关系公路网规划层次的深度、路网布局方案的合理性以及研究工作的复杂程度。

公路网线路布局优化是指在一定的约束条件下,通过确定优化目标、建立优化模型,采取适当的方法选择规划线路,并将选定的控制节点连通起来,进而形成区域未来公路网规划方案的过程。公路网布局优化是在对公路网远景交通需求以及其合理发展规模进行预测的基础上进行的,在公路网的建设资金、发展规模以及等级结构等因素的约束下,对公路网的平面布局进行合理优化。

## 第一节 公路网络节点的选择

### 一、公路网节点选择的原则

节点是连通公路网规划的控制点,是一个区域交通需求的体现,该区域的经济、人口、交通都集中在节点上,节点是公路网规划中必定要连接的点。节点的选取与公路网布局优化密切相关,每个节点都有对应的子区域,节点的选择影响到公路的发展方向。一般情况下,节点的选择范围过小,会使得研究工作脱离实际情况,影响布局精度;节点的选择范围过大,会使公路网规划的前期工作过于繁杂。因此,节点的合理选择对公路网规划布局影响重大,选择过多或过少都会有一定的不足与缺陷[66]。

在选择节点时,应根据公路网的特征、地位、层次、作用以及发展的战略目标,结合区域社会经济、政治、国防等发展的需要,选择合理范围的节点作为路网路线布局的控制点。

对规划范围较大的全国性干线公路网,如国家高速公路网、国道主干线公路网或国家重点干线公路网,一般遵循以城市为节点的原则,强化和完善省会城市

(直辖市、自治区首府)之间以及区域经济中心城市之间的相互连接。选择的节点一般为大、中城市(省会城市、直辖市、自治区首府、经济中心城市等)、重要的沿海和内河港口、航空港、铁路及公路运输枢纽、其他重要的客货集散地、重要军事战略要地、军事敏感区、重要旅游城市和陆路边贸口岸等[67]。

对规划范围相对较小的省域干线公路网,可以遵循以省内各中心城市(县)为节点,强化和完善省会城市与各中心城市(县)之间以及各中心城市(县)之间的相互连接。选择的节点一般为省会城市、省内的重要市、县、铁路及公路运输枢纽、车站、港口、机场、其他重要的客货集散地等。

对规划范围在市内的区域性公路网,可以遵循以区域内中心城市以及各个重要的县市为节点,强化和完善该中心城市其他各县市之间以及各县市相互之间的连接,通常连接重要的客货枢纽及运输集散地,并考虑未来旅游业需要等原则。一般选择区域内的市(县)、乡镇、集镇、农牧业基地、港口、车站、机场、大型工矿等作为公路网节点。

对小范围的局部公路网(如县乡公路网),可以遵循以路网范围内的中心县及各主要乡镇、行政村屯为节点,建立和强化该中心县与各主要乡镇之间以及各主要乡镇之间的相互连接等原则。因而一般选择中心县、各乡镇、行政村屯作为路网节点。

除此之外,在选取节点时还应考虑区域及节点未来可能的经济发展布局状况。若某节点在近期为非重要节点,但却是未来某一产业经济的重点,则该节点也应被列在选择的节点之中。比如,一些西部地区社会经济较中、东部地区相比普遍不发达,公路交通建设也相对落后,考虑到各节点未来经济发展方向并结合西部开发的战略和规划,在进行全国性的道路网布局时,对西部地区公路网节点的选择标准应适当降低。

## 二、公路网节点的层次划分

由于节点之间的交通需求和功能不同,其对公路网路线布局优化的形式也不同。公路网路线优化首先应该确保重要节点间的联系,其次考虑重要节点与较重要节点和一般节点的连通以及它们各自间的相互联系,这样才能体现和区分不同层次节点的功能强弱,使得层次清晰、重点突出,有利于公路网的建设排序和管理,故在规划前应对选定的节点划分层次。

节点层次划分的主要指标是该区域的社会经济、政治、交通条件、资源分布及区位条件等因素的发展水平。根据"聚类分析"的方法将节点划分为功能不同的几个层次,主要包括重要节点、较重要节点和一般节点三个层次。层次不同,可以采取的指标也不同,这些可根据已有的资料来确定。节点层次划分的方法主要有节点重要度法和聚类分析法。对省域路网主要包含以下层次结构:第一层次为省会城市所在地;第二层次为省内各地市政府所在地和旅游中心城市;第三层次为重要的县市所在地、省内其他重要的旅游资源景区和主要的交通枢纽。

1. 节点层次划分的方法

节点层次划分的方法主要有节点重要度法和聚类分析法。

①节点重要度法。为了寻求最佳的公路网布局,需要研究各个节点的功能和作用。区域内各节点由于社会经济发展水平及地理条件的差异,它们在交通网络中所表现出的功能是有差异的。功能表现性强的节点,说明其所处的地位重要,反之则说明其地位不重要或不太重要。将反映规划区域内各节点功能强弱的特征量或特征参数,称为节点的重要度,它是对节点社会经济活动的度量,是描述规划区域内节点在交通网络中所处地位、重要程度相对大小的一个量的指标。

②聚类分析法。是研究分类问题的多元数据分析方法。聚类分析有两种类型,即按样品聚类、按变量(指标)聚类。聚类分析的基本思想是在样品之间定义距离,在变量之间定义相似系数,距离或相似系数代表样品或变量之间的相似程度。按相似程度的大小,将样品(或变量)逐一归类,关系密切的类聚集到一个小的分类单位,然后逐步扩大,使得关系疏远的聚合到一个大的分类单位,直到所有的样品(或变量)都聚集完毕,形成一个表示亲疏关系的谱系图,依次按照某些要求对样品(或变量)进行分类。

聚类分析的方法包括谱系聚类法、快速聚类法等。快速聚类法又称为动态聚类法,其流程如图 5-1 所示。理论研究及实践都表明,快速聚类法是快速有效的聚类方法[68]。

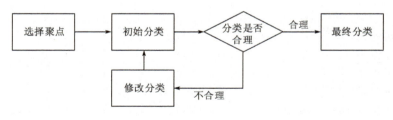

图 5-1　快速聚类法流程

2. 公路网节点的层次划分过程

(1) 节点的聚类分析

将节点界定为人口集中的聚集地,其最小者为行政村,其最大者为特大城市,介于两者之间的为各种规模的城镇。对节点的聚类,可以从规模和发展水平等不同角度选择指标。本书选取三种指标,即节点行政等级、节点人口和节点综合特性。其中,节点综合特性的分析从人口、GDP、第三产业和行政级别进行分析,行政级别的得分采用层次分析法。

采用动态聚类的方法对节点进行聚类,从聚类的结果来看,基于行政等级、节点人口和节点综合特性的聚类结果呈现高相关性。基于这种情况,同时考虑这种聚类结果在统计意义下的稳定性,故在分析节点系统的层次结构时,直接选择行政等级指标作为分析依据。

(2)节点的层次结构

将区域内的节点划分为 A、B、C、D、E 五个层次,每个层次均由一个中心节点和相应的主节点集构成。则在对全国公路网进行分析时,包含五个层次,如表 5-1 所示。

节点的层次结构　　　　　　　　　　　　表 5-1

| 节 点 层 次 | 中 心 节 点 | 主 节 点 |
|---|---|---|
| A | 首都北京 | 各省会、自治区首府、直辖市、特区 |
| B | 省会或自治区首府 | 各地市政府所在地 |
| C | 地市政府所在地 | 各县(市)政府所在地 |
| D | 省(市)政府所在地 | 各乡、镇政府所在地 |
| E | 乡、镇政府所在地 | 各行政村 |

对省域公路网来说,则包含从 B～E 的四个层次,其第一层次节点应为 B 层。

## 三、公路网节点的重要度模型

为了规划最佳的公路网络布局,要研究公路网络中各节点的功能作用地位。节点重要度是对于社会经济活动的度量,是体现区域内节点在公路网络中重要程度大小的度量指标。节点重要度可以用于划分节点层次、求解公路网络可达性。

节点重要度的影响因素很多,它与研究区域内社会经济发展水平、人口规模等都有关系。节点重要度的计算一般均采用区域内节点的社会经济指标,没有考虑节点的交通需求和公路网的连通度[69]。此外研究旅游资源对公路网优化的影响时,应该考虑旅游总产值。因此,需将节点交通需求和旅游总产值作为重要度计算指标,对节点重要度模型进行修改,得到改进的公路网节点重要度模型为:

$$I_s\left[\lambda_1 \frac{P_s}{\overline{P}} + \lambda_2 \frac{GDP_s}{\overline{GDP}} + \lambda_3 \frac{PC_s}{\overline{PC}} + \lambda_4 \frac{Q_s}{\overline{Q}}\right] \times 100\% \tag{5-1}$$

式中： $I_s$ ——公路网节点 $s$ 的重要度；

$PC_s$ ——公路网中 $s$ 节点的人口；

$GDP_s$ ——公路网中 $s$ 节点的国内生产总值；

$P_s$ ——公路网中 $s$ 节点的客运量；

$Q_s$ ——公路网中 $s$ 节点的旅游总产值；

$\overline{P}$、$\overline{GDP}$、$\overline{PC}$、$\overline{Q}$——上述各指标的平均值；

$\lambda_1$、$\lambda_2$、$\lambda_3$、$\lambda_4$——上述各指标的权重。

节点重要度模型划分节点层次的过程是首先计算各节点的重要度，然后根据节点重要度排定节点的顺序，进而选择节点[70]。将各节点的重要度从大到小进行排序，可以根据经验判断，按工作需要进行初步的节点层次划分。为了便于理解和把握，一般分为 3~5 个层次。同时，为了判别初步划分的合理性，尤其是对于中间层次，采用两个过程进行节点层次的分析判别：一是各层次内节点的鉴别；二是不同层次间相邻节点的鉴别，以选择其分或合。

(1) 层次内节点的鉴别 $N$

层次内节点的鉴别按照 $k$ 倍的标准差作为舍弃标准，即：舍弃那些在 $\overline{I}_s \pm kS$ 范围以外的节点，然后重新进行分析鉴别，直至层次内各节点的重要度均在 $\overline{I}_s \pm kS$ 范围内为止。其中，$k$ 为保证率系数。当层次内节点数目为 3,4,5,6 时，$k$ 值分别为 1.15,1.46,1.67,1.82；当 $N$ 大于或等于 7 时，$k$ 值取 3。$\overline{I}_s$、$S$ 的计算公式如下：

$$\overline{I}_s = \frac{\sum_{i=1}^{N} I_{si}}{N} \tag{5-2}$$

$$S = \sqrt{\frac{I_{si} - \overline{I}_s}{N-1}} \tag{5-3}$$

式中：$\overline{I}_s$——层次内各节点重要度的均值；

$S$——层次内各节点重要度的标准差；

$I_{si}$——层次内各节点的重要度；

$N$——层次内节点数目。

(2) 不同层次间相邻节点的鉴别

不同层次间相邻节点的鉴别遵循以下步骤进行：

第一步：计算本层次内各节点的重要度均值。

$$a = \frac{\sum_{i=1}^{N} X_i}{N} \quad (5-4)$$

第二步：将相邻层次的节点并入本层次，重新计算并入后该层次内各节点的重要度均值。

$$b = \frac{\sum_{i=1}^{M} X_i}{M} \quad (5-5)$$

第三步：构造统计量。

$$t = \frac{a-b}{S_{(a-b)}} \quad (5-6)$$

该统计量服从自由度为 $N+M-2$ 的 $t$ 分布，其中

$$S_{(a-b)} = \sqrt{\frac{(N-1)S_1^2 + (M-1)S_2^2}{N+M-2}} \cdot \sqrt{\frac{1}{N} + \frac{1}{M}} \quad (5-7)$$

式中：$S_{(a-b)}$——层次合并前后的各节点重要度的标准差，计算公式与式(5-3)相同。

第四步：从 $t$ 分布表中查出自由度为 $N+M-2$，置信度水平为 $\alpha$ 下的临界值 $t_0$。如果 $|t|>t_0$，说明相邻层次的节点重要度与本层次有显著差异，不能合并；如果 $|t|<t_0$，说明相邻层次的节点重要度与本层次没有显著差异，可以合并为同一层次。

采用节点重要度法划分节点层次的缺陷是各节点的重要度在计算过程中需要人为给出节点各指标的相对权重，该权重受人的主观因素影响较大，不同的权重会得出不同的节点重要度计算结果。对层次较低、范围较小的县乡公路网，权重的确定相对较容易，误差可能较小；但对层次较高、范围较大的公路网，由于节点较多，且各节点在社会经济、政治、军事、旅游等各方面各有特点和差异，因而节点权重不易确定。

## 四、模糊聚类分析法

利用模糊等价关系对研究对象进行分类的方法称为模糊聚类分析法。对于备选节点，若不能说明某两个或某些备选节点肯定为一类，则称此为伴有模糊性的聚类问题，用模糊数学进行归类分析更方便。

1. 数据标准化的作用

（1）数据标准化

①不同数据可能有不同的量纲,为了使不同量纲的数据之间能进行比较,需要对数据进行适当的变换。

②按照模糊矩阵的要求,将原始数据压缩至之间。

(2) 数据变换

设论域 $U = \{u_1, u_2, \cdots, u_m\}$ 为被分类对象,每个元素由 $m$ 个指标表示。则对第 $i$ 个元素有 $u_i = \{x_{i1}, x_{i2}, \cdots, x_{im}\}$ $(i = 1, 2, \cdots, n)$,这时,原始数据矩阵为:

$$\begin{pmatrix} x_{11} & x_{12} & \cdots & x_{1m} \\ x_{21} & x_{22} & \cdots & x_{2m} \\ \cdots & \cdots & \cdots & \cdots \\ x_{n1} & x_{n2} & \cdots & x_{nm} \end{pmatrix}$$

(3) 标准差变换

$$x'_{ik} = \frac{x_{ik} - \bar{x}_k}{S_k} \quad (i = 1, 2, \cdots, n; k = 1, 2, \cdots, m) \tag{5-8}$$

$$\bar{x}_k = \frac{1}{n} \sum_{i=1}^{n} x_{ik} \tag{5-9}$$

$$S_k = \sqrt{\frac{1}{n-1} \sum_{i=1}^{n} (x_{ik} - \bar{x}_k)^2} \tag{5-10}$$

经过变换,每个变量的均值为零,标准差为1,并可以消除量纲的影响。

(4) 极差变换

$$x''_{ik} = \frac{x'_{ik} - \min\limits_{1 \leq i \leq n}(x'_{ik})}{\max\limits_{1 \leq i \leq n}(x'_{ik}) - \min\limits_{1 \leq i \leq n}(x'_{ik})} \quad (k = 1, 2, \cdots, m) \tag{5-11}$$

经过极差变换后,有 $0 \leq x'_{ik} \leq 1$,且消除了量纲的影响。

2. 建立模糊相似矩阵

建立模糊相似矩阵(又称为标定),即标出衡量被分类对象之间相似程度的统计量 $r_{ij}(i, j = 1, 2, \cdots, n)$。

设论域 $U = \{u_1, u_2, \cdots, u_n\}$,其中每个元素为一个样本,建立 $U$ 上的相似关系 $\underline{R}, \underline{R}$ 表示相似矩阵 $r_{ij} = \underline{R}(u_i, u_j)$。每个样本为 $m$ 维向量,$u_i = \{x_{i1}, x_{i2}, \cdots, x_{im}\}$。

$$r_{ij} = \frac{\sum_{k=1}^{m} |x_{ik} x_{jk}|}{\sqrt{\sum_{k=1}^{m} x_{ik}^2} \sqrt{\sum_{k=1}^{m} x_{jk}^2}} \tag{5-12}$$

### 3. 改造相似矩阵为等价矩阵

根据标定所建立的模糊矩阵 $\underline{R}$，一般来说仅仅具有自反性和对称性，不满足传递性，只是模糊相似矩阵，只有当 $\underline{R}$ 是模糊等价矩阵时才能聚类，故需要将 $\underline{R}$ 改造成模糊等价矩阵。

设 $\underline{R}$ 是 $U = \{u_1, u_2, \cdots, u_n\}$ 的一个自反、对称关系，即 $\underline{R}$ 是 $n$ 阶模糊相似矩阵，则存在一个最小的自然数 $k(k \leq n)$，使得 $\underline{R}^k$ 为模糊等价矩阵，且对于一切大于 $k$ 的自然数 $\omega$，恒有 $R^\omega = R^k$，则称 $\underline{R}^k$ 为 $\underline{R}$ 的传递包矩阵，计为 $t(\underline{R})$。因此，可以通过求传递包将 $n$ 阶模糊相似矩阵 $\underline{R}$ 改造成 $n$ 阶模糊等价矩阵 $t(\underline{R})$。从模糊矩阵 $\underline{R}$ 出发，依次求平方：$\underline{R} \rightarrow \underline{R}^2 \rightarrow \underline{R}^3 \rightarrow \underline{R}^4 \rightarrow \cdots$，当第一次出现 $\underline{R}^k$、$\underline{R}^k = \underline{R}^{k+1}$ 时，表明 $\underline{R}^k$ 已经具有传递性，$\underline{R}^k$ 就是所求的传递包 $t(\underline{R})$。$\underline{R}$ 改造成模糊等价矩阵 $\underline{R}^k$ 后，可以确定截取标准 $\lambda(0 \leq \lambda \leq 1)$，据此即可获得所需分类。

## 第二节 考虑区域旅游资源可达性的公路网络双层优化模型

在公路网规划时，重点是分析各节点间交通需求，提出使整个公路网运行效率最优的规划方案。公路网布局优化是在已有公路网基础上进行改造，现有公路网的改造对新线路的布设产生影响，故在对路网进行优化时，要同时考虑新建和改建路段的影响，确定各节点间是否有必要增建新的路段或提升现有路段的技术等级增加其通行能力。因此，省市级公路网络布局优化为混合网络设计问题（MNDP），能更好地反映公路网布局规划的实际情况，一般表述为混合整数非线性双层规划问题，是混合型决策变量。为了比较容易建模和求解，本书将模型中的连续变量离散化[47]。

区域公路网布局优化模型中，下层模型的实质是公路网的平衡分流过程，分为用户和系统两个类型，其中用户模型可分为确定性和随机性两种。如果不考虑出行者的出行选择行为，只增建新的路段或对原有路段进行改建升级，有可能导致公路网整体的交通拥挤程度增加。公路网中每一个使用者都会认为自己选择的路径阻抗是最小的，这里的阻抗是指道路使用者的感知阻抗，然而该路径的感知阻抗不一定是实际的最小阻抗。出行者选中某条路径的概率，从其自身出发，其认为该路径是节点对间感知阻抗最小的路径的概率。

根据设定目标函数的特点及要求，结合出行者的出行特性、用户的路径选择行为等因素，本书选用运量分布和平衡分配流量的组合模型作为本书公路网布局优化的下层优化模型[49]。

## 一、目标函数

从系统分析的角度来看,为了满足各城市与旅游景点间的通达性,提高游客的出行效率,节省出行时间,应使尽量多的公路网结点保持连通,使旅游景区可达性及连接度最大化。从公路网系统规划者方面考虑,在约束条件都满足的情况下应使公路建设费最低,公路网系统的交通阻抗(时间、费用)最小,同时追求公路网络的建设效益最大,以旅游为目的的用户需求(旅游交通诱增量)最大;从用户使用者的角度考虑,应使单个用户使用者的出行费用(时间)最少。由于公路网络系统的总出行阻抗与建设效益两者间具有相关性,路网阻抗减小会提高建设效益,阻抗增大则会降低建设效益,故可选取其中较简单的一项来分析。由以上分析可知,双层规划模型优化目标的最终形式为:

上层目标:总建设投资费用最小、公路网络系统的总阻抗(时间、费用)最小、旅游交通需求最大、旅游公路网络可达性最优;

下层目标:单个用户的出行时间(费用)最少。

**1. 总建设投资费用最小**

总建设投资费用包括公路网建设费用和旅游景点投资费用,交通基础设施一般投资较大,若设计不合理则会造成大量资源浪费,使资源得不到有效利用,因此将投资费用最少作为一个优化目标。

$$\min \ Z_1 = \sum_{\alpha \in A} c_{g\alpha ij} l_{\alpha j} \tag{5-13}$$

式中: $A$ ——公路网络中原有路段和备选路段的集合;

$i$ ——路段 $\alpha$ 的初始等级, $i = \{1,2,3,4,5,6\}$ ,分别代表高速、一级、二级、三级、四级以及等外公路;

$j$ ——路段 $\alpha$ 经改建提级后成为 $j$ 级公路, $j = \{0,1,2,3,4\}$ ;

$c_{g\alpha ij}$ ——路段 $\alpha$ 由 $i$ 级改建成 $j$ 级的建设费用,或者是新建 $j$ 级公路的建设费用(万元/km);

$l_{\alpha j}$ ——公路路段 $\alpha$ 为 $j$ 等级的公路里程数。

**2. 公路网络系统的总阻抗(时间、费用)最小**

公路网络的路段阻抗函数采用通用的 BPR 公式,系统最小阻抗为:

$$\min \ Z_2 = \sum_{\alpha \in A} x_\alpha t_\alpha (x_\alpha, C_\alpha) \tag{5-14}$$

式中: $t_\alpha(x_\alpha, C_\alpha)$ ——公路网络中路段 $\alpha$ 的阻抗函数(出行时间);

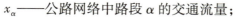

$x_\alpha$——公路网络中路段 $\alpha$ 的交通流量；

$C_\alpha$——公路网络中路段 $\alpha$ 新建或改建后的交通容量。

$$t_\alpha = t_\alpha^0 \left[ 1 + \partial \left( \frac{x_\alpha}{C_\alpha} \right)^\beta \right] \quad \forall \alpha \in A \tag{5-15}$$

式中：$\partial$、$\beta$——阻滞系数，一般取值为 $\partial = 0.15$，$\beta = 4$。

3. 旅游交通需求（旅游交通诱增量）最大

旅游诱增交通量产生的最直接原因是公路网交通阻抗的降低，即出行条件的改善其大小与各小区的发生和吸引交通量有关，可采用重力模型计算：

$$\max \quad Z_3 = \sum_r \sum_s Q_{rs} \times \left[ \left( \frac{t_\alpha(x_\alpha, C_\alpha)}{t_{\bar{\alpha}}(x_{\bar{\alpha}}, C_{\bar{\alpha}})} \right) - 1 \right] \tag{5-16}$$

$$Q_{rs} = k \times \frac{q_r^\mu \times q_s^v}{t_\alpha^\gamma(x_\alpha, C_\alpha)} \tag{5-17}$$

式中：$Q_{rs}$——$r$ 区到 $s$ 区的趋势交通量；

$t_{\bar{\alpha}}(x_{\bar{\alpha}}, C_{\bar{\alpha}})$——公路网络中原有路段 $\bar{\alpha}$ 的阻抗函数（出行时间）；

$q_r$——未来年 $r$ 区以旅游为出行目的的发生交通量；

$q_s$——未来年 $s$ 区以旅游为目的的吸引交通量。

由于上面两个目标函数都是求最小值，所以对以上模型做一个变换，变换后的模型如下：

$$\min \quad Z_3 = E_{\max} - \sum_r \sum_s Q_{rs} \times \left[ \left( \frac{t_\alpha(x_\alpha, C_\alpha)}{t_{\bar{\alpha}}(x_{\bar{\alpha}}, C_{\bar{\alpha}})} \right)^\gamma - 1 \right] \tag{5-18}$$

式中：$E_{\max}$——一个比等式右边最大值还大的输入值，为了确保模型得到的值是个正值。

4. 旅游公路网络可达性最优

在用户选择中，用户的路线选择行为会影响路线上的交通量分布，导致出行时间变化，由于公路网中节点重要度和层次的不同，会影响公路网的可达性。因此在分析网络可达性时，应考虑节点吸引强度、路段通行能力、节点层次和出行者的路线选择行为[71]。

在节点需求和层次上，重要度大则对网络可达性的影响也越大，由于需求和层次具有一定的相关性，即只选取节点重要度来体现节点间的差异性。出行者路线的选择会产生不同的交通流量，从而影响节点间的出行时间和距离，交通阻抗大，则交通出行费用就较高，可达性就越低。此外连接节点间的公路等级结构也会影响节点的联系的便捷程度，在路线的连接形式上，节点间可以直接相连，也能迂回连接,即通过其他节点相连。因此本书采用节点之间的实际里程与区域公路网的总里程之比来表示节点的可达性。

$$K = \frac{l_{rs}}{L} \qquad (5\text{-}19)$$

式中：$l_{rs}$——规划路网中 $rs$ 间的实际里程；

$L$——公路网规划的总里程。

然而在实际情况中,可达性均采用时间最小为指标,由于出行者的路线选择具有不确定性,路径最短的路线上交通量可能会很大,导致车速降低,出行时间延长,最终导致可达性降低,为解决这一因素,特引入阻抗函数。在节点交通需求及路线长度不变的情况下,公路等级结构越高,则设计通行速度越大,服务水平也越好,公路上运行车辆的行驶速度就越快,出行时间也就越小,可达性就大。另一方面,公路路段上车流量的增加会引起车辆通行速度的降低,从而导致行驶时间延长。因此必须将时间阻抗因素考虑到可达性模型中,引入时间阻抗函数。

$$\text{Acc}_s = \sum_{r=1}^{n} \frac{l_{rs}}{L} \times t_{rs} \qquad (5\text{-}20)$$

式中：$\text{Acc}_s$——公路网节点 $s$ 可达性；

$t_{rs}$——$rs$ 节点间的最短出行时间,可以由与用户路线选择行为相应的分配模型得到；

$n$——公路网络节点总数,包含旅游景区节点；

其余参数含义见式(5-19)。

上述的模型考虑了节点交通需求的变化对可达性的影响,但没有将各节点的吸引强度考虑进去,这与实际的交通情况不一样,因此还需将节点重要度引入到可达性模型中。对节点的重要度设定为权,将公路网中所有节点的可达性进行加权求和,即可以得到公路网络的可达性。

$$\text{Acc} = \frac{\sum_{s=1}^{n} \text{Acc}_s I_s}{\sum_{s=1}^{n} I_s} \qquad (5\text{-}21)$$

$$\text{Acc} = \frac{\sum_{s=1}^{n} I_s \times \sum_{r=1}^{n} \frac{l_{rs}}{L} \times t_{rs}}{\sum_{s=1}^{n} I_s} \qquad (5\text{-}22)$$

式中：Acc——旅游规划公路网络可达性；
　　　$I_s$——节点 $s$ 的重要度。

各个旅游景区的可达性及连接度直接影响了游客对景区的选择，旅游景区的可达性能准确反映旅游公路网络的结构特性及其旅游交通需求。

为了与前面目标函数对应，将模型做如下变换：

$$\min \quad Z_4 = G_{\max} - \frac{\sum_{s=1}^{n} T_s l_s}{\sum_{s=1}^{n} l_s} \tag{5-23}$$

与前面一样，其中 $G_{\max}$ 是一个比等式右边最大值还大的输入值，为了确保模型得到的值是个正值。

## 二、约束条件

公路网布局优化受多种因素约束，如路网所处区域的地理自然条件、环境影响及交通需求等。为了确保公路网的科学合理性，需要增加一些必要的约束条件，使其符合实际情况。

1. 上层目标函数的约束条件

（1）公路网络的规模约束

在进行路网规划时，将会消耗大量的土地、资金等社会资源，因此有必要对其规模合理约束。路网规模既包括原有公路的总里程，也包括新建公路网的规模，两者之和不应大于公路网规划的总规模。

$$\sum_{\alpha \in A} L_\alpha y_\alpha + L_0 \leqslant L \tag{5-24}$$

$$\sum_{\alpha \in A} L_{\alpha j} \theta_\alpha + L_{g0} \leqslant L_g \tag{5-25}$$

式中：$L_\alpha$——新建路段 $\alpha$ 的里程（km）；
　　$y_\alpha$、$\theta_\alpha$——决策变量，$y_\alpha \theta_\alpha \in (0,1)$；
　　　$L_0$——原有公路的总里程（km）；
　　　$L$——公路网规划的总规模里程（km）；
　　　$L_{g0}$——原有高等级公路的总里程（km）；
　　　$L_g$——高等级公路网规划的总规模里程（km）。

（2）公路服务水平约束

将预测得到的 OD 流量分配到规划的公路网中，应使路网中的每条路段实际的服务水平,即 $V/C$ 在一定合适范围内,过高会导致路段拥堵,过低不能使道路资源得到充分利用。

$$\lambda_{\min} \leq \lambda_\alpha \leq \lambda_{\max} \quad \forall A \quad (5\text{-}26)$$

式中:$\lambda_{\min}$——$V/C$ 允许的最小值;

$\lambda_{\max}$——$V/C$ 允许的最大值;

$\lambda_\alpha$——公路网路段 $\alpha$ 的饱和度值。

(3) 连通性约束

公路网布局优化必须使区域中各节点间是连通的,不能存在未与其他节点连通的点,即公路网中节点 $r$ 与节点 $s$ 之间的最小阻抗 $t_{rs} \neq \infty$。

(4) 迂回率(非直线系数)约束

迂回率是为了确保重要节点间时间或空间的快速通达,应使节点间距离不能超过允许的标准。

$$u_{rs} \leq u_{\max} \quad (5\text{-}27)$$

$$u_{rs} = \frac{l_{rs}}{L_{rs}} \quad (5\text{-}28)$$

式中:$u_{rs}$——重要节点间的非直线系数;

$u_{\max}$——最大允许的非直线系数;

$l_{rs}$——初始路网中各节点间的最短距离或时间;

$L_{rs}$——规划路网中各节点间的最短距离或时间。

2. 下层目标函数的约束条件

下层为公路网的平衡配流过程,在本书中的平衡配流采用随机用户平衡配流模型。

(1) 公路网交通流量守恒

配流过程必须满足交通量守恒,即各点对间路径上的流量 $f_\sigma^{rs}(f_\sigma^{rs} \geq 0)$ 总和应与公路网 OD 交通总量相等。

(2) 公路网路段流量约束

公路网路段上的交通流量 $x_\alpha$ 是各个节点对的途经该路段的路径交通流量 $f_\sigma^{rs}$ 总和。

### 三、双层规划模型

由以上目标函数和约束条件,得到考虑旅游资源因素的公路网布局优化双层规划模型。

上层模型($U_1$):

$$\min \quad Z_1 = \sum_{\alpha \in A} c_{g\alpha ij} l_{\alpha j}$$

$$\min \quad Z_2 = \sum_{\alpha \in A} x_\alpha t_\alpha(x_\alpha, C_\alpha)$$

$$\max \quad Z_3 = \sum_r \sum_s Q_{rs} \times \left[ \left( \frac{t_\alpha(x_\alpha, C_\alpha)}{t_{\bar{\alpha}}(x_{\bar{\alpha}}, C_{\bar{\alpha}})} \right)^\gamma - 1 \right] \quad (5\text{-}29)$$

$$\max \quad Z_4 = \frac{\sum_{s=1}^{n} \sum_{r=1}^{n} \frac{l_{rs}}{L} \times t_{rs} \times I_s}{\sum_{s=1}^{n} I_s}$$

$$\text{s.t.} \begin{cases} Q_{rs} = k \times \dfrac{q_r^\mu \times q_s^\nu}{t_\alpha^\gamma(t_\alpha, e_\alpha)} \\[6pt] \sum\limits_{\alpha \in A} L_\alpha y_\alpha + L_0 \leq L \\[6pt] \sum\limits_{\alpha \in A} L_{\alpha j} \theta_\alpha + L_{g0} \leq L_g \\[6pt] \lambda_{\min} \leq \lambda_\alpha \leq \lambda_{\max} \quad \forall A \\[6pt] u_{rs} \leq u_{\max}, u_{rs} = \dfrac{l_{rs}}{L_{rs}} \quad \forall r, s \in N \\[6pt] t_{rs} \neq \infty \quad \forall r, s \\[6pt] y_\alpha = \begin{cases} 1, \alpha \text{ 为新建路段} \\ 0, \text{否则} \end{cases} \quad \forall \alpha \in A \\[6pt] z_\alpha = \begin{cases} 1, \alpha \text{ 为改建路段} \\ 0, \text{否则} \end{cases} \quad \forall \alpha \in A \\[6pt] \theta_\alpha = \begin{cases} 1, \alpha \text{ 为高等级公路} \\ 0, \text{否则} \end{cases} \quad \forall \alpha \in A \end{cases}$$

其中 $x_\alpha$ 和 $t_{rs}$ 可由下述模型求解得到:

下层模型($L_1$):

$$\min \quad Z = \sum_{\alpha \in A} \int_0^{x_\alpha} t_\alpha(\omega) \, d\omega + \frac{1}{\varepsilon} \sum_{rs} q_{rs}(\ln q_{rs} - 1) \quad (5\text{-}30)$$

$$\text{s.t.} \begin{cases} \sum_\sigma f_\sigma^{rs} = q_{rs} & \forall r,s \\ \sum_s q_{rs} = O_r & \forall r \\ \sum_r q_{rs} = D_s & \forall s \\ f_\sigma^{rs} \geq 0 & \forall \sigma,r,s \\ x_\alpha = \sum_r \sum_s \sum_\sigma f_\sigma^{rs} \phi_{\alpha,\sigma}^{rs} & \forall \alpha \in A \\ \phi_{\alpha,\sigma}^{rs} = \begin{cases} 1, \text{路段 } \alpha \text{ 在 } r,s \text{ 点时间第 } \sigma \text{ 条路径上} \\ 0, \text{其他} \end{cases} \end{cases}$$

对优化模型中的符号补充标定如下：

式中：$A$——公路网络中原有路段和备选路段全部路段的集合；

$i$——路段 $\alpha$ 的初始等级；

$j$——路段 $\alpha$ 的改建后的等级，$j = \{0,1,2,3,4\}$，分别代表高速、一级、二级、三级和四级公路；

$c_{g\alpha ij}$——路段 $\alpha$ 由 $i$ 级改建（新建）成 $j$ 级公路的建设费用，万元/km；

$l_{\alpha j}$——公路段 $\alpha$ 为 $j$ 等级的公路里程数；

$t_\alpha(x_\alpha, C_\alpha)$——规划公路网络中路段 $\alpha$ 的阻抗函数（出行时间），是路段交通流量和容量的函数；

$t_{\bar{\alpha}}(x_{\bar{\alpha}}, C_{\bar{\alpha}})$——公路网络中原有路段 $\bar{\alpha}$ 的阻抗函数（出行时间）；

$x_\alpha$——公路网络中路段 $\alpha$ 的交通流量；

$C_\alpha$——公路网络中路段 $\alpha$ 新建或改建后的交通容量；

$Q_{rs}$——$r$ 区到 $s$ 区的趋势交通量；

$I_s$——节点 $s$ 的重要度；

$l_{rs}$——规划路网中 $rs$ 间的实际里程；

$t_{rs}$——$rs$ 节点间的最短出行时间，可以由与用户路线选择行为相应的分配模型得到；

$n$——公路网络节点总数，包含路网节点和旅游景区节点；

$L_\alpha$——新建路段 $\alpha$ 的里程（km）；

$L_0$——原有公路的总里程（km）；

$L$——公路网规划的总规模里程（km）；

$f_\sigma^{rs}$——OD 对 $r$、$s$ 点对间路径 $\sigma$ 上的流量；

$q_{rs}$——$r$、$s$ 点对间的 OD 出行量；

$\varepsilon$——大于零的参数;

$\phi_{\alpha,\sigma}^{rs}$——路段—路径决策变量;

$O_r$——节点 $r$ 的高峰小时出行产生量;

$D_s$——节点 $s$ 的高峰小时出行吸引量;

$\lambda_\alpha$——规划路段 $\alpha$ 的交通服务水平。

## 四、优化模型目标函数转化及求解

由于路网优化模型是多目标优化模型,而多目标优化不存在同时让所有目标取得最优解,此时一般取有效解,不降低其他目标的前提下不再改进任意一个目标函数。对上述模型,一般的解法有极点算法、模拟退火算法等。由于模型的求解困难,且是一个多层次决策问题,故本书采用的模型求解方法为遗传算法。它是依据生物进化论的思想演化而来,适用于任何大规模不连续及非线性的函数优化,只需要对目标的取值信息进行计算,逐步将解从初始解不断逼近至最优解。

遗传算法解的基本流程如图 5-2 所示。

1. 上层目标函数的转化

由于路网优化模型是多目标优化模型,因此应先对其进行转化,从而得到单目标优化问题。由于本书目标函数较多,故采用线性加权和法,根据目标的重要性赋予其不同的权系数,对其线性组合得到一个单目标规划问题。权系数应满足 $w = (w_1, w_2, \cdots, w_n) | w_\Omega \geq 0$,且有 $\sum_{\Omega=1}^{x} w_\Omega = 1$,$n$ 是上层目标函数的个数,则可得到新的目标函数为:

$$\min \quad \Pi = \sum_{\Omega=1}^{4} w_\Omega \times z_\Omega, w_\Omega \in \omega \tag{5-31}$$

2. 下层模型的求解

求解双层规划模型时,上层模型计算过程中需要下层模型的解来提供路段的交通流量,最终求出整个模型的最优解。模型求解方法主要有最速下降法和相继平均法。然而最速下降法的下降方向和迭代步长不容易确定,因此本书选用相继平均算法求解下层目标函数。其主要步骤如下:①基于初始阻抗进行初始化,执行一次运量随机加载,产生路段流量;②更新阻抗;③在现有阻抗上执行一次运量随机加载,得出新的路段流量;④确定搜索方向,然后相继平均移动;⑤检查收敛性,若已满足收敛指标要求则停止运算,否则令 $n = n + 1$,转至第二步,直到求解完成。

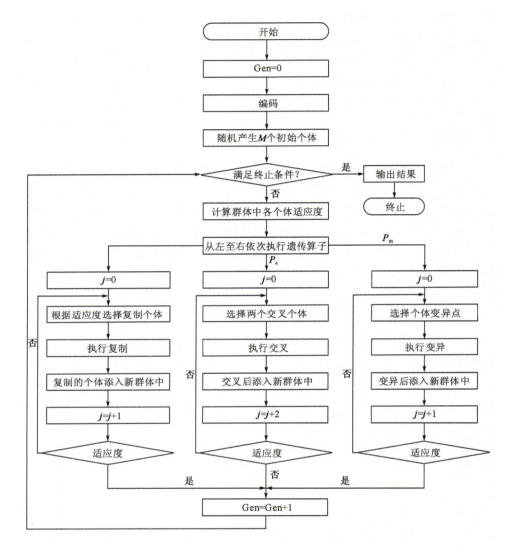

图 5-2 遗传算法解的基本流程

## 五、优化模型的遗传算法求解

1. 变量编码

变量编码是指将函数的解用染色体表示的过程,以公路网路段的最大条数作为编码的长度。假定公路网中路段最大为 $n$ 条,其中初始公路网路段为 $n_1$ 条,可能规划新建或改建的公路网路段为 $n_2$ 条,则 $\{x_1,x_2,\cdots,x_n\}$ 可表示为公路网规划的一个设计方案。

**2. 适应度函数**

在求解上述模型时,应使适应度函数与模型的目标相互对应,并确保其值是非负的。

适应度函数可用下式表示:

$$F(m) = V - \frac{p(m)M_y}{\sum_{m \in M} p(m)} \tag{5-32}$$

$$V = \max \frac{p(m)M_y}{\sum_{m \in M} p(m)} \tag{5-33}$$

式中:$p(m)$——上层模型中第 $m$ 个目标函数值;

$M_y$——遗传算法中种群的数目。

**3. 约束条件解除**

上述公路网布局优化模型第一步首先要进行的是对约束条件处理,公路网的规模约束可以用公路网可能的新建或改建路段来确定,同时保证路段的可行性。对公路网中任何路段,在规划期其等级要么不变,要么升级改建,或者新建,因此在算法中其规划期的值应不小于基年路段值,否则对其实施惩罚。对不在允许范围内的路网服务水平、迂回率方案也要惩罚,路网连通性的约束可采用特定的粘贴算子处理。

本书选用选择、交叉(重组)、变异及粘贴四个遗传算子,进行选择、交叉和变异操作后,需构造粘贴算子来处理公路网中不连通的个体。其功能为对选择、交叉、变异操作后的结果进行检验,看该公路网是否连通,若节点不连通则对取值为零的边强制变异,确保公路网连通。

在求解双层规划模型时,应既能使目标函数值最小化又能满足约束条件,即需要把约束问题转化为无约束问题。假定目标函数和约束条件转化模型如下:

$$\min f(x) \tag{5-34}$$

$$\text{s.t.} \begin{cases} h_j(x) = 0 & (j = 1,2,\cdots,m) \\ g_j(x) \geq 0 & (i = 1,2,\cdots,n) \end{cases}$$

则可定义新的辅助求解函数：

$$F(x) = f(x) + \partial_1 \sum_{j=1}^{m} h_j^2(x) + \partial_2 \sum_{i=1}^{n} [\max\{0, g_i(x)\}]^2 \tag{5-35}$$

式中：$\partial_1$、$\partial_2$——惩罚因子。

将上式转换为无约束问题得：

$$\min \quad F(x, \partial_1, \partial_2) = f(x) + \partial_1 \sum_{j=1}^{m} h_j^2(x) + \partial_2 \sum_{i=1}^{n} [\max\{0, -g(x)\}]^2 \tag{5-36}$$

**4. 双层规划模型的遗传算法设计**

利用遗传算法求解公路网络双层规划模型主要有以下几个步骤：

步骤一：考虑路网现状结构、预测的交通分布量和旅游资源的分布等因素，确定备选路线生成初始连接图。

步骤二：设定初始代数、步长均为零，初始的目标值 $Z_{max}$ 是一个很大的正数，设定算子和模型的种群个数等运行参数，输入公路网信息，并随机选定一个初始公路网设计方案。

步骤三：对方案实施公路网络连通性检查，保证公路网重要节点的连通，得可行的公路网优化路线图，同时得到各公路段的相关参数。

步骤四：对下层模型分配交通量，计算各目标函数的值，对种群个体按值的大小排定次序。

步骤五：将目标值不满足条件的种群个体转入下层模型重新分配交通量，计算得到公路网路段的交通量、交通阻抗、交通负荷度 V/C 及公路网迂回率等。

步骤六：若 Gen > Maxgen 或者 stop > Maxstop，转到第十步，否则 Gen = Gen + 1，转到下一步。

步骤七：路段配流后对不满足约束条件的进行惩罚，并将其加入到总目标函数中。

步骤八：计算种群中所有个体的适应度值，按恰当的方式分别进行选择、交叉、变异（重组）操作，转向第四步。

步骤九：对群体实施粘贴操作，检查种群的连通性，对不满足条件的个体值为 0 的路段强制变异，直至连通生成新群体，转向第四步。

步骤十：结束，输出结果，最终得到公路网布局优化方案。

## 第三节 区域旅游资源与公路网络协同优化模型

### 一、区域旅游资源与公路网协同优化模型构想

公路网络的优化和旅游资源的开发均为促进区域经济发展的重大项目的决策项目,需要在前期投入大量的资金和人力进行合理的规划和有效的布局。公路网优化和旅游资源开发协同优化同时涉及公路网规划者、一般(非旅游出行)公路网使用者、旅游出行公路网使用者(游客)和旅游资源开发规划者多方面利益。不难发现,公路网络的改造和旅游系统的协同优化实质上是设施选址与路网设计组合优化,二者同属宏观决策层,并且属于信息对称的合作博弈关系。该层的决策者通常需要从系统整体的角度出发,从多角度、较深层次的考虑系统决策的投资与收益。旅游出行者和非旅游出行者则同属于微观决策层,均是以自身出行时间最短为原则,在现有的道路网和旅游景点的情况下选择自己的出行目的地以及出行路线。

从前文的分析可以看出,模型中的参与者可以分为宏观层与微观层两类,为典型的主从博弈问题。上层规划决策者从系统的角度来调整公路网的优化方案和旅游项目投资方案,其目标为投资收益最大化,下层参与者在此基础上规划自己的出行计划,并制订出相对应的出行路线。上层规划决策者得到下层参与者反馈信息之后,再根据获取的旅游产业收益、交通网络特征调整优化方案,如此往复,经过多次博弈决策之后就能够获得一个双方均较为满意的实行方案,达到博弈的均衡。因此,为更好地反映宏观层与微观层之间的主从关系,本书将双层规划模型的框架下构建公路网络与旅游资源协同优化模型。

### 二、区域旅游资源与公路网络协同优化模型构建

1. 目标函数

与常规的优化问题一样,上层的规划决策者在做决策时,总是以最小的投入带来最大的收益为目标。在公路网和旅游资源整合协同优化问题中,项目的投入主要由道路的新、改建投资和旅游项目的投资两部分组成,公路网的优化所带来的直接收益,可以通过减少出行者的出行时间成本来衡量,旅游资源的提升所带来的直接收益,可以通过旅游项目建设后的旅游业总收入来衡量,而投资项目所带来的其他间接收益,难以通过统计量衡量,本书在此不做过多的讨论;下层

参与者在完成其交通出行目的前提下,则总是希望其出行时间(费用)是最少的。因此,本书将规划模型的规划目标确定如下:

(1)上层目标确定为社会净收益最大 $E$,其中投资成本分为公路网优化总投资 $C_1$ 和旅游建设项目总投资 $C_2$ 两个部分,社会总收益则可分为公路网优化所节约的时间成本 $B_1$ 和旅游业总收入 $B_2$。

①公路网优化总投资。

作为国民经济发展最主要的基础设施之一,公路网的建设项目通常具有投入资金大、项目周期长、运营成本高等特点。因此,为避免不合理的规划所带来的资金浪费,将公路网优化总投资费用作为优化目标之一。

$$C_1 = \sum_{\alpha \in A_1} c_{g\alpha} z_\alpha \tag{5-37}$$

式中:$A_1$——新建路段和扩建路段的备选集,$A_1 \subset A$;

$c_{g\alpha}$——路段 $\alpha$ 新、改建费用(万元);

$z_\alpha$——路段 $\alpha$ 路网新、改建决策变量。

②旅游建设项目总投资。

旅游项目的投资和开发,同样需要在前期进行大量的投入,合理的资源开发和整合将有效促进区域旅游经济的发展。

$$C_2 = \sum_{s \in S_1} I_{gs} y_s \tag{5-38}$$

式中:$S_1$——旅游新、改建项目点集;

$I_{gs}$——旅游新、改建项目 $s$ 投资费用(万元);

$y_s$——节点 $s$ 旅游投资项目决策变量。

③公路网优化所节约的时间成本。

公路网的优化建设使得旅游出行成本降低,这将诱发新交通出行,因此,在计算节约的时间成本时,需要考虑诱增交通量的影响。本书通过出行节点间的交通量(包括原有交通量和诱增交通量)与路径时间的变化乘积的计算方法,来消除交通量变化对该目标的影响。

$$B_1 = \omega \sum_r \sum_{s \in S} q_{rs} (\pi_{rs}^0 - \pi_{rs}) \tag{5-39}$$

式中:$\omega$——交通出行者的单位时间出行成本(元/小时);

$q_{rs}$——节点 $r$ 到节点 $s$ 的交通量,其中包括交通项目和旅游项目的诱增交通量。

其中,节点 $r$ 到节点 $s$ 的最短通行时间 $\pi_{rs}$,可以选取任意路径,满足 $f_k^{rs} > 0$ 时,通过以下公式求出:

$$\pi_{rs} = \sum_{\alpha \in A} t_\alpha \delta_{\alpha,k}^{rs} \tag{5-40}$$

式中：$A$——所有路段的集合，包括新、扩建的备选路段和原有路段；

$t_\alpha$——路段 $a$ 实际通行时间；

$\delta_{\alpha,k}^{rs}$——路径选择决策变量。

当下层模型中的达到网络均衡状态时，根据 Wardorp 提出的均衡准则，对于同一节点对之间的路径，对于 $\forall k \in K^{rs}$（$K^{rs}$ 为节点 $r$ 到节点 $s$ 间，有交通量出行的路径集合），且 $f_k^{rs} > 0$ 时，所有满足该条件的同一点对之间的路径时间都应该是相等的。因此，公式（5-40）中 $\delta_{\alpha,k}^{rs}$ 的取值满足条件 $f_k^{rs} > 0$ 任意的一个 $k$ 值即可。

路段 $\alpha$ 的实际通行时间 $t_\alpha$，可以通过利用 BPR 路阻函数进行计算：

$$t_\alpha(x_\alpha, z_\alpha) = t_\alpha^{0,\text{new}} \left[ 1 + \alpha \left( \frac{x_\alpha}{C_\alpha + C_\alpha^{\text{new}} z_\alpha} \right)^\beta \right] \quad \forall \alpha \in A_1 \quad (5\text{-}41)$$

式中：$t_\alpha^{0,\text{new}}$——公路网改造后，路段 $a$ 的自由流通行时间；

$\alpha$、$\beta$——BPR 路阻函数参数，与公路等级有关；

$C_\alpha$——路段 $\alpha$ 的原有通行能力；

$C_\alpha^{\text{new}}$——路段 $\alpha$ 的新增通行能力，如果路段 $\alpha$ 为新建路段，则可以令该路段的 $t_\alpha^0$ 为一极大值；原有通行能力 $C_\alpha$ 为一极小值；

$x_\alpha$——路段 $\alpha$ 的交通量。

④旅游业总收入。

旅游项目的建设与开发会通过强化旅游资源的特色、提高服务设施的完备率、改善出游环境质量等措施，提高旅游资源的自身价值，从而将诱发更多的游客对该旅游景点进行游览，交通基础设施的升级和改造同样会诱发一定的旅游出行量。因此，在进行旅游业总收入计算时，应将这两个因素引起游客量变化考虑在内。

$$B_2 = \sum_{s \in S_2} b_s \left( y_s Q_s + \sum_{r \in R} \frac{t_{rs}^0}{t_{rs}} q_{rs}^{\text{T}} \right) \quad (5\text{-}42)$$

式中：$S_2$——出行旅游目的地节点集，包括旅游新、改建项目点，$S_2 \subset S$；

$b_s$——人均旅游项目收入（元/人）；

$q_{rs}^{\text{T}}$——节点 $r$ 到节点 $s$ 的旅游交通 OD 分布量；

$Q_s$——节点 $s$ 的旅游投资项目诱增交通吸引量；

$y_s$——节点 $s$ 旅游投资项目决策变量。

（2）下层模型为用户均衡模型（DUE），即 Wardrop 的第一准则下的网络均衡,路网中的用户以个体出行时间最短为原则选择自己的出行路径。

2. 约束条件

为了使模型对规划问题的描述更加符合实际情况,需要添加相应的约束:公路网优化方面,可根据当地的自然地理条件、道路的设计服务水平等考虑多种因素的限制;旅游资源优化方面,其建设投入的总资金应控制在合理的预算范围内;同时还需要根据变量的实际物理意义,添加非负条件等相应的约束。

(1) 上层约束

①项目总投资约束

公路网的建设总投资和旅游资源开发的投资都应该受限于一个合理的预算上限,将项目总投资控制在合理的范围内,避免不必要的浪费。

$$\sum_{\alpha \in A_1} l_\alpha z_\alpha \leq M_1 \tag{5-43}$$

$$\sum_{s \in S_1} h_s y_s \leq M_2 \tag{5-44}$$

式中:$M_1$——公路网改造投资总额(万元);

$M_2$——区域旅游投资总额(万元)。

②道路服务水平约束

在下层交通出行者达到均衡条件时,可以很容易得到每一条路段上的交通量的大小,通过计算就能获得该路段的服务水平,可根据道路的设计服务水平,将其约束在一定范围内。

$$\lambda_{\min} \leq \frac{x_\alpha}{C_\alpha + C_\alpha^{\text{new}} z_\alpha} \leq \lambda_{\max} \quad \forall \alpha \in A \tag{5-45}$$

式中:$\lambda_{\min}$——道路设计运营服务水平下限;

$\lambda_{\max}$——道路设计运营服务水平上限。

(2) 下层约束

①点对交通量守恒

在进行网络分配的过程中,必须满足交通量守恒的原则,即各出行点对间所有出行路径上的交通量之和应该等于该点对间的交通出行量。

$$\sum_k f_k^{rs} = q^{rs} \quad \forall r \in R, s \in S \tag{5-46}$$

$$f_k^{rs} \geq 0 \quad \forall k \in K^{rs}, r \in R, s \in S \tag{5-47}$$

式中:$f_k^{rs}$——节点 $r$ 到节点 $s$ 间,第 $k$ 条路径上的交通量。

②路段交通量守恒

路段 $a$ 上的交通流量 $x_a$ 应该等于各个节点对通过该路段的交通流量总和,同时交通路段的交通量 $x_a$ 还应该满足非负约束。

$$\sum_r \sum_{s \in S} \sum_k f_k^{rs} \delta_{a,k}^{rs} = x_a \quad \forall a \in A \tag{5-48}$$

$$x_a \geqslant 0 \quad \forall a \in A \tag{5-49}$$

3. 双层规划模型

综合前文提出的目标函数与约束条件,可以得到双层规划模型如下:

(1) 上层优化模型($U$)

$$\max \quad E + B_1 + B_2 - C_1 - C_2 \tag{5-50}$$

$$C_1 = \sum_{a \in A_1} c_{ga} z_a$$

$$C_2 = \sum_{s \in S_1} I_{gs} y_s$$

$$B_1 = \omega \sum_r \sum_{s \in S} q_{rs} (\pi_{rs}^0 - \pi_{rs})$$

$$B_2 = \sum_{s \in S_2} b_s \left( y_s Q_s + \sum_{r \in R} \frac{t_{rs}^0}{t_{rs}} q_{rs}^T \right)$$

$$\text{s. t.} \begin{cases} \sum_{a \in A_1} c_{ga} z_a \leqslant M_1 \\ \sum_{s \in S_1} I_{gs} y_s \leqslant M_2 \\ q_{rs} = \frac{t_{rs}^0}{t_{rs}} \times (q_{rs}^U + q_{rs}^T + \theta_{rs} y_s Q_s) \quad \forall r \in R, s \in S \\ \lambda_{\min} \leqslant \frac{x_a}{C_a + C_a^{new} z_a} \leqslant \lambda_{\max} \quad \forall a \in A \end{cases}$$

式中:$x_a$——需通过求解下层优化模型获得。

(2) 下层优化模型($L$)

$$\min \quad Z_{UE} = \sum_{a \in A} \int_0^{x_a} t_a(w) \mathrm{d}(w) \tag{5-51}$$

$$\text{s.t.} \begin{cases} \sum_k f_k^{rs} = q^{rs} & \forall r \in R, s \in S \\ f_k^{rs} \geq 0 & \forall k \in K^{rs}, r \in R, s \in S \\ x_a \geq 0 & \forall a \in A \\ \sum_{r \in R} \sum_{s \in S} \sum_k f_k^{rs} \delta_{a,k}^{rs} = x_a & \forall a \in A \\ \sum_{a \in A} t_a \delta_{a,k}^{rs} = c_k^{rs} & \forall k \in K^{rs}, r \in R, s \in S \end{cases}$$

式中:$t_a$——路段 $a$ 实际通行时间,需通过求解下层优化模型获得,可由以下公式求得:

$$t_a(x_a, z_a) = t_a^{0,\text{new}} \left[ 1 + \alpha \left( \frac{x_a}{C_a + C_a^{\text{new}} z_a} \right)^\beta \right] \quad \forall a \in A_1 \tag{5-52}$$

优化模型中涉及的集合与变量解释如下:

式中:$A$——所有路段的集合,包括新、扩建的备选路段和原有路段;

$A_1$——新建路段和扩建路段的备选集,$A_1 \subset A$;

$R$——出行起始节点集;

$S$——出行目的地节点集;

$S_2$——出行旅游目的地节点集,包括旅游新、改建项目点,$S_2 \subset S$;

$S_1$——旅游新、改建项目点集,$S_1 \subset S_2 \subset S$;

$t_a^0$——公路网改造前,路段 $a$ 的实际通行时间;

$t_a^{0,\text{new}}$——公路网改造后,路段 $a$ 的自由流通行时间;

$\pi_{rs}^0$——公路网改造前,节点 $r$ 到节点 $s$ 的实际通行时间;

$\pi_{rs}$——公路网改造后,节点 $r$ 到节点 $s$ 的实际通行时间;

$\alpha$、$\beta$——BPR 路阻函数参数,与公路等级有关;

$c_{ga}$——路段 $a$ 新、改建费用(万元);

$I_{gs}$——旅游新、改建项目 $s$ 投资费用(万元);

$b_s$——人均旅游收入(万元/人);

$M_1$——公路网改造投资总额(万元);

$M_2$——区域旅游投资总额(万元);

$q^{rs}$——节点 $r$ 到节点 $s$ 的交通量,包括交通项目和旅游项目的诱增交通量;

$q_{rs}^{\text{T}}$——节点 $r$ 到节点 $s$ 的旅游交通 OD 分布量;

$q_{rs}^U$——节点 $r$ 到节点 $s$ 的非旅游交通 OD 分布量;

$Q_s$——节点 $s$ 的旅游交通吸引量;

$\lambda_{\min}$——道路设计运营服务水平下限;

$\lambda_{\max}$——道路设计运营服务水平上限;

$x_a$——路段 $a$ 的交通量;

$C_a$——路段 $a$ 的原有通行能力;

$C_a^{new}$——路段 $a$ 的新增通行能力,如果路段 $a$ 为新建路段,则可以令该路段的 $t_a^0$ 为一极大值;原有通行能力 $C_a$ 为一极小值;

$y_s$——节点 $s$ 旅游投资项目决策变量,$y_s=1$ 选择投资节点 $s$ 的旅游建设项目,否则 $y_s=0$;

$z_a$——路段 $a$ 路网新、改建决策变量,$z_a=1$ 选择建设路段 $a$ 的公路新、改建项目,否则 $z_a=0$;

$K^{rs}$——节点 $r$ 到节点 $s$ 间,有交通量出行的路径集合;

$f_k^{rs}$——节点 $r$ 到节点 $s$ 间,第 $k$ 条路径上的交通量;

$\delta_{a,k}^{rs}$——路径选择决策变量,$\delta_{a,k}^{rs}=1$ 表示点对 $r,s$ 的第 $k$ 条路径经过路段 $a$,否则,$\delta_{a,k}^{rs}=0$;

$c_s^{rs}$——节点 $r$ 到节点 $s$ 间,第 $k$ 条路径的时间(费用)函数。

## 三、协同优化模型的求解

前文所建立的旅游资源与公路网络协同优化模型,上层模型考虑的是旅游设施选址与路网设计组合优化问题模型,下层模型考虑的是在上层模型决策确定的情况下,公路网络内交通流均衡问题。

简单的观察模型的构成形式,从式(5-41)、式(5-42)、式(5-45)、式(5-51)中可以知道,该模型包含变量的非线性形式,因此该优化模型为非线性问题。模型中,式(5-43)和式(5-44)分别涉及对上层模型的决策变量进行约束,这两个约束对于变量 $z_a$、$y_s$ 来说是线性且正交的,而上层模型中的其他约束,如式(5-45)实际上只对限制下层模型的输入和变量,因此上层模型的决策变量 $z_a$、$y_s$ 的解空间为凸集合;下层模型为经典的用户均衡模型,该模型已经被学者证明,在路段的阻抗函数为严格的单调函数的条件下,该模型的解是存在且是唯一的。但是,即使上下层模型的解空间均具有凸集的良好数学特性,其组合的双层模型仍然不能保证模型的解空间为凸集,因此在模型求解进行解搜索时需要处理局部最优的问题。该模型由于具有以上的数学特性,其求解存在较大的困难。

目前，已经有不少较为成熟的求解算法可以应用到该类模型的求解上，如较早一些的分枝定界法、拉格朗日松弛法等，这一类求解方法实际上是提供的一种模型求解框架，而针对不同的具体情况都需要对算法的细节进行重新设计和处理；近期有不少学者尝试利用数学手段进行等价转化，将模型经过非线性转化为线性、双层模型转化为单层等处理后，使模型数学特性变得更好，这样就可以让常规的求解器直接求解处理后的模型，在提高模型求解效率的同时，避免了复杂的模型求解程序的编写；另外，还有大量的学者尝试利用蚁群算法、遗传算法、混合元启发式算法等加以求解。

1. 下层模型求解算法

该协同优化双层规划模型求解的过程中，上层模型的变量取值一旦固定，就可以得到一个确定路网以及确定的交通需求分布量，此时的下层模型即为常见的用户均衡模型。该问题最为常见的求解方法为 LeBlanc 于 1975 年提出的利用 Frank-Wolfe 算法的求解法，该方法利用多次线性规划来逐步逼近非线性规划的方法来求解。

主要求解步骤如下：

(1) 根据路段的自由流通行时间进行 0-1 分配，获得各路段的初始流量。

(2) 根据路段流量，更新路段通行时间，并利用各路段的新通行时间计算各 OD 对之间的最短路。

(3) 按照最短路进行一次 0-1 分配，得到一组附加交通量，获得下一步的迭代方向。

(4) 通过求解一维极值问题确定最佳迭代步长，并重新计算路段交通量。

(5) 收敛性检验：若满足迭代收敛误差，则终止计算，输出路段交通量，否则跳转至第二步。

2. 上层模型求解算法

由于遗传算法不受模型形式的限制，具有较好的通用性，本书采用遗传算法作为上层模型的求解算法。遗传算法是通过借鉴自然界的遗传进化、优胜劣汰的思想而设计出来的一种高效的全局搜索算法。由于在计算每一代种群的适应度时，每个个体间都是相互独立的，因此可以非常容易地实现并行计算，这使得遗传算法能够有效地处理大型优化问题。在算法的每一次迭代（进化）过程中，首先根据个体的适应度筛选出优质的个体，并模仿遗传学中的染色体遗传信息混合再造过程产生新的种群。通过重复这个过程来不断提高种群整体的适应度,而实际上是算法在逐渐缩小搜索空间,最终收敛并得到模型的一个满意解,整个过程就像是生物在自然环境中不断进化一样。

(1) 变量编码

遗传算法的第一步需要对变量进行编码,即把模型的可行域通过一定的规则转换为计算机可理解的搜索空间。协同优化模型的决策变量均为 0-1 变量,因此可以直接利用二进制编码将模型的可行解进行编码。若公路网络中需要改建或者新建的路段数量为 $n_1$ 条,旅游资源投资点的数量为 $n_2$ 个,模型的一个可行解对应的编码可以表示为 $\{x_1,x_2,\cdots,x_{n_1+n_2}\}$。

(2) 适应度函数

适应度(Fitness)这个概念在遗传算法中被用来衡量每代种群中个体的优劣程度,适应度函数则是在一定规则下从目标函数到适应度的映射关系。

适应度函数的选择要遵守合理性与一致性、计算量小、通用性强等要求,同时也要兼顾考虑与后续遗传算法的算子设计相匹配。协同优化模型的目标函数为求极大值,综合考虑选择算子的选用,本书选取适应度函数如下:

$$\text{fit}[f(x)] = f(x) \tag{5-53}$$

(3) 约束条件的满足

由计算机随机生成、交叉、变异的种群个体,不一定满足式(5-45)和式(5-46)对变量的约束,需要对约束条件进行一定的处理。一般的处理方法有三种:一是通过选取合理的惩罚函数来对目标函数进行改造;二是结合贪心算法的思想,优先将对目标函数贡献大的染色体进行解码;三是采用二重结构编码的方法,二重结构编码的方法具有搜索速度快的优点。

二重结构编码的由变量码和附加码两部分组成,附加码 $s_i$ 和变量码 $p_1$ 一一对应,附加码 $s_i$ 可由洗牌的方式随机生成,同时随机生成 0 或者 1 的变量码 $p_i$。随机生成的变量码并不一定能满足约束条件,因此需要按照一定的规则进行解码,来获得一组满足约束的可行解 $x_i(i=1,2,\cdots,n_1+n_2)$。解码方法如下:

步骤 A. $i=1$, sum $=0$;

步骤 B. 如果 $p_i=0$,则 $x_i=0$,执行步骤 D,否则,执行步骤 C;

步骤 C. 如果 sum + $\text{cost}_i \leqslant \text{Budget}$,则 $x_i=1$, sum $=$ sum + $\text{cost}_i$,否则 $x_i=0$;

步骤 D. $i=i+1$,如果 $i \leqslant n$,返回到步骤 C,否则终止。

公式(5-50)对公路网络中的路网运行效率进行了约束,本书对该约束采用惩罚函数的方法进行处理。每一次下层模型分配结果都需要对各个路段的交通负荷进行检查,对于不满足该约束的路段可以按照路段新、改建费用一定的比例给出惩罚,并计算总目标函数中。

(4)算子设计

标准的遗传操作一般包括选择、交叉、变异三个遗传算子。本书的选择操作采用"随机二元竞标"的方法,以提高算法的搜索速度;交叉操作需要针对二重结构编码的特点选取部分匹配交叉的算法,在保证足够的交换方案和染色体中某些重要的模式不被破坏的同时,避免重复的附加码出现在新个体中;变异操作则采用逆位遗传算子,增强局部搜索的能力。

(5)协同优化模型的遗传算法步骤

步骤一:根据现状路网结构、现状旅游资源分布情况以及背景交通量分布情况等因素,生成初始的连接图。

步骤二:设置初始代数为零 Gen = 0,根据路网的新、改建路段数量以及旅游资源投资项目数量设置编码长度,设置选择、交叉、变异种群个数,设置交叉、变异概率,设置最大进化代数 MaxGen 等参数,导入公路网络、旅游资源、交通分布量等信息,并随机生成一个初始种群。

步骤三:对二重结构编码进行解码操作,获取种群个体所对应的旅游资源与公路网络协同优化方案。

步骤四:根据优化方案更新公路网络中各路段的自由流通行时间、通行能力等相关参数,重新计算交通出行需求分布量。

步骤五:进行下层模型 UE 分配,获得路网各路段的交通量分布情况、路段通行时间等。

步骤六:根据交通分配结果检查上层路网负荷度约束条件,给不满足条件的路段加上惩罚值,可以按照路段新、改建费用一定的比例给出,并计算种群适应度值(目标函数值)。

步骤七:比较并记录最优的目标函数值以及协同优化方案。

步骤八:如果 Gen > Maxgen,转到步骤十,否则 Gen = Gen + 1,转到下一步。

步骤九:根据个体的适应度值,按照选择算子操作原则选择优秀的个体复制到子代种群中;根据设置的交叉概率值,随机选择种群中两个个体进行部分匹配交叉操作。根据设置的变异概率,进行逆位遗传操作。

步骤十:结束算法,并输出最优解和最优目标函数值,得到最佳的协同优化方案。

遗传算法流程如图 5-3 所示。

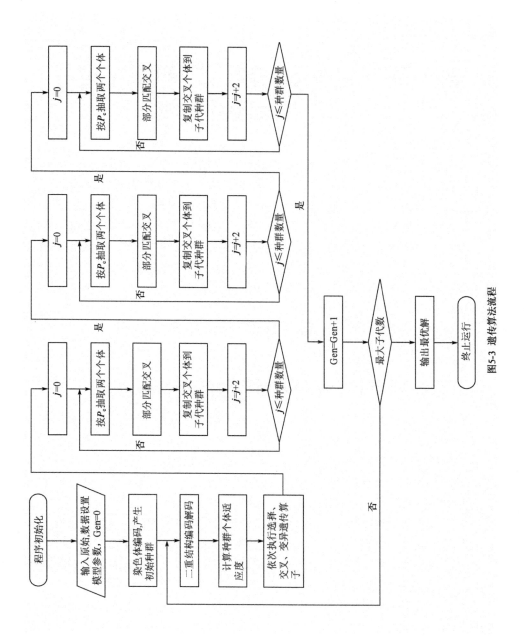

图5-3 遗传算法流程

# 第六章 区域旅游与公路网络发展适应性综合评价

系统只能对自身条件进行改变,无法对环境进行控制,只能根据环境的发展调节自身,系统为适应其环境而改变结构或调整状态的过程称为系统的适应性。系统的适应性在结构上分为局部适应和整体适应:局部适应是指系统的部分特性与外界环境相互适应;整体适应则是指系统的所有特性与外界环境相互适应。

本章的主要内容为研究区域旅游与公路网络发展的适应性,构建公路网适应性评价指标体系,选择相应的适应性评价方法,对区域旅游与公路网络发展相互适应这一动态平衡过程进行更深层次的分析。

## 第一节 交通与区域旅游发展适应性

### 一、公路交通与区域旅游发展适应性的基本内涵

事物是普遍联系的,任何一种事物都不可能脱离周围的物质环境而单独存在。区域旅游资源作为一个系统,也必然存在于一定的物质环境中,其中公路网络则是很重要的外部环境与纽带。公路网络布局的变化必然会引起旅游资源系统内部的重新整合。旅游资源只有与公路网络相适应,才能具有生命力和发展的动力,才是保持不断发展势头的理想系统。

交通与经济发展间的适应性关系分为以下三种:第一种是滞后型,公路交通的发展不能满足经济发展,交通供给无法满足需求;第二种是超前型,公路交通的发展过度饱和,交通供给大于需求;第三种是适应型,公路交通的发展与经济发展同步,交通供需达到平衡。

旅游业是国民经济的重要组成部分,公路交通与旅游的适应发展应是交通系统内部与旅游发展处处协调一致,做到"交通的发展水平与旅游的特定发展阶段相适应、公路运输网络的发展规划与旅游业的发展规划相适应、多种运输方

式相互衔接、交通内部相互协调"[73]，使公路交通和旅游保持可持续发展的能力。

## 二、公路交通与区域旅游发展适应性的基本特性

公路交通和区域旅游的发展适应性具有以下特征：

（1）系统性。公路交通和区域旅游可以看作一个系统问题的两个部分，二者又分别由各个小部分组成。其本身就是由相关各部分所组成的整体，这些部分之间在系统的运行中相互制约、相互影响。

（2）复杂性。公路交通和区域旅游是由许多小部分组成的复杂系统，其发展变化受到多种因素的制约，二者相互适应时这些因素交叉影响，结果更为复杂。

（3）动态性。公路交通和区域旅游是不断发展的两个系统，二者之间的适应是动态的。

（4）静态性。公路交通和区域旅游发展的适应性分析需要在特定的发展阶段进行，否则不能对二者的适应性进行判断。

# 第二节 公路网适应性评价指标体系

## 一、构建适应性评价指标体系的基本原则

构建适应性评价指标体系要从公路交通和区域旅游发展适应性出发，保证指标体系的可操作性和实际性，具体应遵循以下原则：

（1）科学性原则：评价指标体系的设计必须能够科学地反映区域旅游发展的适应性，遵循公路交通发展的客观规律和基本原理，能够符合公路交通和区域旅游发展的特点，指标的数据收集和计算方法等必须科学严谨、真实可靠。

（2）系统性原则：构建的评价指标体系必须局部评价和整体评价相结合，将公路交通作为区域旅游系统的一部分对其适应性进行研究。

（3）动态性原则：公路交通与区域旅游的发展是一个动态的过程，不同时期、不同发展阶段二者之间的需求不同，设计评价指标体系应充分考虑二者之间的协调与适应，利用动态指标反映公路交通与旅游发展的趋势和特点。

（4）简明性原则：指标应具有代表性且简单明了，能够准确、清楚地反映问题。

(5)可比性原则：指标应尽可能地采用国际上通用的名称、概念与计算方法，与其他国家或国际组织指定的相关指标具有可比性。

## 二、适应性评价指标体系分类

适应性评价可分为技术、经济、社会和环境四个层面。其中，技术评价是指新建或改建公路对旅游目的地可达性的提高程度评价；经济评价是指新建或改建公路后形成的新路网布局对潜在客源的吸引所带来的经济收入评价；环境评价是指公路建设对于生态环境和旅游景观的影响评价；社会评价是指交通发展对区域间文化交流，改善民族关系等的影响评价。

1. 技术性能指标

技术性能指标可以对公路网布局的合理性和使用舒适性进行评价判断。

（1）网络结构性指标

①高速公路路网密度

路网密度反映了公路网总体建设及其规模，其计算模型见第四章第二节相关内容。一般地讲，公路网密度越大越好，但是公路网密度增大的同时，通车里程也随之增加，公路需要的建设和维护成本提高，因此需要对公路网密度进行合理的配置。

②路网连通度

路网连通度是指构成公路网的边数与节点数的比值，该指标能够通过考察网络交通节点的连通状况，反映公路网的结构特点，从而判断公路网布局的合理性及优化性，它表示区域内各节点之间依靠路网的连接强度，衡量路网成熟程度。其计算模型为：

$$\mathrm{Con}_N = \frac{l/\zeta}{\sqrt{A \cdot N}} \tag{6-1}$$

式中：$\mathrm{Con}_N$——连通度；

$A$——面积（$\mathrm{km}^2$）；

$\zeta$——公路网的变形系数；

$N$——应连通的节点数目。

$\mathrm{Con}_N \approx 1.0$，路网布局结构为树状，各节点之间多为两路连通；$\mathrm{Con}_N = 2.0$，路网布局结构为方格网状，节点多为四路连通；$\mathrm{Con}_N = 3.0$，路网布局为三角网状，节点多为六路连通。路网布局结构如图6-1所示。

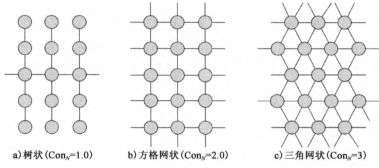

图 6-1　路网布局结构图

Con$_N$≤1.0,路网连通度较差;1.0<Con$_N$≤2.0,路网连通度较好;2.0<Con$_N$≤3.0,路网基本完善;Con$_N$>3.0,达到理想状态。

③节点通达性($J$)

节点通达性即公路网连接度,用来反映公路网成环成网的比率,反映某一点到其他各点联系难易程度、有无直接联系的指标;也称为 $N$ 的 $R$ 指数,表示网络 $N$ 内每一个节点所邻接的边的平均数目。其定义如下[74,75]:

$$J = \frac{\sum_{i=1}^{N} m_i}{N} = \frac{2M}{N} \tag{6-2}$$

式中:$m_i$——节点所邻接的边数;

$M$——规划区内公路网总边数;

$N$——公路网总节点数。

保证网络中所有节点连通的边数至少为 $N-1$,保证所有节点最短距离连接的全网络的边数是 $\frac{N(N-1)}{2}$,由此可得到 $J$ 的取值范围 $\left[2-\frac{2}{N}, N-1\right]$。

④路网可达性(Acc)

路网中某一点的可达性用总的平均出行时间来表示[76],是区域内网络中某一节点到其他所有节点平均出行时间(或距离)的总和,其值越小,通达性越好,计算公式如下:

$$\text{Acc}_{ti} = \frac{\sum_{j=1}^{n} t_{ij}}{N} \quad \text{或} \quad \text{Acc}_{ti} = \frac{\sum_{j=1}^{n} d_{ij}}{N} \tag{6-3}$$

整个路网的可达性,可用路网的平均出行时间 $\overline{\text{Acc}_t}$ 或者 $\overline{\text{Acc}_d}$ 来表示:

$$\overline{\text{Acc}_t} = \frac{\sum_{i=1}^{n} \text{Acc}_{ti}}{N} \quad \text{或} \quad \overline{\text{Acc}_d} = \frac{\sum_{i=1}^{n} \text{Acc}_{di}}{N} \tag{6-4}$$

⑤公路网中位点的吻合性

公路网的中位点是指在网络图上到各点距离之和最小的节点。

公路网可视为一个网络图。中位点就是到各点距离之和为最小的那个节点。若设点 $m$ 为路网的中位点,则点 $m$ 应满足下列条件:

$$\sum_{j=1}^{n} t_{mj} = \min \sum_{j=1}^{n} t_{kj} \quad (1 \leqslant k \leqslant n) \text{ 或} \sum_{j=1}^{n} d_{mj} = \min \sum_{j=1}^{n} d_{kj} \quad (1 \leqslant k \leqslant n) \tag{6-5}$$

式中:$t_{kj}$——节点 $k$ 到节点 $j$ 的距离;

$d_{kj}$——节点 $k$ 到节点 $j$ 运行时间;

$n$——公路网总节点数。

(2)路网交通质量评价指标

①路网拥挤度

路网拥挤表征路网的利用程度和畅通性能。路网拥挤度计算公式如下:

$$\delta = \frac{V}{C} = \frac{\sum l_i \cdot V_i}{\sum l_i \cdot C_i} \tag{6-6}$$

式中:$\delta$——路网拥挤度;

$V_i$——各条公路的现状或规划交通量;

$C_i$——各条公路的通行能力。

②路网平均车速

根据交通分配中每一路段上的交通量及该路段的技术等级,求得每一路段的平均技术车速,再以各路段长度 $l_i$ 为权,求得整个路网的平均车速。路网平均车速计算公式如下:

$$\bar{v} = \frac{\sum_{i=1}^{M} v_i \cdot l_i}{\sum_{i=1}^{M} l_i} \tag{6-7}$$

式中:$\bar{v}$——路网平均车速;

$v_i$——第 $i$ 条路段上的平均技术车速(km/h);

2.经济评价指标

目前常用的经济评价指标有净现值(NPV)、效益成本比(BCR)、内部效益率(IRR)。

(1)净现值(NPV)

规划方案的效益现值减去规划方案的费用现值所得的差额即为净现值,可用下式计算:

$$\text{NPV} = \sum_{t=0}^{n} \frac{B_t - C_t}{(1+\text{Dis})^t} \tag{6-8}$$

式中:$B_t$、$C_t$——年收入(效益)和支出(成本);

$\quad\quad$ Dis——折现率(%);

$\quad\quad$ $n$——规划年限。

若 NPV>0,则表明该方案投资的收益率超过规划的折现率,越大表明收益越高,经济效果越显著;反之若 NPV<0,则表示达不到预定的收益率,经济效果不好。

(2)效益成本比(BCR)

其是指测算建设方案收益和成本的比率,为项目累计净利润与成本之比:

$$\text{BCR} = \frac{\sum_{t=0}^{N} B_i \cdot (1+i)^{-t}}{\sum_{t=0}^{N} C_i \cdot (1+i)^{-t}} \tag{6-9}$$

(3)内部收益率(IRR)

建设方案在规划期内各年净现值的累计值等于零时的折现率,即使用该折现率可使方案的费用总额和效益现值总额相等,即 IRR 值应符合下式的要求。

$$p = \sum_{t=1}^{N} \frac{y_{rt}}{(1+\text{Dis}_r)^t} \tag{6-10}$$

式中:$p$——年规划方案原始投资额(在 $t$ 年时)的现值;

$\quad\quad$ $y_{rt}$——规划方案第 $t$ 年的净收益;

$\quad\quad$ $\text{Dis}_r$——基准折现率(%);

$\quad\quad$ $N$——投资回收期(年)。

3. 环境评价指标

在环境质量评价学科中,环境就是指人类的生存环境,是指围绕着人群的空间及其中可以直接或间接地影响人类生活和发展的各种自然环境要素和社会环境要素的总体[77]。

公路网的环境影响评价是指对公路网建设和运营可能产生的自然环境、社会环境、经济环境等影响进行系统性的识别、预测、分析、评价,提出切实可行的环境保护措施,以使产生的负面影响降至最低。现根据地方公路网对生态环境所造成的影响,建立环境评价指标体系,见表6-1。

环境评价指标体系表　　　　　　　　表 6-1

| 项目 | 影响因素 | 度量方式方法 | 度量指标 |
|---|---|---|---|
| 污染指数 $I_i$ | 噪声 | 车辆噪声震动、鸣笛 | A 计权声级 |
| | 大气污染 | 主要是 $CO$、$NO_2$ 量 | 有害气体的含量 ($cm^3/m^3$) |
| | 水质污染 | 悬浮物等有害物质、需氧量 | 有害成分的含量 ($cm^3/m^3$) |
| 地理环境影响指标 | 地形地貌 | 建设、养护中对原地貌的破坏程度 | |
| | 土地占用 | 施工占地和公路使用面积的大小 | 土地占用比例 |
| | 动植物 | 自然保护区、草原、森林占用程度 | 破坏面积和程度 |
| | 自然景观 | 名胜风景区的占用程度 | 破坏程度 |

## 三、适应性评价指标体系构建

由于公路交通和旅游系统的复杂性，其相应的适应性指标体系也是由多个单项指标构成的有机整体，这一指标体系能够对公路交通和区域旅游发展的各方面的适应程度进行评价。公路交通与旅游发展适应性问题本质上是公路网的建设、发展与旅游业发展的适应性问题。建立的适应性评价指标体系应具有以下特点：①能够体现路网与旅游发展的适应性情况的各个方面；②指标可以较为准确获取。

由此建立起与公路网发展的各个特性相对应的评价指标体系，如表 6-2 所示。

公路交通与旅游业发展适应性评价指标体系　　　　表 6-2

| 类别 | 指标类型 | 单项指标 $C$ |
|---|---|---|
| 主体指标 | 规模 | 公路网总里程 $L$ |
| | 结构 | 高速公路比重 $P_{GO}$ |
| | 功能 | 干线路网饱和度 $\rho$ |
| | 布局 | 公路交通旅游景点率 $P_T$；公路网连通度 $CON_N$ |
| | 发展速度 | 公路网总里程与旅游总收入的弹性系数 $E$ |

## 四、适应性评价指标的无量纲化

不同的指标具有不同的量纲，将不同量纲的指标经过一定的变换使其转化为无量纲的标准指标的过程，称之为指标的标准化或无量纲化。

适应性评价指标按其评价目的不同可以分为效益型指标、成本型指标、适中型指标三种。适应性评价指标体系的无量纲化方法采用阈值法,即利用变量的最值将原始数据转换为一定范围内的数值,从而消除量纲和数量级的影响,解决在评价过程中由于度量不同造成的分析困难。具体处理公式如下:

(1) 效益型指标

$$X_{ij} = \frac{x_{ij} - x_{j\min}}{x_{j\max} - x_{j\min}} \qquad X_{ij} \in [0,1] \qquad (6\text{-}11)$$

(2) 成本型指标

$$X_{ij} = \frac{x_{j\max} - x_{ij}}{x_{j\max} - x_{j\min}} \qquad X_{ij} \in [0,1] \qquad (6\text{-}12)$$

(3) 适中型指标

$$X_{ij} = \begin{cases} \dfrac{x_{ij} - x_{j\min}}{B_{ij} - x_{j\min}} & X_{ij} \in [0,1] \quad x_{ij}[x_{j\min}, B_{ij}] \\ \dfrac{x_{j\max} - x_{ij}}{x_{j\max} - B_{ij}} & X_{ij} \in [0,1] \quad x_{ij}[B_{ij}, x_{j\max}] \end{cases} \qquad (6\text{-}13)$$

式中:$x_{ij}$、$x_{j\min}$、$B_{ij}$、$x_{j\max}$、$X_{ij}$——第 $i$ 年第 $j$ 个指标的原值、最小值、标准值、最大值和无量纲化后的值。

## 第三节 适应性评价指标标准值的确定

### 一、公路总里程

影响旅游资源发展的决定性因素是区域的社会经济发展水平,而公路交通是经济的派生需求,其发展规模与区域经济状况密切相关。本书采用网络节点模型确定公路网规模,根据几何形状分析,建立如下模型:

$$L = \text{CON}_N \cdot \zeta \cdot \sqrt{A \cdot N}$$

$\zeta$ 是与地形条件相关的系数,一般来说,地形条件较为复杂的地区,$\zeta$ 的取值为 $1.30 \leq \zeta \leq 1.65$;对于地形条件较好的地区,$\zeta$ 的取值为 $1.10 \leq \zeta < 1.30$。

### 二、高速公路比重

对于游客来说,高效率的服务是必要的,在公路交通上主要体现为高等级公路在公路网中的高比重,高速公路比重越高,对于旅游者来说出行就越便利,就越能促进该区域的旅游业发展。本书作者认为高速公路的比重达到2%即能满足旅游业发展的需求。

## 三、干线路网饱和度

结合相关研究和原交通部科学研究所对干线公路饱和度的划分标准,本书采用评价标准如下:

(1) 当 $V/C \leqslant 0.7$ 时,超前;

(2) 当 $0.7 < V/C \leqslant 0.8$ 时,适应;

(3) 当 $0.8 < V/C \leqslant 0.9$ 时,基本适应;

(4) 当 $0.9 < V/C \leqslant 1.0$ 时,欠适应;

(5) 当 $V/C > 1.0$ 时,不适应。

## 四、公路通旅游景点率

公路交通旅游景点率能够反映公路网布局的合理性。鉴于我国现有经济发展水平,结合对中国公路现代化研究结果,本书作者认为区域旅游景点率宜在80%以上。

## 五、公路网的连通度

在理论分析中,$Con_N \leqslant 1.0$,路网连通度较差;$1.0 < Con_N \leqslant 2.0$,路网连通度较好;$2.0 < Con_N \leqslant 3.0$,路网基本完善;$Con_N > 3.0$,达到理想状态。

在实际规划中,连通度与选取的节点关系很大,一般地,$Con_N$ 取值最好在 $2.0 \sim 3.0$ 之间,对于高速公路而言,公路网的平均连通度为 $2.0 \sim 2.5$ 即可满足需求,此时路网布局为方格网与对角线形的结合形式。

## 六、公路里程对旅游总收入的弹性系数

公路里程与旅游总收入的发展速度的适应程度很难判断。如果公路里程的增长速度过快,其对旅游总收入将产生负影响,这与实际的边际效应不相符,为了避免这一情况的出现,引入公路里程与旅游总收入的弹性系数来反映公路交通和旅游业发展速度的适应程度。目前,根据我国现有经济发展水平和有关专家的经验,参考国外相关资料,我国公路里程对旅游总收入的弹性系数应保持在 $0.3 \sim 0.4$ 为最佳。

综上所述,我国现有经济水平下公路交通与旅游发展适应性评价指标的标准值汇总如表6-3所示。

适应性评价指标的标准值　　　　　　表6-3

| 指 标 名 称 | 指标标准值 |
|---|---|
| 公路总里程 $L$ | $D_N \cdot \zeta \cdot \sqrt{A \cdot N}$ |
| 高速公路比重 $P_{GO}$ | 2% |
| 干线路网饱和度 $\rho_N$ | 0.7~0.8 |
| 公路通旅游景点率 $P_T$ | $P_T \geq 80\%$ |
| 公路网连通度 $Con_N$ | 2.0~3.0 |
| 总里程与旅游总收入弹性系数 $E$ | 0.3~0.4 |

## 第四节　区域公路交通与旅游发展适应性综合评价

### 一、公路网布局规划的评价方法

1. 价值分析法

价值分析法:确定各指标在综合指标体系中所占的权重,将单项指标进行定量化,通过加权得出综合评价指标。其单项指标权重的确定一般采用专家调查法,因此价值分析法具有较强的主观性,其特点是简单、方便、易计算,但实际效果较差。

2. 层次分析法

层次分析法(Analytic Hierarchy Process)是由美国运筹学家T. L. Satty在20世纪70年代提出的一种定性与定量分析相结合的多目标决策分析方法。层次分析法根据问题的性质和目标对其组成因素进行分类,将与决策有关的元素分解成目标、准则、方案等层次,组成层次结构模型,逐层分析并获得各层元素的权数。

公路交通与旅游业发展的适应性分析涉及的因素较多,在建立的评价指标体系中,定性指标和定量指标较为混杂,应用层次分析法能够有效地将定性向定量转换,并且结构清晰,简单明了。

3. 模糊综合评价法

模糊综合评价法的特点是考虑了客观事物内部关系的错综复杂关系,但其模糊隶属函数的确定和指标参数的模糊化会掺杂人为的因素并丢失有用的信息,而且各指标权重的确定存在着过多的主观依赖性。

### 4. 灰色模型评价法

灰色模型评价法是根据各比较数列构成的曲线族与参考数列构成的曲线间的几何相似程度来确定比较数列集与参考数列间的关联度,以理想最优方案为参考,对备选方案的优劣进行判别。该方法的优点是通过对少量信息的加工延伸扩展到对整个系统的处理,其样本的代表性直接影响结果的精度。不足之处在于灰色模型较适合于具有指数增长趋势的实际问题,对于其他趋势则往往拟合度过高,其精度难以提高。

### 5. 神经网络综合评价法

神经网络综合评价法能够很好地避免指标权重的主观性,并且能够实现定性分析和定量分析的有效结合。与其他评价方法相比,神经网络综合评价体系既能充分考虑评价专家的经验和直觉思维的模式,又能降低评价过程中人为的不确定性因素,既具备综合评价方法的规范性,又能体现出较高的问题求解效率。

### 6. 遗传算法

遗传算法是一种利用自然选择和进化思想在高维空间中寻优的方法。遗传算法中的选择、交叉和变异都是随机操作,而不是确定的精确规则。这说明遗传算法是采用随机方法进行最优解搜索,选择体现了向最优解迫近。遗传算法有极强的容错能力。遗传算法在适应度函数选择不当的情况下有可能收敛于局部最优,而不能达到全局最优。首先,对于动态数据,用遗传算法求最优解比较困难,选择过程很重要,但杂交和突变的重要性存在争议;其次,可找到最优解附近,但无法精确确定最优解位置;最后,遗传算法的参数选择尚未有定量方法。

## 二、AHP 法确定评价指标的权数

### 1. 建立层次结构模型

通过调查研究和分析,确定问题的范围和目标、问题包含的因素、各因素间的相互关系,建立层次结构模型。

公路交通与旅游发展适应性评价指标体系的 AHP 层次结构模型如图 6-2 所示。

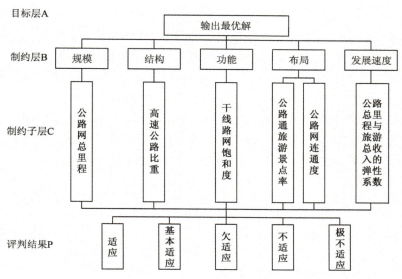

图 6-2 公路交通与旅游发展适应性评价指标体系的 AHP 层次结构模型

**2. 构造判断矩阵**

对每一层次中的一系列成对因素进行判断比较,根据比例标度法将判断定量化,形成判断矩阵。该判断矩阵表示上层因素 $A$ 与下一层因素 $B_1$、$B_2$、…、$B_N$ 之间的联系,在此要对 $B_1$、$B_2$、…、$B_N$ 这 $N$ 个因素之间相对重要性进行比较,以确定 $N \times N$ 阶的判断矩阵 $\boldsymbol{B} = (b_{ij})_{n \times n}$。

AHP 法提出了相对重要性的比例标度,如表 6-4 所示。

相对重要性的比例标度  表 6-4

| 标　度 | 意　义 | 说　明 |
| --- | --- | --- |
| 1 | $i$ 因素与 $j$ 因素同样重要 | 左边数值的倒数表示:若元素 $i$ 和元素 $j$ 的重要性之比 $b_{ij}$ 为左边某一数值,则元素 $j$ 与元素 $i$ 的重要性之比为 $b_{ji} = 1/b_{ij}$ |
| 3 | $i$ 因素比 $j$ 因素稍微重要 | |
| 5 | $i$ 因素比 $j$ 因素明显重要 | |
| 7 | $i$ 因素比 $j$ 因素强烈重要 | |
| 9 | $i$ 因素比 $j$ 因素极端重要 | |
| 2、4、6、8 | 为以上两判断之间的中间状态对应的标度值 | |

利用上面的相对标度值,对于因素 $B_i$ 和 $B_j$ 作相互比较判断,便可获得一个表示相对重要度的数字 $b_{ij}$。如此,构成判断矩阵 $\boldsymbol{B}$。显然,判断矩阵 $\boldsymbol{B}$ 是一个正的互反矩阵,它有以下特点:①$b_{ij} > 0$,其中 $i,j = 1,2,\cdots,N$;②$b_{ij} = 1/b_{ji}$;③$b_{ii} = 1$。

### 3. 层次权数值的确定及一致性检验

依据判断矩阵求解各层次指标的相对权数问题,在数学上也就是计算判断矩阵最大特征根及其对应的特征向量问题。以判断矩阵 $B$ 为例,即是由 $BW = \lambda W$ 解出最大特征根 $\lambda_{\max}$ 及对应的特征向量 $W$,将 $\lambda_{\max}$ 所对应的最大特征向量归一化,就得到 $B_1, B_2, \cdots, B_N$ 相对于上层因素 A 的权数值。

为了测试评判的可靠性和一致性,引入 CR = CI/RI 作为度量判断矩阵偏离一致性指标,则当 CR < 0.10 时,即认为判断矩阵具有满意的一致性。其中,CI = $(\lambda_{\max} - n)/(n - 1)$,1~10 阶判断矩阵的 CI 取值见表 6-5。

平均随机一致性指标　　　　　　　　　表 6-5

| N | 1 | 2 | 3 | 4 | 5 | 6 | 7 | 8 | 9 | 10 |
|---|---|---|---|---|---|---|---|---|---|---|
| CI | 0 | 0 | 0.58 | 0.90 | 1.12 | 1.24 | 1.32 | 1.41 | 1.45 | 1.49 |

综上所述,层次权数及一致性检验的计算方法可总结如下:

(1) 用方根法计算特征向量 $W$ 的分量 $W_i$,计算公式如下:

$$W_i = \left(\prod_{i=1}^{m} b_{ij}\right)^{\frac{1}{m}} \quad (i = 1, 2, \cdots, m) \tag{6-14}$$

(2) 对 $W = (W_1, W_2, \cdots, W_n)^T$ 进行归一化(正则化)处理,即得排序权向量 $W^0 = (W_1^0, W_2^0, \cdots, W_m^0)^T$

$$W_A = \sum_{i=1}^{n} W_i \qquad W_i^0 = \frac{W_i}{W_A} \tag{6-15}$$

(3) 计算 A 的最大特征根 $\lambda_{\max}$。

$$\lambda_{\max} = \sum_{i=1}^{n} \frac{(BW^0)}{nW_i^0} \quad (BW^0)_i \qquad 表示向量 BW^0 的第 i 个元素$$

(4) 进行一致性检验。

$$CI = \frac{\lambda_{\max} - n}{n - 1} \tag{6-16}$$

$$CI = \frac{CI}{RI} \tag{6-17}$$

按照上述方法对公路交通与旅游发展适应性评价主体指标的权数进行计算,得到各大类指标及单项指标的权数,如表 6-6 所示,综合权数 $\omega(k)$ 为大类指标权数与单项指标权数的乘积。

## 适应性评价指标权数计算表

表 6-6

| 类别 | 大类指标 | 权数 | 单项指标 | 单项权数 | 综合权数 |
|---|---|---|---|---|---|
| 主体指标 | 规模 | 0.341 5 | 公路总里程 $L$ | 1.0 | 0.341 5 |
| | 结构 | 0.186 7 | 高速公路比重 $P_{GO}$ | 1.0 | 0.186 7 |
| | 功能 | 0.078 2 | 干线路网饱和度 $\rho_N$ | 1.0 | 0.078 2 |
| | 布局 | 0.141 4 | 公路通旅游景点率 $P_T$ | 0.612 6 | 0.086 6 |
| | | | 公路网连通度 $D_N$ | 0.387 4 | 0.054 8 |
| | 发展速度 | 0.252 3 | 总里程与旅游总收入弹性系数 $E$ | 1.0 | 0.252 3 |
| 合计 | | 1 | | 5 | 1 |

# 第七章　区域旅游整合发展研究

## 第一节　旅游空间整合发展的理论基础

### 一、区域旅游整合的概念及内涵

目前对于区域旅游资源的概念有多种解释。汪淑敏和杨效忠[78]认为区域旅游整合是将区域看成一个整体,以全局观念分析各个子系统之间的关系,通过内外协调,利用多条纽带将整个区域串联起来,从而实现系统一体化的过程。余靖华等[79]对区域旅游资源的定义是:为了达到特定目标(经济利益的需要、旅游形象的需要、旅游产品的需要、区域旅游结构优化的需要等),以参与整合的区域为单位,在各区域中选择相关独立的整合者,以某种方式进行横向契合,使之成为能够满足旅游者要求的新的旅游供给组合。区域旅游整合本质是对各个子系统进行协调优化,从而优化旅游结构,提升区域旅游系统的整体功能,从而形成区域旅游系统的整合效应和共赢格局[81]。

区域整合的目的在于通过整合,使整合后的区域人口、资源、环境、经济与社会等子系统在演变、进化的发展过程中能克服矛盾、冲突与制约,保持合作共赢的局面,通过相互激励、促进和互惠共生来实现区域间的整体性协调发展。区域旅游整合是借鉴于区域整合的相关理论、方法,将其运用到区域旅游业发展研究中,对一定区域范围内的旅游系统要素、影响主体加以分析,寻求旅游系统要素的最佳配置与组合,形成区域旅游发展的最佳合力状态[82]。通过整体规划、系统开发区域旅游资源,合理配置旅游资源的类型结构、空间结构和要素结构,形成一个景观品质、活动内容、空间组合和时间序列的有机整体,不但能够实现区域间资源优势互补,提高竞争力,而且能促进旅游经济圈的统一,增强整体形象的影响力[83]。

### 二、区域旅游整合的动力机制

(1)旅游业发展的需要。区域旅游资源整合可以促进参与整合的各方共同发展,获得更大的经济、社会和环境效益。

(2)市场竞争的需要。随着各区域对旅游资源的大力开发,竞争愈加激烈。为了增加市场竞争力,各旅游企业应突破行政区的束缚,积极联合、建立各种形式的旅游经济合作圈,实现旅游一体化,谋求共赢,促使区域旅游业发展逐渐走上整合开发的道路。

(3)旅游经济一体化的要求。在当前充满竞争的时代,合作已成为各行各业实现异军突起的重要模式,通过互换资源、差异化发展,产生 1+1>2 的效应,这不仅有利于壮大自己的实力,同时也是资源优化配置的具体表现。实现资源互补,区域内旅游资源共享、旅游设施共建、景点公路网相结合,实现旅游一体化,提高整体竞争力,使经济效益最大化。

(4)政府干预。政府可以通过行政、经济和法律等手段对区域旅游资源整合进行干预,推进区域旅游一体化进程,促进可持续发展。

区域旅游资源整合动力机制见图 7-1。

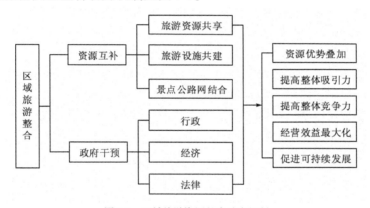

图 7-1　区域旅游资源整合动力机制

## 三、区域旅游整合的影响因素

(1)旅游资源。旅游资源首先应具备旅游的功能和价值,并且能够为区域带来效益。对游客来说,旅游资源的价值主要体现在其观赏性、娱乐性、历史性和养生性等方面;对旅游经营者来说,旅游资源的主要价值体现在其带来的经济、社会和环境效益。对不同功能的旅游资源进行合理整合开发,能够提高区域旅游的竞争力,增加效益。

(2)可进入性。旅游资源的可进入性直接影响区域旅游资源的开发情况和对游客的吸引力。一般来讲,可进入性指的是空间上的地理方便程度,即空间可达性，受旅游资源所处的地理位置和地理状况的影响；可进入性还包括经济可进入性和社会可进入性，前者指的是到达旅游目的地的交通费、通信费等游客的旅游成本，后者指的是旅游目的地的语言、文化等与游客交往存在的障碍。

（3）社会经济基础。旅游开发需要良好的经济基础和社会支持。良好的区域经济能够对旅游资源的开发起到很好的促进作用；良好的社会环境能够引导和推动旅游整合，优化旅游产业布局和结构。

### 四、区域旅游整合的原则

1. 区域整体性原则

区域整体性原则是区域旅游整合的首要原则。区域整体性原则需要保证：
（1）参与的整体性。各个区域和部门协调一致，共同参与，完成整合任务。
（2）政策的整体性。政府根据区域的特点制定统一政策进行总体规划。
（3）资源的完整性。保证资源不被人为划分区域割裂，保存旅游资源自身的特色，同时处理好旅游资源开发与自然环境之间的关系，坚持可持续发展。

2. 协调性原则

区域旅游整合开发过程首先要保证经济、环境、社会效益协调统一，保证可持续发展。除了效益之间的协调外，区域内的政策也应做到协调统一，政策的制定和实施要服从区域整体竞争力的上升。宣传促销、引资投资政策在全市各区县中应保持一致，避免内部的非公平竞争[84]。

3. 突出特色原则

旅游景点的吸引力很大程度来自于旅游目的地的特色性，区域内旅游资源的特色组合对旅游经济发展规模和客源流量起着决定性的作用。区域旅游整合必须以旅游资源为基础，突出区域特色，发挥地域优势，在整合过程中，善于挖掘，保持和发扬区域旅游资源的特色，确认原有的区域美感和特色，结合市场特征，使其鲜明和真实地表现出来，创造出区域的特色产品，形成鲜明的自我风格[85]。

4. 平等互利原则

区域旅游整合的基础是不同区域之间平等互惠，即整合各方，使各方无论级别高低都处于平等地位，在区域旅游整合中各司其职，互利互惠，利益共享。

5. 弹性与超前性结合原则

在旅游迅猛发展和游客需求快速变化的条件下，要求整合的科学性与现实性、预见性与可操作性、原则的严肃性与整合策略的灵活性应互相统一。在整合时要有弹性,适时进行整合的调整和补充,灵活发展,可随着国内外大环境和旅游业的发展变化,通过法定程序,适时进行项目的调整和补充,做到超前性与弹性统一相结合[86]。

## 五、区域旅游整合的意义

区域旅游资源整合对旅游业的持续发展具有重要的现实意义:

(1)通过对不同类型的旅游资源进行整合,可以增强区域旅游吸引力,提升区域旅游竞争力。

(2)需要对区域旅游的"吃、住、行、游、购、娱"等旅游建设投资板块进行整合,产生规模投资效应。

(3)区域旅游资源整合可以使旅游市场规模化、产品系列化、经营效益化、服务专业化,从而提高旅游产品质量和竞争力,实现旅游资源综合效益的最大化。

(4)区域旅游资源整合需要以保护旅游文化资源和生态环境为前提,保证旅游业的健康、协调、可持续发展。

## 六、旅游的可持续发展

旅游业一直被称为"无烟工业",明确了旅游业可持续发展目标,但伴随着旅游业的迅速发展,客流集中、环境破坏现象等问题开始出现,旅游对环境产生的消极作用具有明显的聚集和堆积特征,甚至形成了恶性循环的旅游污染。因此,面对这些消极影响和潜在威胁,旅游的可持续发展必须建立在生态环境承受能力之上,且符合当地的经济发展和社会道德。可持续旅游就是要求旅游与自然、文化和人类生存环境融为一体,自然、文化和人类生存环境之间相互平衡,使许多旅游目的地独具特色。这就要求旅游业要调控可促使旅游业发展的向导性因素,实现旅游环境管理预防科学化、旅游经济运行机制节律化、旅游资源结构生态现代化。旅游业开发要致力于协调旅游发展与环境保护、居民利益与游客利益、当代人需求与后代人需求之间的关系。

旅游可持续发展包括五个方面:①合理规划管理旅游业发展,避免旅游区出现严重的环境问题和社会化问题;②保护和提高旅游区的环境质量;③保持较高的满意度,保证旅游的吸引力和经济效益;④提高当地居民的经济、社会效益等;⑤旅游业规划发展应当与当地国民经济与社会发展规划相吻合。

同时,可持续发展与绿色旅游是分不开的。随着人们环保意识的加强,绿色消费的理念不断深入人心,积极开发既能保护旅游环境与资源,又能有益于人们身心健康。绿色旅游产品与绿色旅游线路,是保障旅游业可持续发展的重要举措。森林旅游作为一种独具特色的旅游方式,越来越引发全世界的关注,并逐渐演变成一种新兴的旅游产业。我国具有丰富的旅游资源,应充分利用其优势,开发森林旅游市场,并使其与乡村旅游相结合,成为我国绿色旅游的主打特色[87]。

## 第二节 区域旅游整合的构成

### 一、区域旅游资源整合

旅游资源整合是根据市场需求和开发工作的需要,把不同类型的旅游资源有规律地进行重组。这些旅游资源可能属于不同的地域范围,隶属于不同的部门,为不同的利益主体所拥有,但整合的最终目的是一致的,即整合后的资源能够实现功能最优化和利益最大化[88]。

区域旅游资源整合的主要内容是:①确定区域范围内的主要优势资源类型;②对各类旅游资源重新评估分级,明确不同资源各自的特色;③整理周边区域资料,总结自身优势与旅游特色,针对性地开发特色旅游资源,选择增长极,通过增长极辐射区域发展;④严格保护重点资源,缓慢开发市场需求不足但有潜力的资源,着力开发优势明显需求较大的资源。旅游资源整合是对旅游资源及其所在区域的重新划分和评价,能够更加科学地评价区域旅游的开发潜力,反映旅游市场的资源布局。

例如,黑龙江省旅游资源虽然丰富,但是分布不均,加之地理位置的优势,使得冰雪旅游资源格外抢眼(图7-2),形成了冰雪旅游资源一枝独秀的局面。通

图7-2 黑龙江省冰雪旅游资源(图片来源于网络)

过资源整合,将分散的或开发级别较低的旅游资源分门别类,进行统一规划,以旅游资源特征为基础,市场需求为指导,形成五大块旅游资源,即冰雪旅游资源、生态旅游资源、边境旅游资源、红色旅游资源和观光旅游资源。资源整合后形成的五大块旅游资源中,冰雪旅游为增长极,可以带动其他四大块旅游资源的发展;在新形成的每个旅游资源模块中,都有各自的增长极型旅游产品,分别可以带动每个模块整体向前发展,使旅游业良性循环。

## 二、区域旅游产品整合

旅游产品是旅游经营者通过旅游景点和设施向旅游者提供的相应的服务。区域旅游产品整合是对旅游者的行为和决策进行分析并对区域旅游资源相整合,对旅游线路进行重新调整和规划,优化旅游服务等旅游产品要素。旅游产品整合是区域旅游资源整合的核心,旅游区域的效益与繁荣受旅游产品的直接影响[89]。

1. 观光旅游产品的整合

观光旅游产品是旅游产品的基础。观光旅游产品的整合首先应该丰富旅游产品内容,提高旅游产品质量,加强管理和增长极的建设,同时加强各个旅游资源点之间的联系,制定合理路线,提升旅游观光产品的质量,提高区域旅游竞争力。

2. 生态旅游产品的整合

生态旅游较为注重自然环境的原始感。整合生态旅游产品的重点是在保持旅游资源原貌的同时尽可能多地增加旅游目的地的可进入性,给游客最原始的观感体验的同时保证便捷。除了景观生态以外,我国还有一种发展较多的生态旅游形式是农业旅游。农业旅游是将农业引入进旅游业中,在获得农产品的同时带动旅游区域的发展,游客身临其境,体会到采摘的乐趣与农民的辛勤,增加游客的农业知识,提高旅客参与性和趣味性,实现农业和旅游业共赢。

3. 文化旅游产品的整合

随着社会经济的发展和人民生活水平的提高,人们在注重物质享受的同时,也加大了对文化精神等方面的需求。文化旅游产品不仅可以增长旅游者的见识,还能陶冶人们的情操。整合文化旅游产品,需要将显性资源和隐性资源相结合,进行文化旅游产品开发,推出专题性质的文化游。

### 三、区域旅游形象整合

区域旅游资源需要塑造鲜明的旅游总体形象,这有利于区域旅游的对外宣传。一旦区域旅游资源发生变化,区域旅游形象整合就要对区域内自然地理特征、历史过程和民俗变化等进行分析,并对区域旅游资源的形象进行重新定位。

如黑龙江省在"北国风光,美在黑龙江"的整体形象下,带动了"冰城夏都"哈尔滨、"鹤城"齐齐哈尔、"林都"伊春、"油城"大庆和"煤城"鸡西等具有明显特色的旅游景区的发展,使得各种特色优势互补,提升了黑龙江省的整体形象。

### 四、区域旅游市场整合

从空间上来看,旅游客源主要分为三部分:一是以景点为目的地的外地游客;二是路过景点只做短暂的停留和游览的外地游客;三是景点的本地游客。整合旅游市场的重点是对旅游目标市场进行定位,有针对性地改善旅游目的地的旅游氛围,促进客源在区域内各旅游目的地之间的流动,扩大市场范围。

如黑龙江省可以根据不同季节,针对不同人群进行专属旅游线路的规划。将国内客源市场整合为上班族、退休族和学生族。团体旅游一般是由企业单位组织的员工集体福利活动,消费能力较强,企事业单位重游率较高,是黑龙江省旅游经济增长的重要来源,其中,会议旅游和商务旅游是团体旅游的重中之重。这类客源的出行通常考虑短途旅行,在周边地区的旅游景点进行游览,进行爬山、野炊等活动。

除单位团体旅游外,老年人也是旅游的主要消费群体,退休老人的旅游时间不受限制,而且一般都具有一定的经济条件,老年人群体带来的旅游消费也较为可观。黑龙江省针对退休老人群体设置了符合群体旅游品位与需求的旅游产品和线路,并在景区基础设施及配套服务等方面考虑退休老人身体健康状况等情况,并进行适当调整。

学生群体的旅游通常以减压为目的,其特点为出行时间长,且每年的旅游时间相对集中,消费能力较强,学生群体带来的旅游收入也较为可观,其针对性的旅游产品和路线应充分体现自由和活力,满足青少年的性格特点。

这三种客源出行时间各异,出行目的各异,游玩项目各异,这种明显的差异性大大缓解了黑龙江省旅游淡旺季差异明显的问题,使黑龙江省旅游淡季不淡,旺季更旺,见图7-3。

## 五、区域旅游管理整合

区域旅游管理整合的含义是指在进行区域旅游整合时,不同区域的旅游管理部门通过一定的机制和机构,针对不同区域的旅游要素,实行管理标准统一化,管理方式公正化,管理过程透明化,最终保障区域旅游整合顺利进行。

图7-3 黑龙江省客流市场整合

在计划经济体制的影响下,我国普遍存在着条块分割的管理体制,物流和信息流通不畅,各自为战,而且存在很严重的行政壁垒,在一定程度上阻碍了我国区域旅游的整合开发。因此,必须从旅游业的本质特征出发,建立合理有效的旅游管理体制。

旅游管理整合有利于调动整合主体的积极性,提高区域旅游整合的积极性和主观能动性,管理的整合从某种意义上来说是利益的整合,整合的利益在于"双赢",自然有利于调动各个整合主体的积极性。旅游管理整合同时也有利于整体形象的推广和宣传,形象的推广和宣传是旅游管理部门的重要职能,旅游管理实现整合后,在形象宣传上,各个区域的旅游管理者就更容易从全局出发,而不只是狭隘的区域宣传,从而对区域旅游整合后的形象有很好的推广作用。旅游管理整合有利于实现无障碍旅游,无障碍旅游是指旅游企业跨区域经营的无障碍、旅游线路跨区域延伸的无障碍和旅游执法跨区域的无障碍。这些无障碍将有利于促进旅游要素跨区域自由流动、旅游管理整合以及交通设施的跨区域建设,因为目前基础设施的投资主要靠政府,所以旅游管理整合便于对旅游项目进行深入调研,旅游管理整合建设可以从投资角度防止旅游项目近距离重复建设,有利于进行符合区域旅游整合大局的项目。旅游管理整合建设有利于编制跨区域旅游发展规划,指导区域旅游整合[90]。

## 第三节 区域旅游整合的条件

### 一、资源条件

1.旅游资源互补的含义及类型

区域内不同的旅游资源不仅具有独特性,也具有一定的共通性,这使区域内旅游资源对游客的吸引力相互影响,这种影响称为近邻效应。区域内不同旅游资源对游客停留时间产生延长作用,增强对游客的吸引力,称之为正近邻效应。反之,若同一类型资源个体在同一地区出现时,不仅会降低游客兴趣,而且会使个体之间产生分流作用,导致旅游资源吸引力降低,称之为负近邻效应。

旅游资源互补就是指区域内旅游资源通过不同的组合的调整产生优势互补,增强区域的旅游吸引力,提高旅游竞争力,形成丰富、独特、综合的旅游形象,从而实现旅游整合。根据资源互补产生的近邻效应的不同,其分为以下四种:

(1)同类资源规模形态互补

同类资源规模形态互补指的是基本类型相同或相似,但外在形态和具体内容有差异的旅游资源,通过整合使其规模化和完整化,让游客能在同一区域体验到一种旅游资源拥有的各类形态,感受某种旅游资源所具有的丰富内涵,而不仅仅是单独一种形态或几种形态。

(2)同类资源时间序列互补

同类资源时间序列互补是指基本类型相同或相似,但形成时间不同的旅游资源,按照历史进程进行资源整合,将不同历史时期的文化资源单独梳理成主体文化线路,使游客在旅游中学习历史知识,感受文化沉淀。

(3)自然资源与人文资源互补

自然资源只能与其精神内涵一致的人文资源相结合,才能实现资源互补。

(4)旅游资源地域差异性互补

旅游资源地域差异是指不同地域环境下旅游资源的自然地貌和人文风俗的差异。这种地域特征是旅游形象的重要组成部分,形象差异性互补更能增强旅游信息量,加大游客对旅游地的期望值。

2. 旅游资源互补是区域旅游整合成功的资源保障

区域旅游整合的过程是将区域范围内的各个旅游要素相互凝聚协同,最终形成一个具有新功能、新结构的旅游地域综合体。旅游资源是旅游业的基础,也是地域旅游资源综合体的基础。旅游资源的互补可以充分提升区域旅游的多样性,互补性好的旅游资源经过互补,可以产生具有独特吸引力的产品和项目,这样就越容易逐步形成新的旅游地域综合体。反之,区域旅游资源之间缺乏互补性或互补性不强,就很难形成区域之间的旅游合作,更难实现区域之间的旅游整合。所以,旅游资源互补是区域旅游整合成功与否的重要条件之一。

## 二、市场条件

游客在旅游时倾向于选择有高级景点的区域作为目的地,并且往往只游览目的地周边的旅游景点,选择次序一般按知名度排列。区域旅游资源整合就是将开发高级景点作为增长极,并且将不同区域内级别较高的旅游资源联合起来,这种做法能够获得市场的肯定,这样区域旅游整合就能从概念变成现实,保障旅游地域综合体的逐步形成与发展。

## 三、空间条件

### 1. 良好区位关系的内涵

区位关系主要指不同区域旅游资源空间的相互作用关系、旅游地与客源市场的空间关系和旅游区内的交通关系。良好的区位关系具体体现为:

(1) 各区域的旅游资源在空间上互补性强,替代性弱。

(2) 各区域的空间关系有利于客源的互流和旅游大市场的形成。

(3) 各旅游区的交通关系有利于跨区旅游线路的形成。

### 2. 良好区位关系是区域旅游整合成功的空间保障

区域旅游整合不是单纯的行政行为,而是按照旅游发展规律进行的市场行为,政府主导必须遵循市场规律。区域旅游整合遵循的市场规律就是旅游决策行为规律和旅游空间行为规律。资源的互补由于提高了游客的信息拥有量而满足了旅游决策行为中的最大效益原则;客源互流由于减少了旅游时间比,也符合最大效益原则;跨区域旅游线路的形成更是符合大尺度旅游空间行为的特征。因此可以说,良好的区位关系符合区域旅游整合的市场规律,这也就从空间的角度保证了区域旅游整合的市场合理性。

## 四、环境条件

### 1. 区域旅游发展环境的内容

区域旅游发展环境包括硬环境和软环境。硬环境主要是指自然资源和自然环境、区域产业结构水平和产业布局;软环境是指政府发展旅游的决心和意识以及区域产业发展战略,主要包括产业结构调整方向和主导产业的选择。

### 2. 相似的区域旅游发展环境是区域旅游整合成功的环境保障

区域旅游发展环境从总体上制约着旅游业的发展,特别是自然环境的规定性和区域主导产业的选择将决定旅游业获得发展机会和资源的多少。区域旅游整合是一个系统工程,需要不同区域共同参与,政府在其中承担着很重要的角色,政府对旅游整合的重视以及投入资源的多少,将直接影响区域旅游整合的进展和最终的成败。政府的发展战略是在政府对区域发展条件进行全面评估后，根据资源的对比优势和劳动地域分工理论提出的。因此，相似的区域旅游发展环境容易形成相似的区域旅游发展战略，而相似的区域旅游发展战略有利于进行区域合作。所以，相似的区域旅游发展环境是区域旅游整合成功的环境保障。

## 第四节　区域旅游整合发展对策

### 一、完善政府主导行为

政府在区域旅游整合中起着决定性的作用。政府为了实现区域发展目标，应采取一些有效的政策制度来引导并支持区域旅游业的快速发展。

（1）编制跨行政区划的区域旅游整体规划，对各个旅游区域进行角色划分，发展旅游资源的个体特色，同时将不同特色旅游资源相互结合，优化各个旅游区域之间的互通性。

（2）在政策上，对投资、土地、财政等政策适当放宽，调动当地居民发展旅游产业的积极性。通过区域旅游合作政策促使与区域内政府调控旅游市场的政策趋同，消除区域旅游整合中出现的障碍与壁垒，全面促进效率、旅游活动、就业繁荣。

（3）加强对区域旅游基础设施的财政和资金投入，完善旅游要素配套设施，开发建设旅游集散地，增加到达旅游资源的交通方式，建立旅游数据库，实现信息资源共享。

（4）政府加强对旅游从业人员队伍业务水平和思想素质的培养，并提高本区域居民的道德素质，以便更好地接待外来游客。从业人员与居民的素质高低直接影响游客对旅游过程的满意度及对区域旅游的整体印象。

（5）不同区域政府间建立完善的协调机制，便于消除跨区合作中出现的矛盾和冲突等问题。同时，要消除地方保护主义，保证区域旅游合作的顺利进行。

### 二、重视市场经济体制的作用

经济环境是区域旅游整合发展的重要条件。区域旅游的经济运行应当遵循市场规则，供求平衡和价格变化都应该以市场为前提。区域旅游整合应建立统一的市场体系，统一市场规则。同时要率先完善区域内的交通网络，使水、陆、空等运输方式相配套。建立跨区域旅游线路，建立本区域客运网络，推动区域内交通网络与旅游资源的结合。

## 三、创建旅游信息化平台

网络信息技术的发展大大方便了区域之间的交流与合作。区域主体之间的合作行为能够通过区域之间的网络平台实现信息对称,区域内部的交通成本和协调成本也可以通过网络信息平台降低并且实现信息共享。在游客角度考虑,信息平台的搭建可以帮助游客更好地了解景点,解决游客和旅游目的地信息不对称的问题,提高工作效率,增加经济收益。

我国区域旅游整合网络信息平台的搭建可以分为以下三个步骤[91]:

(1)由区域合作者之间建立信息共享、资源共享的网络平台;

(2)地方政府对企业间的信息平台进行统筹规划、具体调整,从而完善区域内部的信息平台;

(3)由国家有关部门对各地的网络信息平台进行合并,建立全国范围内的信息平台,推进我国区域旅游合作网络化、信息化、现代化。

## 四、限制开发区域

限制对农产品主产区域的开发,保证产粮效率;限制对国家级重点生态功能区的开发,以保护自然生态系统和重要物种栖息地为首要目的,改善环境。

## 五、提升旅游景点的可达性,加强景点内部的交通条件

当旅游景点的交通通达性足够好时,应该把目光集中在景区建设上,再考虑进一步优化公路网。这是由于处于平原地带的景点公路等级类型较复杂、数量较多,交通网络比较发达,交通效率比较高。加强景区建设包括以下方面:加强景区旅游公共服务体系建设,改进旅游公共服务基础设施,与各种公共交通方式达成良好衔接,构建"智慧景区"等。在景区内部要注重交通引导的建设工作,例如停车诱导标志、指路引导标志等,充分考虑自驾游、自助游、跟团游等多种游客群体需求。另外,用积极的眼光看待景区周边乡镇与景区协同发展:周边乡镇发展的同时也会促进景区自身的游客承载量的增长[92]。

对于通达性较差的景点,应重视路网结构的优化。一般来说,通达性差的景点位于山区和高原地带,公路网密度较小,道路条件较差。为改善这类景区的通达性,一方面需要增加区域交通网络的密度,加强与主路的互通性;另一方面需要加强道路建设,在现有道路基础上进行改建、新建,增强进入景区道路的通行能力。从景区内部建设来看,要加强景区内外交通的换乘衔接。

# 第八章 黑龙江省旅游资源与公路网络优化案例分析

黑龙江省位于我国东北边疆,是我国位置最北、纬度最高的省份,其北部和东部隔黑龙江、乌苏里江与俄罗斯相望,西部毗邻内蒙古自治区,南部与吉林省接壤。总面积45.4万平方公里,居全国第六位。黑龙江省全省辖13个市(地)、64个县、68个区,人口为3 833万。黑龙江是新中国工业的"摇篮",大庆油田闻名中外,大、小兴安岭林区蜚声遐迩,"第一重型""两大机床""三大动力""四大煤城"和"十大军工"等一大批国有大型企业为我国建设做出了巨大的贡献。黑龙江地处东北亚中心地带,是亚洲及太平洋通往俄罗斯和欧洲大陆的重要通道,有25个国家一类口岸和10个边境互市贸易区[93]。

本章将以黑龙江省为例,介绍黑龙江省公路网及旅游业发展现状,对黑龙江省的经济总量、人口总量、旅游需求与旅游业收入进行预测,并建立布局优化模型对黑龙江省的高等级公路网进行布局优化,提出黑龙江省旅游资源整合发展策略,制定黑龙江省精品旅游线路。

## 第一节 黑龙江省旅游资源及公路网网络现状

### 一、黑龙江省公路网络发展现状

截至2014年年底,黑龙江省公路总里程为162 464km,公路网密度达35.86km/100km²。其中,按行政等级划分:国道为6 983km,省道为9 149km,县道为7 929km,乡道为54 780km,专用公路为18 469km,村道为65 135km。按技术等级划分:高速公路4 084km,一级公路1 771km,二级公路10 598km,三级公路34 030km,四级公路84 550km,等外公路27 431km。除农垦和森工系统外,公路可通到全省931个乡镇,其中930个乡镇实现通畅,通达率和通畅率分别高达100%和99.9%;9 121个建制村中有9 118个通车公路,其中9 111个实现通畅,通达率和通畅率分别达到 99.97% 和 99.9%[94]。

2000—2014 年黑龙江省全省公路网发展情况见表 8-1。黑龙江省三年决战的道路建成不仅增强城市间的通达性,也将为道路沿线经济发展做出巨大的贡献。同时也将更好地带动黑龙江省旅游产业的发展,极大地增加游客吸引力和旅游产值。

2000—2014 年黑龙江省各等级公路里程基本情况(单位:km)  表 8-1

| 年份(年) | 高速公路 | 一级公路 | 二级公路 | 高等级公路 | 三级公路 | 四级公路 | 等外公路 | 公路总里程 |
|---|---|---|---|---|---|---|---|---|
| 2000 | 285 | 387 | 4 643 | 5 315 | 22 757 | 21 551 | 662 | 50 284 |
| 2001 | 414 | 548 | 5 638 | 6 600 | 33 320 | 17 842 | 5 217 | 62 979 |
| 2002 | 413 | 707 | 5 821 | 6 941 | 33 132 | 17 809 | 5 164 | 63 046 |
| 2003 | 413 | 925 | 6 623 | 7 961 | 33 083 | 18 555 | 5 524 | 65 123 |
| 2004 | 722 | 1 040 | 7 034 | 8 796 | 33 169 | 19 339 | 5 518 | 66 821 |
| 2005 | 958 | 1 118 | 7 140 | 9 216 | 32 806 | 19 669 | 5 386 | 67 077 |
| 2006 | 958 | 1 325 | 7 279 | 9 562 | 33 611 | 40 373 | 55 789 | 139 335.2 |
| 2007 | 1 044 | 1 453 | 7 443 | 9 940 | 33 027 | 50 883 | 47 059 | 141 000 |
| 2008 | 1 044 | 1 534.3 | 7 743.2 | 10 321.5 | 32 621.1 | 61 160 | 46 744 | 150 846 |
| 2009 | 1 219 | 1 576.1 | 8 599 | 11 394.1 | 32 186.1 | 70 931.3 | 36 960 | 151 470.4 |
| 2010 | 1 358 | 1 451.2 | 9 063.1 | 11 872.3 | 32 128 | 74 918 | 33 028 | 152 000 |
| 2011 | 3 708 | 1 289 | 8 849 | 13 846 | 32 298 | 77 989 | 31 460 | 155 592 |
| 2012 | 4 084 | 1 521 | 9 623 | 15 228 | 32 182 | 81 850 | 29 803 | 159 063 |
| 2013 | 4 084 | 1 593 | 9 853 | 15 530 | 33 108 | 83 140 | 28 429 | 160 206 |
| 2014 | 4 084 | 1 771 | 10 598 | 16 453 | 34 030 | 84 550 | 27 431 | 162 464 |

注:数据来自中国经济与社会发展统计数据库(网址:http://tongji.cnki.net)。

"十二五"期间,黑龙江省交通基础设施建设成果显著,目前全省高速公路总里程超过了 4 000km,是"十一五"末通车里程的 3 倍,农村公路总里程接近 15 万 km。据了解,"十二五"时期,黑龙江省交通运输固定资产投资保持高位。公路水路交通基础设施建设累计完成投资 975 亿元,其中,公路 910 亿元,水运 21 亿元,运输场站 44 亿元。在经济下行压力较大情况下,交通建设对稳增长发挥了积极作用,路网技术水平显著提升。新建成高速公路 2 990km、一二级公路 4 420km、农村公路 1.76 万 km。全省公路总里程达到 16.3 万 km,较"十一五"

末增加 1.2 万 km;高速公路达到 4 346km,是"十一五"末通车里程的 3 倍,连通了除加格达奇外的 12 个地级市和 34 个县(市),连接了主要口岸和重点景区;普通国省道二级及二级以上公路里程达到 9 082km,实现了所有县(市)通二级以上公路;农村公路总里程达到 14.6 万 km,乡镇和行政村全部实现通畅。国防、边防公路技术等级得到明显提升,公路客货运场站稳步推进。基本实现二级及二级以上客运站覆盖县级以上节点,乡镇节点客运站覆盖率达到 87%。港口航道建设有序实施,建设港口工程 9 项,新增客运泊位 16 个、货运泊位 5 个,等级航道里程达到5 120km,占航道总里程的 95%。

黑龙江省 2015 年高速公路分布见图 8-1。2016 年,黑龙江省将计划投资 200 亿元,继续推进公路水路交通建设。公路重点工程推进北安至富裕高速公路、黑大公路宝泉至兰西段一级公路、鹤大高速公路佳木斯过境段、雪乡至长汀二级公路、黑河黑龙江公路大桥等项目。争取开工绥化至大庆高速公路和哈尔滨至肇源高速公路。同时,加快推进哈尔滨都市圈环线高速公路等项目的前期工作,采取 PPP 模式吸引社会资本。国省道改造项目建设逊克至逊孙界、讷河至省界等一级公路,湖水至莲花、讷河至讷河富裕界等二级公路,新开工绥滨至名山、饶河口岸至大岱林场等一级公路。农村公路建设 4 000km。交工双鸭山中俄国际文化产业园区、佳木斯佳西公路客运枢纽站、齐齐哈尔南站客运枢纽站,绥化六合公路客运站、宾县、庆安、克山公路客运站等 7 个项目。续建鸡西、绥芬河公路客运枢纽站、七台河金沙公路客运站、拜泉、明水公路客运站等 5 个项目。新开工龙运朝阳冷链物流中心、齐齐哈尔富拉尔基货运枢纽、鹤岗货运枢纽、七台河货运枢纽,桦南、富裕、密山、肇州公路客运站等 8 个项目。改扩建鹤岗客运枢纽站等 14 个市县级客运站项目。建设 20 个农村客货运输服务站。新建 1 034 个集中连片特困地区停靠站。

## 二、黑龙江省旅游资源概况

黑龙江省享有得天独厚的自然资源,截至 2015 年年底,全省共有 A 级景区 430 个,其中 5A 级景区 5 个,4A 级景区 102 个,3A 级景区 144 个,见表 8-2。全省目前已有 9 个城市被评为中国优秀旅游城市;拥有重点文物保护单位 227 处,包括国家级 15 处、省级 212 处;拥有 96 处森林公园,其中国家级森林公园 54 处、省级 42 处;拥有地质公园 15 个,其中 1 个世界地质公园、5 个国家级地质公园、9 个省级地质公园;拥有国家级自然保护区 15 处,省级自然保护区 35 处;拥有著名的风景名胜区有 34 处,其中国家重点风景名胜区 2 处,省级风景名胜区 32 处。黑龙江省旅游资源一览表见表 8-3。

第八章 黑龙江省旅游资源与公路网络优化案例分析

图 8-1 黑龙江省 2015 年高速公路分布示意图

**黑龙江省 A 级以上旅游资源一览表**　　　　表 8-2

| 序号 | 行政区划 | AAAAA | AAAA | AAA | AA | A | 合计 |
|---|---|---|---|---|---|---|---|
| 1 | 哈尔滨市 | 1 | 38 | 47 | 31 | 3 | 120 |
| 2 | 齐齐哈尔 | 0 | 8 | 7 | 23 | 0 | 38 |
| 3 | 牡丹江市 | 1 | 13 | 12 | 7 | 3 | 36 |
| 4 | 佳木斯市 | 0 | 3 | 5 | 10 | 2 | 20 |
| 5 | 大庆市 | 0 | 13 | 11 | 11 | 0 | 35 |
| 6 | 伊春市 | 1 | 11 | 7 | 8 | 0 | 27 |

续上表

| 序号 | 行政区划 | AAAAA | AAAA | AAA | AA | A | 合计 |
|---|---|---|---|---|---|---|---|
| 7 | 鸡西市 | 0 | 5 | 3 | 11 | 4 | 23 |
| 8 | 鹤岗市 | 0 | 5 | 9 | 2 | 0 | 16 |
| 9 | 双鸭山 | 0 | 2 | 13 | 9 | 1 | 25 |
| 10 | 七台河 | 0 | 0 | 1 | 2 | 0 | 3 |
| 11 | 绥化市 | 0 | 1 | 6 | 22 | 9 | 38 |
| 12 | 黑河市 | 1 | 2 | 11 | 11 | 0 | 25 |
| 13 | 大兴安岭 | 1 | 1 | 12 | 7 | 3 | 24 |
| | 合计 | 5 | 102 | 144 | 154 | 25 | 430 |

注：数据来自于黑龙江省旅游局官方网站。

**黑龙江省旅游资源一览表** 表 8-3

| 活动类别 | 地点 | 浏览项目 |
|---|---|---|
| 湿地旅游 | 扎龙、大庆、三江平原 | 观鹤、湿地风光 |
| 冰雪旅游 | 哈尔滨、伊春市、牡丹江市、大兴安岭地区 | 冰雕、雪雕、雪景、滑雪、溜冰 |
| 森林旅游 | 大兴安岭、小兴安岭 | 原始自然风光 |
| 民俗风情旅游 | 齐齐哈尔、杜尔伯特蒙古族自治县、大兴安岭、三江平原 | 赫哲族风情、鄂伦春族风情、蒙古族风情、鄂温克族风情、达斡尔族风情、赫哲族风情 |
| 避暑旅游 | 哈尔滨、镜泊湖、二龙山、漠河 | 观光避暑 |
| 红色旅游 | 东北烈士纪念馆、侵华日军第七三一部队罪证陈列馆、虎林要塞陈列馆、爱国历史陈列馆、大庆铁人纪念馆 | 爱国主义教育 |
| 边境旅游 | 虎林至列索扎沃茨克、绥芬河、东宁至符拉迪沃斯托克 | 陆路出境观光 |
| | 同江、抚远至哈巴罗夫斯克、黑河、逊克至布拉戈维申斯克 | 水路出境观光 |
| 界江风光游 | 中俄界江 | 乘船游览异国风情 |

## 第二节 黑龙江省旅游交通需求预测

### 一、经济总量预测

本书将规划期的人均GDP作为交通出行者的出行时间成本,因此需要对规划期的人均GDP进行预测分析。可通过直接和间接两种手段对未来年的人均GDP进行预测。直接法是通过分析历史年人均GDP的发展趋势来直接进行预测,间接法是采用分别预测规划期的总产值GDP与总人口的方式间接获取。为减少预测的误差,本书采取组合预测的方法。黑龙江省社会经济、人口统计见表8-4。

**黑龙江省社会经济、人口统计**　　　　表8-4

| 年份(年) | 人口(万人) | GDP(亿元) | 人均GDP(元) |
|---|---|---|---|
| 2000 | 3 807 | 3 151.4 | 8 294 |
| 2001 | 3 811 | 3 390.1 | 8 900 |
| 2002 | 3 813 | 3 637.2 | 9 541 |
| 2003 | 3 815 | 4 057.4 | 10 638 |
| 2004 | 3 817 | 4 750.6 | 12 449 |
| 2005 | 3 820 | 5 513.7 | 14 467.37 |
| 2006 | 3 823 | 6 216.8 | 16 268 |
| 2007 | 3 824 | 7 104 | 18 580 |
| 2008 | 3 825 | 8 314.4 | 21 740 |
| 2009 | 3 826 | 8 587 | 22 447 |
| 2010 | 3 833 | 10 368.6 | 27 076 |
| 2011 | 3 834 | 12 582 | 32 819 |
| 2012 | 3 834 | 13 691.6 | 35 711 |
| 2013 | 3 835.02 | 14 382.9 | 37 509.3 |
| 2014 | 3 833 | 15 039.4 | 39 226 |

注:数据来自中国经济与社会发展统计数据库(网址:http://tongji.cnki.net)。

黑龙江省历年的社会经济、人口发展趋势如图 8-2 所示。2000 年以来，黑龙江省的经济发展迅速，国内生产总值由 2000 年的 3 151.4 亿元增长到 2014 年的 15 039.4 亿元，增长率达 377.2%，平均年增长率达 11.96%；人均国内生产总值从 8 294 元增长到 39 226 元，增长率达 372.94%，平均年增长率为 11.89%；人口的年均增长速度保持在 7.0‰，人口增长相对较为平稳。

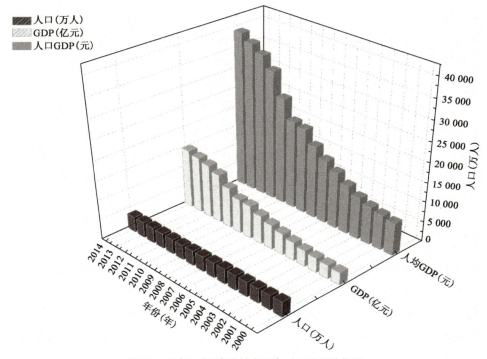

图 8-2 黑龙江省历年的社会经济、人口发展趋势图

1. 直接法

现阶段对经济社会指标的预测技术已经是一项较为成熟的技术，预测的方法多种多样，可以根据不同的需求以及侧重点，选择有针对性的预测模型。本书采用三次指数平滑的方法，对黑龙江省规划期的人均 GDP 进行直接预测，可得到指数平滑预测模型为：

$$y_{2013+T} = 62.30T^2 + 632.05T + 38395.71 \tag{8-1}$$

由此可以得到黑龙江省 2025 年人均 GDP 为 54 951 元。

2. 间接法

现对黑龙江省 2000—2013 年人口与 GDP 分别进行平滑分析，可知 GDP 变化趋势呈抛物线增大趋势,因此对 GDP 的预测采用三次平滑方法;人口的增长呈线性增长趋势,故对人口的预测采用二次平滑的方法。计算公式如式(8-2)与式(8-3)所示:

$$y_{2013+T} = 25.74T^2 + 222.70T + 14\,697.25$$
$$y_{2013+T} = 2.17T + 3\,835.69 \tag{8-2}$$

由此可以分别得到黑龙江省 2025 年 GDP 和人口分别为 21 076.89 亿元和 3 861.68 万人,因此间接法预测 2025 年人均 GDP 为 54 579 元。

结合两种预测方法,2025 年人均 GDP 的预测误差值为 0.68%,因此本书综合考虑直接法和间接法,可以得到 2025 年黑龙江省人均 GDP 为 54 765 元。

## 二、人口总量预测

1. 指数平滑法

如图 8-3 所示,通过对 2000—2014 年黑龙江省人口总量分析,进行平滑时间序列处理,得出人口对时间的平滑模型为:

$$y_{2011t} = 0.031\,64t^4 + 2.148\,7t + 3\,831.427 \tag{8-3}$$

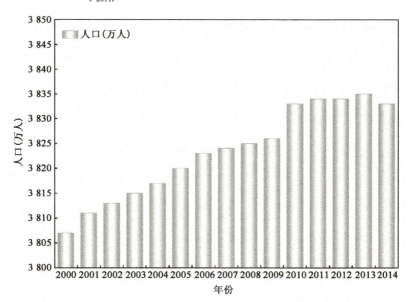

图 8-3 黑龙江省 2000—2014 年人口数量情况

以此可得 2020 年黑龙江省的人口规模为 3 853.328 万人。

## 2. 增长率预测法

2000 年至 2005 年黑龙江省人口增长率为 0.123%,2005 年至 2011 年人口增长率为 0.061%。由此可推测 2011 年至 2020 年人口增长率为 0.06%,2020 年黑龙江省的人口总量为 3 854.75 万人。

通过对上述两种模型的经济预测结果,以 2012 年为例,计算两种预测方法的相对误差,如表 8-5 所示。

**2012 年黑龙江省人口预测结果及误差**　　　　　表 8-5

| 经济预测 | 实际值(万人) | 指数平滑法(万人) | 相对误差(%) | 增长率法(万人) | 相对误差(%) |
|---|---|---|---|---|---|
| 人口总量 | 3 834 | 3 833.6 | 0.01 | 3 836.3 | 0.06 |

根据表 8-5,指数平滑法的误差要比增长率法的误差小,因此选取指数平滑法的预测值作为最终的预测值,得出 2020 年人口预测值为 3 853.328 万人。

### 三、旅游需求与旅游业收入预测

本书采用单位游客所带来的旅游业收入作为协同优化模型中参数 $b_s$ 的值,因此,在模型应用之前,需要对规划年的黑龙江省旅游需求总量以及旅游业的总收入进行预测分析。合理地预测旅游需求总量,将有助于旅游背景交通 OD 分布量的把握。

黑龙江省旅游人数与旅游收入统计见表 8-6。

**黑龙江省旅游人数与旅游收入统计表**　　　　　表 8-6

| 年份 | 国内旅游人数(万人次) | 国内旅游收入(千万元) |
|---|---|---|
| 2002 | 3 421 | 1 816 |
| 2003 | 3 648 | 2 223 |
| 2004 | 4 075 | 2 503 |
| 2005 | 4 548 | 2 803 |
| 2006 | 5 300 | 3 510 |
| 2007 | 6 515 | 3 800 |
| 2008 | 8 353 | 5 020 |
| 2009 | 10 844 | 6 060 |
| 2010 | 15 702 | 8 320 |
| 2011 | 20 237 | 10 320 |
| 2012 | 25 174 | 12 480 |

黑龙江省旅游人数与旅游收入增长如图 8-4 所示。从图 8-4 中可以看出，黑龙江省 2000 年以来旅游业发展势头强劲，接待旅游总人数以及旅游业收入均呈抛物线的增长趋势，因此本书采用三次指数平滑的方法对未来年的旅游需求总量以及旅游业总收入进行预测。通过对 2000 年至 2012 年的数据指标进行处理，可以得到预测模型，如公式 (8-4) 与式 (8-5) 所示。

$$y_{2013+t} = 24.76t^2 + 457.82t + 25\,382.11 \quad (8-4)$$

$$y_{2013+t} = 1.88t^2 + 28.78t + 1\,278.83 \quad (8-5)$$

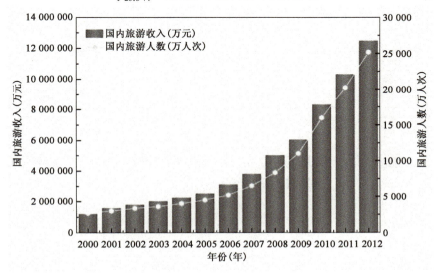

图 8-4  黑龙江省旅游人数与旅游收入增长图

由此，可以得到预测结果 2025 年黑龙江省接待游客总人数可达 35 519 万次人，同年旅游业总收入为 1 941 亿元，单位旅游人数所带来的旅游业收入为 546 元。

同理，可以通过中国经济与社会发展统计数据库获取 2004 年至 2012 年黑龙江省内各市级行政区内接待旅游人数，按照上述方法分别预测规划期各行政区的旅游需求量，历史数据以及预测结果如表 8-7 所示。

黑龙江省各行政区旅游人数历史与预测表（单位：万人次）　　表 8-7

| 行政区 | 年份（年） | | | | | | | | | |
|---|---|---|---|---|---|---|---|---|---|---|
| | 2004 | 2005 | 2006 | 2007 | 2008 | 2009 | 2010 | 2011 | 2012 | 2025 |
| 鸡西 | 176 | 200 | 280 | 345 | 403 | 2 000 | 501 | 550 | 602 | 4 324 |
| 双鸭山 | 69 | 80 | 98 | 120 | 155 | 203 | 809 | 296 | 359 | 995 |
| 哈尔滨 | 1 515 | 1 801 | 2 167 | 2 491 | 2 990 | 3 749 | 4 124 | 4 358 | 5 052 | 14 127 |

续上表

| 行政区 | 年份(年) | | | | | | | | | |
|---|---|---|---|---|---|---|---|---|---|---|
| | 2004 | 2005 | 2006 | 2007 | 2008 | 2009 | 2010 | 2011 | 2012 | 2025 |
| 伊春 | 201 | 226 | 256 | 301 | 337 | 382 | 420 | 482 | 543 | 1 303 |
| 七台河 | 24 | 26 | 31 | 37 | 44 | 49 | 45 | 45 | 46 | 97 |
| 佳木斯 | 85 | 105 | 125 | 165 | 199 | 208 | 241 | 282 | 287 | 299 |
| 黑河 | 81 | 68 | 75 | 82 | 122 | 191 | 233 | 315 | 377 | 878 |
| 大庆 | 495 | 519 | 589 | 619 | 639 | 700 | 744 | 915 | 1 003 | 2 076 |
| 大兴安岭 | 13 | 17 | 23 | 30 | 67 | 147 | 223 | 299 | 352 | 605 |
| 绥化 | 800 | 836 | 97 | 53 | 215 | 216 | 76 | 97 | 218 | 2 315 |
| 牡丹江 | 312 | 349 | 391 | 439 | 527 | 693 | 796 | 919 | 1 103 | 3 160 |
| 鹤岗 | 29 | 36 | 49 | 54 | 58 | — | 114 | 209 | 318 | 1 419 |
| 齐齐哈尔 | 645 | 715 | 864 | 966 | 1 179 | 1 450 | 1 726 | 2 155 | 2 595 | 3 921 |

注：数据来自中国经济与社会发展统计数据库（网址：http://tongji.cnki.net）。

## 第三节 考虑旅游资源可达性的黑龙江省公路网络双层优化案例

### 一、黑龙江省公路网节点的选择及交通量预测分配

**1. 黑龙江省公路网节点选择**

根据公路网节点选取的原则，并结合黑龙江省的实际情况，公路网节点确定为黑龙江省内的重要市县、公路网重要连接节点，由于本书考虑旅游资源的因素，因此还需要把一些重要的旅游中心城市及旅游资源景区设置为节点。高等级公路网节点数量较多，为计算简便，本书选取小部分节点作为研究对象，各路网节点编号见表8-8。

路网节点编号　　　　表8-8

| 编号 | 1 | 2 | 3 | 4 | 5 | 6 |
|---|---|---|---|---|---|---|
| 节点名称 | 哈尔滨 | 齐齐哈尔 | 牡丹江 | 佳木斯 | 大庆 | 鸡西 |
| 编号 | 7 | 8 | 9 | 10 | 11 | 12 |
| 节点名称 | 双鸭山 | 伊春 | 七台河 | 鹤岗 | 黑河 | 绥化 |

续上表

| 编号 | 13 | 14 | 15 | 16 | 17 | 18 |
| --- | --- | --- | --- | --- | --- | --- |
| 节点名称 | 大兴安岭 | 北安 | 铁力 | 嫩江 | 绥芬河 | 虎林 |
| 编号 | 19 | 20 | 21 | 22 | 23 | 24 |
| 节点名称 | 镜泊湖 | 五大连池 | 亚布力 | 同江 | 密山 | 嘉荫 |

为了更好地进行数据统计分析和交通流分配,以各地级市政府所在地为形心,所管辖范围作为小区范围,将黑龙江省公路网划分为 8 个交通小区,如图 8-5 所示,各小区编号如表 8-9 所示。

图 8-5　黑龙江省公路网交通分区图

**黑龙江省 OD 小区编号**　　　　　　　　　　表 8-9

| 编号 | 1 | 2 | 3 | 4 | 5 | 6 | 7 | 8 |
| --- | --- | --- | --- | --- | --- | --- | --- | --- |
| 小区形心 | 黑河市 | 齐齐哈尔市 | 大庆市 | 绥化市 | 哈尔滨市 | 牡丹江市 | 伊春市 | 佳木斯市 |

**2. 公路网交通量预测与分配**

首先由黑龙江省各地市的统计年鉴或者统计公报得到 2004—2011 年黑龙

江省各地市接待国内旅游者情况,如表 8-10 所示。

**2004—2011 年黑龙江省各地市接待国内旅游者情况(单位:万人次)** 表 8-10

| 城市 | 2004 年 | 2005 年 | 2006 年 | 2007 年 | 2008 年 | 2009 年 | 2010 年 | 2011 年 |
|---|---|---|---|---|---|---|---|---|
| 哈尔滨 | 1 515 | 1 801 | 2 167 | 2 491 | 2 990 | 3 749 | 4 124 | 4 537.9 |
| 齐齐哈尔 | 645 | 715 | 864 | 967 | 1 179 | 1 450 | 1 725 | 2 155 |
| 牡丹江 | 311.7 | 349.1 | 391 | 439 | 526.8 | 692.5 | 796.3 | 919 |
| 佳木斯 | 85 | 105 | 125 | 165 | 199 | 208 | 241 | 282 |
| 大庆 | 496 | 519 | 589 | 619 | 650 | 700 | 743.5 | 916 |
| 鹤岗 | — | 36.41 | 49.1 | 53.87 | 58.19 | 70.4 | 114 | 209.1 |
| 鸡西 | — | — | — | — | 403 | 458.2 | 504.56 | 554.41 |
| 伊春 | 200.7 | 225 | 256 | 300.5 | 336.7 | 382 | 419 | 482 |
| 双鸭山 | 65 | 80 | 98 | 120 | 155 | 209.9 | 255 | — |
| 黑河 | 61.5 | 67.5 | 74.5 | 82.1 | 122.2 | 190.9 | 232.9 | 278 |

通过利用指数平滑法对各交通小区游客人数进行预测,得到规划年的游客出行人数,如表 8-11 所示。

**2015 年和 2020 年黑龙江省各地市接待国内旅游者情况(单位:万人次)** 表 8-11

| 城市 | 2015 年 | 2020 年 |
|---|---|---|
| 哈尔滨 | 6 650.039 | 8 761.039 |
| 齐齐哈尔 | 3 172.79 | 4 631.29 |
| 牡丹江 | 1 409.8 | 2 023.3 |
| 佳木斯 | 446 | 651 |
| 大庆 | 1 786 | 2 873.5 |
| 鹤岗 | 589.5 | 1 065 |
| 鸡西 | 939.25 | 1 420.3 |
| 伊春 | 734 | 1 049 |
| 双鸭山 | 480.5 | 706 |
| 黑河 | 458.4 | 683.9 |

根据《黑龙江省骨架路网规划》及《黑龙江公路水路交通"十二五"规划》中的公路运输量需求分析以及主要公路通道交通量预测结果进行反推,预测各节

点交通生成量后进行交通分布,得到 2020 年各小区之间的机动车 OD 交换量的预测结果,如表 8-12 所示。但由于调查方式及数据的局限性,所计算出的机动车 OD 交换量存在一定的误差,因此案例仅做计算分析使用。

黑龙江省公路网分区 OD 表(单位:标准小汽车)　　表 8-12

| OD | 1 | 2 | 3 | 4 | 5 | 6 | 7 | 8 |
|---|---|---|---|---|---|---|---|---|
| 1 | 0 | 6 400 | 7 800 | 8 200 | 5 800 | 9 600 | 7 700 | 5 200 |
| 2 | 6 400 | 0 | 11 000 | 6 800 | 11 300 | 3 700 | 4 200 | 6 200 |
| 3 | 7 800 | 11 000 | 0 | 4 600 | 17 800 | 2 800 | 8 000 | 5 100 |
| 4 | 8 200 | 6 800 | 4 600 | 0 | 18 400 | 12 000 | 4 700 | 2 900 |
| 5 | 5 800 | 11 300 | 17 800 | 18 400 | 0 | 29 800 | 18 000 | 11 000 |
| 6 | 9 600 | 3 700 | 2 800 | 12 000 | 29 800 | 0 | 9 800 | 7 800 |
| 7 | 7 700 | 4 200 | 8 000 | 4 700 | 18 000 | 9 800 | 0 | 6 800 |
| 8 | 5 200 | 6 200 | 5 100 | 2 900 | 11 000 | 7 800 | 6 800 | 0 |

## 二、公路网合理发展规模预测

1. 公路网总里程预测

(1)改进的国土系数法

现以黑龙江省为例,运用改进的国土系数法模型来预测黑龙江省规划年的公路网规模。黑龙江省人口、社会经济和公路网规模历史数据如表 8-13 所示。从表 8-13 数据中可以分析出黑龙江省公路交通发展尚属于中等水平。

黑龙江省相关基础数据统计表　　表 8-13

| 年份(年) | 人口(万人) | 人口密度(人/km²) | GDP(亿元) | 人均 GDP(元) | 第一产业产值(亿元) | 第二产业产值(亿元) | 第三产业产值(亿元) | 公路通车总里程(km) | 高等级公路总里程(km) |
|---|---|---|---|---|---|---|---|---|---|
| 1999 | 3 792.0 | 83.52 | 2 866.3 | 7 578 | 377.2 | 1 556.7 | 932.4 | 49 928 | 4 645 |
| 2000 | 3 807.0 | 83.85 | 3 151.4 | 8 294 | 383.2 | 1 731.7 | 1 036.6 | 50 284 | 5 315 |
| 2001 | 3 811.0 | 83.94 | 3 390.1 | 8 900 | 435.6 | 1 773.4 | 1 181.2 | 62 979 | 6 600 |
| 2002 | 3 813.0 | 83.99 | 3 637.2 | 9 541 | 474.2 | 1 843.6 | 1 319.4 | 63 046 | 6 941 |
| 2003 | 3 815.0 | 84.03 | 4 057.4 | 10 638 | 504.8 | 2 084.7 | 1 467.9 | 65 123 | 7 961 |
| 2004 | 3 816.8 | 84.07 | 4 750.6 | 12 449 | 593.3 | 2 487.0 | 1 670.3 | 66 821 | 8 796 |

续上表

| 年份（年） | 人口（万人） | 人口密度（人/km²） | GDP（亿元） | 人均GDP（元） | 第一产业产值（亿元） | 第二产业产值（亿元） | 第三产业产值（亿元） | 公路通车总里程（km） | 高等级公路总里程（km） |
|---|---|---|---|---|---|---|---|---|---|
| 2005 | 3 820.0 | 84.14 | 5 513.7 | 14 440 | 684.6 | 2 971.7 | 1 857.4 | 67 077 | 9 216 |
| 2006 | 3 823.0 | 84.21 | 6 211.8 | 16 255 | 750.1 | 3 365.3 | 2 096.4 | 139 335 | 9 562 |
| 2007 | 3 824.0 | 84.23 | 7 104.0 | 18 580 | 915.4 | 3 695.6 | 2 493.0 | 140 909 | 9 940 |
| 2008 | 3 825.0 | 84.25 | 8 314.4 | 21 740 | 1 088.9 | 4 319.8 | 2 905.7 | 150 846 | 10 321 |
| 2009 | 3 826.0 | 84.27 | 8 587.0 | 22 447 | 1 154.3 | 4 060.7 | 3 372.0 | 151 470 | 11 393 |
| 2010 | 3 833.4 | 84.44 | 10 368.6 | 27 076 | 1 302.9 | 5 204.1 | 3 861.6 | 151 945 | 11 872 |
| 2011 | 3 834.0 | 84.45 | 12 582.0 | 32 819 | 1 701.5 | 6 330.5 | 4550.0 | 155 592 | 13 845 |
| 2012 | 3 834 | 84.45 | 13 691.6 | 35 711 | | | | 159 063 | 15 228 |
| 2013 | 3 835.02 | 84.47 | 14 382.9 | 37 509 | | | | 160 206 | 15 530 |
| 2014 | 3 833 | 84.43 | 15 039.4 | 39 226 | 2 659.6 | 5 591.8 | 6 788.0 | 162 464 | 16 453 |

注：数据来自于《黑龙江省统计年鉴》。

将历史数据中的公路网系数 $k$ 与其他相关社会经济指标进行相关性分析，见表8-14。

**黑龙江省公路网系数 $k$ 与其他相关社会经济指标的相关系数表**　表8-14

| 经济指标 | GDP | 人均GDP | 第一产业产值 | 第二产业产值 | 第三产业产值 |
|---|---|---|---|---|---|
| 相关系数 | 0.892 | 0.895 | 0.884 | 0.891 | 0.894 |
| 显著性水平 | 0.000 | 0.000 | 0.000 | 0.000 | 0.000 |

通过对黑龙江省相关社会经济指标分析并结合经验值，公路网相关系数 $k$ 值与人均GDP和第三产业产值的相关性比较显著。利用回归分析法进行函数分析，同时考虑到在2005年到2006年间公路网规模有一个急速增长的过程因素，需要进行数据处理，从而计算得到规划年2020年的公路网系数 $k$ 值为46.813，把计算得到的 $k$ 值代入国土系数模型中有：

$$L = 46.813 \times \sqrt{VS} \tag{8-6}$$

通过前面预测得到的2020年黑龙江省人口和面积总量，可计算得出规划年2020年的公路网合理总规模为19.58万 km。

(2) 连通度分析法

本书研究的黑龙江省公路网节点包括省内各市、县、乡镇及行政村一共9 157个节点。考虑到黑龙江省幅员辽阔、地广人稀且靠近边界,区域面积达45.4万 $km^2$,同时参照历史数据及其他省份数据,选取2020年的连通度为1.90、非直线系数为1.35。则通过连通度法预测得到的公路网规模为:

$$L = 1.9 \times 1.35 \times \sqrt{9\,157 \times 454\,000} = 16.532 (万\ km) \tag{8-7}$$

(3) 生长曲线模型法

通过对1999年至2011年黑龙江省公路总通车里程的历史数据回归分析,参照已有发展规划,取公路网规模极限值为25万 km,且公路规模饱和值大约为极限值的95%。据此可求得模型参数 $a$、$b$ 的值,取1999年的 $t$ 值为1,拟合得到公路网生长曲线模型为:

$$L = \frac{23.75}{1 + 9.3185 \times e^{-0.151t}} \tag{8-8}$$

代入预测年限可计算得出规划年2020年的公路网合理总规模为17.774万 km。

2. 高等级公路网总里程预测

(1) 改进的国土系数法

高等级公路网主要包括高速公路、一级公路和二级公路。将历史数据中高等级公路网系数 $k$ 与主要相关社会经济指标进行相关性分析,见表8-15。

**黑龙江省高等级公路网系数 $k$ 与其他相关社会经济指标的相关系数表** 表8-15

| 经济指标 | GDP | 人均GDP | 第一产业产值 | 第二产业产值 | 第三产业产值 |
|---|---|---|---|---|---|
| 相关系数 | 0.956 | 0.955 | 0.948 | 0.952 | 0.955 |
| 显著性水平 | 0.000 | 0.000 | 0.000 | 0.000 | 0.000 |

通过对黑龙江省相关经济指标分析并结合经验知,高等级公路网相关系数 $k$ 值与GDP和第三产业产值的相关性比较显著。利用回归分析法进行函数分析,得到规划年2020年黑龙江省高等级公路网系数 $k$ 值为6.545,把计算得到的 $k$ 值代入国土系数模型中有:

$$L = 6.545 \times \sqrt{VS} \tag{8-9}$$

通过前面预测得到的2020年黑龙江省人口和面积总量值,可计算得出规划年2020年的高等级公路网合理规模为27 385km。

（2）连通度分析法

本书研究的黑龙江省高等级公路网节点包括省内各地市、县、重要旅游景区、产业园区、全部旅游中心城市和国家一类口岸一共342个节点。参照历史数据及其他省份数据选取2020年的高等级公路网连通度为2.2，非直线系数为1.10，则通过连通度法预测得到的公路网规模为：

$$l = 2.2 \times 1.1 \times \sqrt{342 \times 454\,000} = 26\,753 (km) \quad (8\text{-}10)$$

（3）生长曲线模型法

通过对1999年至2011年黑龙江省高等级公路总里程的历史数据回归分析，参照已有发展规划，取高等级公路网规模极限值为3.5万km，且公路规模饱和值大约为极限值的95%，可求得模型参数$a$、$b$的值。取1999年的$t$值为1，拟合得到高等级公路的生长曲线模型为：

$$L = \frac{3.325}{1 + 5.328 \times e^{-0.112t}} \quad (8\text{-}11)$$

代入预测年限可计算得出规划年2020年的高等级公路网的总规模为22 878km。

通过对公路网规模和高等级公路网规模的预测结果进行组合预测，以降低单个方法预测值误差较大对结果精度的影响，目标函数使预测值与实际值的误差绝对值加权和最小，这样得到的权重系数将会使误差最小。利用表8-16中黑龙江省公路网规模历史数据和三种预测方法的预测值，进行回归分析计算得出各个预测方法的权重系数$w_i$，在此组合预测模型下，可使预测误差的绝对值加权和最小。

黑龙江省高等级公路网规模单项模型预测结果及误差　　　　表8-16

| 年份(年) | 高等级公路实际值(km) | 改进国土系数法 | | 连通度分析法 | | 生长曲线模型法 | |
|---|---|---|---|---|---|---|---|
| | | 预测值(km) | 误差(km) | 预测值(km) | 误差(km) | 预测值(km) | 误差(km) |
| 1999 | 4 645 | 6 487 | 1 842 | 5 511 | 866 | 5 769 | 1 124 |
| 2000 | 5 315 | 6 764 | 1 449 | 6 352 | 1 037 | 6 323 | 1 008 |
| 2001 | 6 600 | 7 028 | 428 | 7 077 | 477 | 6 916 | 316 |
| 2002 | 6 941 | 7 291 | 350 | 8 202 | 1 261 | 7 550 | 609 |
| 2003 | 7 961 | 7 679 | −282 | 8 727 | 766 | 8 223 | 262 |
| 2004 | 8 796 | 8 288 | −508 | 9 086 | 290 | 8 936 | 140 |

续上表

| 年份(年) | 高等级公路实际值(km) | 改进国土系数法 | | 连通度分析法 | | 生长曲线模型法 | |
|---|---|---|---|---|---|---|---|
| | | 预测值(km) | 误差(km) | 预测值(km) | 误差(km) | 预测值(km) | 误差(km) |
| 2005 | 9 216 | 8 937 | −279 | 9 839 | 623 | 9 686 | 470 |
| 2006 | 9 562 | 9 577 | 15 | 9 084 | −478 | 10 473 | 911 |
| 2007 | 9 940 | 10 454 | 514 | 9 880 | −60 | 11 292 | 1 352 |
| 2008 | 10 321 | 11 559 | 1 238 | 9 332 | −989 | 12 142 | 1 821 |
| 2009 | 11 393 | 12 063 | 670 | 10 170 | −1 223 | 13 018 | 1 625 |
| 2010 | 11 872 | 13 619 | 1 747 | 12 773 | 901 | 13 915 | 2 043 |
| 2011 | 13 845 | 15 095 | 1 250 | 13 253 | −592 | 14 828 | 983 |

经求解公式得到三种预测方法的权重分别为 $w_1 = 0.327, w_2 = 0.389, w_3 = 0.284$。以2011年为例,用组合预测法预测值为14 302km,误差为457km,比三种预测方法的误差都小,有效改善了预测的效果。按高等级公路的组合计算方法,可推出公路网总里程三种预测方法的权重分别为 $w_1 = 0.354, w_2 = 0.138, w_3 = 0.508$。然后通过组合模型对黑龙江省规划年公路网规模进行组合预测,预测结果如表8-17所示。

**2020年黑龙江省公路网规模和高等级公路网规模预测结果**　　表8-17

| 规模预测 | 改进国土系数法 | 连通度分析法 | 生长曲线模型法 | 组合预测值 |
|---|---|---|---|---|
| 公路网权重系数 | $w_1 = 0.327$ | $w_2 = 0.389$ | $w_3 = 0.284$ | |
| 公路网规模(万km) | 19.58 | 16.538 | 17.774 | 18.2 |
| 高等级公路网权重系数 | $w_1 = 0.354$ | $w_2 = 0.138$ | $w_3 = 0.508$ | |
| 高等级公路网规模(km) | 27 385 | 26 753 | 22 878 | 25 859 |

### 三、公路网合理等级结构确定

通过综合分析黑龙江省地理区位条件、公路网现状、规划目标、公路交通量资料、交通需求预测结果、社会经济发展水平、公路网投资情况及公路网规模、黑龙江省统计年鉴等,同时按照前文指数平滑法等预测方法确定黑龙江省高等级公路网结构优化模型的各个参数,其中路段通行能力可依据现行的《公路工程技术标准》(JT GB01—2014)确定,具体数值见表8-18和表8-19。

**2020 年黑龙江省各级公路网指标**　　　　　　　表 8-18

| 指　　标 | 数　　值 |
|---|---|
| 公路网车速(km/h) | 60 |
| 公路网饱和度 | 0.68 |
| 公路网客运量(亿人) | 6.9 |
| 公路网客运周转量(亿人·km) | 530 |
| 公路网货运量(亿 t) | 6.3 |
| 公路网货运周转量(亿 t·km) | 1 100 |
| 公路网规模(万 km) | 18.2 |
| 高等级公路网规模(万 km) | 2.586 |
| 汽车保有量(万辆) | 383.2 |

**模型参数取值**　　　　　　　　　　表 8-19

| 公路级别 | 建设费用(万元/km) | 设计速度(km/h) | 适应交通量(veh/d) | 里程上限(km) | 里程下限(km) |
|---|---|---|---|---|---|
| 高速公路 | 2 500 | 100 | 55 000 | 8 000 | 7 000 |
| 一级公路 | 1 000 | 80 | 30 000 | 5 500 | 4 000 |
| 二级公路 | 500 | 60 | 15 000 | 15 000 | 12 000 |

将上述模型指标参数代入结构优化模型,采用多目标单纯形法借助 LINDO 软件反复试算,并结合历年发展规律和投资预算,得出 2020 年黑龙江省高等级公路网等级结构优化方案,如表 8-20 所示。

**2020 年黑龙江省高等级公路网等级结构优化结果**　　表 8-20

| 公路级别 | 高速 | 一级 | 二级 | 合计 |
|---|---|---|---|---|
| 里程(km) | 7 551 | 4 706 | 13 602 | 25 859 |
| 比重(%) | 29.2 | 18.2 | 52.6 | 100 |

## 四、模型参数的取值

根据前面章节预测的结果可知,2020 年黑龙江省公路网规模将达到 17.8 万 km,其中高速公路为 7 439km,一级公路 4 639km,二级公路 13 375km。选取的部分公路网的节点总数为 24 个,黑龙江省公路网各节点间距离见表 8-21,各等级公路网改扩建费用见表 8-22。

表 8-21 黑龙江省公路网各节点间距离（km）

| | 1 | 2 | 3 | 4 | 5 | 6 | 7 | 8 | 9 | 10 | 11 | 12 | 13 | 14 | 15 | 16 | 17 | 18 | 19 | 20 | 21 | 22 | 23 | 24 |
|---|---|---|---|---|---|---|---|---|---|---|---|---|---|---|---|---|---|---|---|---|---|---|---|---|
| 1 | 0 | 282 | 345 | 360 | 144 | 493 | 434 | 325 | 546 | 418 | 560 | 103 | 785 | 320 | 194 | 474 | 496 | 691 | 430 | 355 | 198 | 606 | 611 | 507 |
| 2 | 282 | 0 | 627 | 642 | 138 | 775 | 716 | 436 | 767 | 576 | 462 | 293 | 604 | 169 | 385 | 219 | 778 | 973 | 712 | 204 | 480 | 890 | 893 | 618 |
| 3 | 345 | 627 | 0 | 334 | 489 | 148 | 408 | 532 | 201 | 392 | 905 | 448 | 1130 | 665 | 464 | 846 | 151 | 346 | 85 | 700 | 172 | 580 | 266 | 678 |
| 4 | 360 | 642 | 334 | 0 | 504 | 186 | 74 | 198 | 134 | 58 | 648 | 420 | 873 | 408 | 328 | 562 | 353 | 341 | 419 | 443 | 375 | 246 | 304 | 344 |
| 5 | 144 | 138 | 489 | 504 | 0 | 637 | 578 | 454 | 690 | 595 | 504 | 193 | 729 | 264 | 285 | 351 | 640 | 835 | 574 | 299 | 342 | 750 | 755 | 636 |
| 6 | 493 | 775 | 148 | 186 | 637 | 0 | 260 | 384 | 53 | 244 | 834 | 544 | 1059 | 594 | 515 | 748 | 186 | 198 | 233 | 629 | 320 | 432 | 118 | 530 |
| 7 | 434 | 716 | 408 | 74 | 578 | 260 | 0 | 272 | 208 | 132 | 722 | 494 | 947 | 482 | 402 | 636 | 427 | 267 | 493 | 517 | 449 | 172 | 230 | 397 |
| 8 | 325 | 436 | 532 | 198 | 454 | 384 | 272 | 0 | 332 | 141 | 450 | 222 | 675 | 210 | 131 | 364 | 551 | 539 | 617 | 245 | 523 | 444 | 502 | 182 |
| 9 | 546 | 767 | 201 | 134 | 690 | 53 | 208 | 332 | 0 | 191 | 973 | 461 | 1007 | 542 | 369 | 696 | 239 | 251 | 286 | 577 | 373 | 379 | 171 | 477 |
| 10 | 418 | 576 | 392 | 58 | 595 | 244 | 132 | 141 | 191 | 0 | 591 | 363 | 1088 | 351 | 272 | 505 | 411 | 399 | 477 | 386 | 433 | 304 | 362 | 286 |
| 11 | 560 | 462 | 905 | 648 | 504 | 834 | 722 | 450 | 973 | 591 | 0 | 672 | 225 | 240 | 493 | 243 | 1001 | 989 | 990 | 275 | 758 | 894 | 952 | 329 |
| 12 | 103 | 293 | 448 | 420 | 193 | 544 | 494 | 222 | 461 | 363 | 672 | 0 | 897 | 213 | 92 | 367 | 599 | 761 | 533 | 248 | 301 | 666 | 724 | 405 |
| 13 | 785 | 604 | 1130 | 873 | 729 | 1059 | 947 | 675 | 1007 | 1088 | 225 | 897 | 0 | 465 | 815 | 385 | 1226 | 1214 | 1215 | 500 | 983 | 1119 | 1177 | 554 |
| 14 | 320 | 169 | 665 | 408 | 264 | 594 | 482 | 210 | 542 | 351 | 240 | 213 | 465 | 0 | 253 | 154 | 816 | 749 | 750 | 35 | 518 | 654 | 712 | 392 |
| 15 | 194 | 385 | 464 | 328 | 285 | 515 | 402 | 131 | 369 | 272 | 493 | 92 | 815 | 253 | 0 | 407 | 691 | 669 | 625 | 288 | 337 | 574 | 632 | 313 |
| 16 | 474 | 219 | 846 | 562 | 351 | 748 | 636 | 364 | 696 | 505 | 243 | 367 | 385 | 154 | 407 | 0 | 970 | 903 | 904 | 119 | 672 | 808 | 866 | 546 |
| 17 | 496 | 778 | 151 | 353 | 640 | 186 | 427 | 551 | 239 | 411 | 1001 | 599 | 1226 | 816 | 691 | 970 | 0 | 497 | 236 | 851 | 323 | 618 | 304 | 697 |
| 18 | 691 | 973 | 346 | 341 | 835 | 198 | 267 | 539 | 251 | 399 | 989 | 761 | 1214 | 749 | 669 | 903 | 497 | 0 | 431 | 784 | 518 | 387 | 80 | 685 |
| 19 | 430 | 712 | 85 | 419 | 574 | 233 | 493 | 617 | 286 | 477 | 990 | 533 | 1215 | 750 | 625 | 904 | 236 | 431 | 0 | 785 | 257 | 665 | 351 | 763 |
| 20 | 355 | 204 | 700 | 443 | 299 | 629 | 517 | 245 | 577 | 386 | 275 | 248 | 500 | 35 | 288 | 119 | 851 | 784 | 785 | 0 | 553 | 689 | 747 | 428 |
| 21 | 198 | 480 | 172 | 375 | 342 | 320 | 449 | 523 | 373 | 433 | 758 | 301 | 983 | 518 | 337 | 672 | 323 | 518 | 257 | 553 | 0 | 752 | 438 | 719 |
| 22 | 606 | 890 | 580 | 246 | 750 | 432 | 172 | 444 | 379 | 304 | 894 | 666 | 1119 | 654 | 574 | 808 | 618 | 387 | 665 | 689 | 752 | 0 | 307 | 381 |
| 23 | 611 | 893 | 266 | 304 | 755 | 118 | 230 | 502 | 171 | 362 | 952 | 724 | 1177 | 712 | 632 | 866 | 304 | 80 | 351 | 747 | 438 | 307 | 0 | 648 |
| 24 | 507 | 618 | 678 | 344 | 636 | 530 | 397 | 182 | 477 | 286 | 329 | 405 | 554 | 392 | 313 | 546 | 697 | 685 | 763 | 428 | 719 | 381 | 648 | 0 |

黑龙江省各等级公路网新改建费用　　　　　　表 8-22

| 初始等级 | 新改建后等级 | 费用（万元/km） |
|---|---|---|
| — | 高速公路 | 2 500 |
| — | 一级公路 | 1 000 |
| — | 二级公路 | 500 |
| 二级公路 | 高速公路 | 1 300 |
| 二级公路 | 一级公路 | 520 |
| 三级公路 | 一级公路 | 630 |
| 三级公路 | 二级公路 | 260 |
| 四级公路 | 二级公路 | 280 |
| 高速公路 | 高速公路（增加两车道） | 800 |
| 一级公路 | 一级公路（增加两车道） | 350 |
| 二级公路 | 二级公路（增加两车道） | 250 |

注："—"表示初始节点间无公路连接。

## 五、优化模型的求解分析

根据《黑龙江省骨架路网规划》（2006~2020年）、《黑龙江省省道网布局规划》、《黑龙江公路水路交通"十二五"规划》以及专家意见，在黑龙江省现状公路网的基础上，选择现有的 42 条路段和 35 条可能新建的路段组成黑龙江省高等级公路网布局优化的初始网络。利用 MATLAB7.0 软件提供的遗传算法工具箱，针对模型中的变量建立对应的编码长度。其中，种群规模取值 200，交叉、变异概率分别取 0.95 和 0.05，最大进化代数取 500，目标函数的权重经向专家咨询，均取值 0.25。对不满足约束条件的路段惩罚系数取该路段造价的 2 倍，上层模型公路负荷度应在［0,1］间。对所选用的网络分配交通流量，计算出各路段的交通量并将其代入到上层函数中，阻抗按 BPR 函数进行计算，经过多次迭代后得到满意解。从得到的优化方案中可知，应新建路段 12 条，改建提级路段 6 条，总投资为 524.25 亿元。黑龙江省规划年公路网络布局优化如图 8-6 所示，具体优化方案如表 8-23 所示。

# 第八章 黑龙江省旅游资源与公路网络优化案例分析

图 8-6　黑龙江省规划年公路网络布局优化示意图

**黑龙江省规划年公路网络布局优化方案**　　表 8-23

| 路段序号 | 起点名称 | 终点名称 | 原等级 | 优化等级 | 优化结果 | 路线里程（km） | 投资费用（亿元） |
|---|---|---|---|---|---|---|---|
| 1 | 七台河 | 密山 | — | 高速 | 新建为高速公路 | 130 | 32.5 |
| 2 | 伊春 | 嘉荫 | — | 高速 | 新建为高速公路 | 182 | 45.5 |
| 3 | 北安 | 嫩江 | — | 高速 | 新建为高速公路 | 132 | 33 |
| 4 | 北安 | 齐齐哈尔 | — | 高速 | 新建为高速公路 | 223 | 55.75 |
| 5 | 伊春 | 黑河 | — | 高速 | 新建为高速公路 | 313 | 78.25 |
| 6 | 双鸭山 | 虎林 | — | 高速 | 新建为高速公路 | 152 | 38 |
| 7 | 大庆 | 绥化 | 二级 | 高速 | 改建为高速公路 | 176 | 22.8 |
| 8 | 伊春 | 鹤岗 | 二级 | 高速 | 改建为高速公路 | 140 | 18.2 |
| 9 | 铁力 | 亚布力 | 二级 | 高速 | 改建为高速公路 | 387 | 50.3 |
| 10 | 牡丹江 | 伊春 | — | 一级 | 新建一级路 | 355 | 35.5 |
| 11 | 绥化 | 亚布力 | — | 一级 | 新建一级路 | 160 | 16 |
| 12 | 双鸭山 | 饶河 | — | 一级 | 新建一级路 | 200 | 20 |

195

续上表

| 路段序号 | 起点名称 | 终点名称 | 原等级 | 优化等级 | 优化结果 | 路线里程（km） | 投资费用（亿元） |
|---|---|---|---|---|---|---|---|
| 13 | 佳木斯 | 铁力 | — | 一级 | 新建一级路 | 180 | 18 |
| 14 | 亚布力 | 镜泊湖 | — | 一级 | 新建一级路 | 102 | 10.2 |
| 15 | 北安 | 嘉荫 | — | 一级 | 新建一级路 | 260 | 26 |
| 16 | 黑河 | 嫩江 | 二级 | 一级 | 改建一级路 | 240 | 12.48 |
| 17 | 五大连池 | 讷河 | 三级 | 一级 | 改建一级路 | 100 | 6.3 |
| 18 | 鸡西 | 绥芬河 | 二级 | 一级 | 改建一级路 | 106 | 5.5 |

注："—"表示初始节点间无公路连接。

## 第四节　黑龙江省旅游资源与公路网络协同优化案例

### 一、优化节点与优化方案选取

#### 1. 优化节点选取

在进行优化节点选取时，本书主要考虑黑龙江省公路网的特征、层次，区域社会经济发展状况，省内旅游资源的空间分布特点，同时结合对省内重要城市的角色定位与功能分析，选取省内重要的地级市、县作为优化模型的控制节点，为方便模型的计算与分析，将旅游景点划归于其所属的控制点中。该模型选取 15 个节点作为研究对象，如表 8-24 所示。

案例节点编号　　　表 8-24

| 编号 | 1 | 2 | 3 | 4 | 5 |
|---|---|---|---|---|---|
| 节点名称 | 嫩江县 | 黑河市 | 齐齐哈尔 | 大庆市 | 绥化市 |
| 编号 | 6 | 7 | 8 | 9 | 10 |
| 节点名称 | 哈尔滨市 | 牡丹江市 | 伊春市 | 佳木斯市 | 五大连池市 |
| 编号 | 11 | 12 | 13 | 14 | 15 |
| 节点名称 | 尚志市 | 鹤岗市 | 双鸭山市 | 鸡西市 | 七台河市 |

#### 2. 路网备选方案选取

考虑黑龙江省内公路网络较为复杂，为简化计算、方便模型分析，本书选取黑龙江省高速公路、一级公路和部分二级公路作为研究对象。新建路段重点考虑改善伊春市与牡丹江市的公路网络交通职位。最终选取测试路网方案路段共 29 条，其中可改建路段 25 条，新建路段 4 条，协同优化模型测试案例如图 8-7 所示。

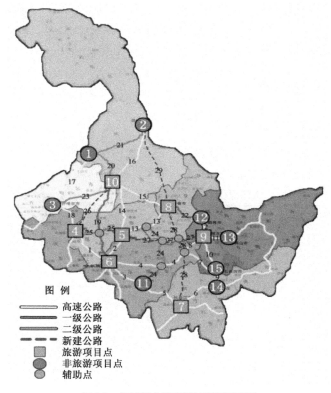

图 8-7　协同优化模型测试案例示意图

3. 旅游投资点选取

根据对节点的旅游资源与公路网络职位匹配分析，选取旅游项目点共 7 处，其中五大连池市、哈尔滨市为旅游资源职位与交通网络职位均较高的节点，大庆市、绥化市、佳木斯市为交通网络职位远远高于旅游资源职位的节点，伊春市与牡丹江市根据前文确定的公路网优化备选方案选取。

## 二、背景交通量

背景交通量分为非旅游出行交通量与旅游出行交通量两个部分。非旅游出行交通量根据《黑龙江省骨架路网规划》中的公路交通需求预测结果，并结合 2013 年黑龙江省高速公路联网收费数据，得到 2025 年各测试节点之间的交通出行 OD 量分布结果。旅游背景交通量依据黑龙江省交通运输厅科技项目——

黑龙江省高等级公路网络与旅游资源整合技术研究,于 2012 年十一黄金周期间组织的旅游交通数据调查,结合前文对省内各行政区规划年的旅游人数的有效预测,得到 2025 年各测试节点间旅游交通出行 OD 分布结果。由于调查方式的局限性,该预测结果存在一定的误差,仅作为模型测试使用。

### 三、模型参数的取值

**1. 公路网络相关参数取值**

参照 2015 年初开始实行的《公路工程技术标准》(JTG B01—2014),对道路通行能力以及道路自由流通行速度进行取值,如表 8-25 所示。

各等级公路基本通行能力与设计速度　　表 8-25

| 模型参数 | 基本通行能力[pcu/(h·ln)] | 设计速度(km/h) |
|---|---|---|
| 高速公路 | 2 100 | 100 |
| 一级公路 | 1 800 | 80 |
| 二级公路 | 1 250 | 60 |
| 三级公路 | 1 200 | 40 |
| 四级公路 | <1 200 | 20 |

公路网建设与旅游资源开发这一类的基础设施建设投资,具有初期投入资金量大、回报收益周期较长的特点,因此在协同优化模型进行社会总投资收益核算时,应将旅游资源与公路网项目的整个项目生命周期纳入考虑,才能较好地进行方案的优劣对比,并便于目标函数的求解分析。

本书将模型中设计到货币价值的参数统一转化为单位小时价值。单位小时交通出行者的出行时间费用将规划年的人均 GDP 按一年 365 天、每天 8 个工作小时进行转化,得到单位小时人均出行时间成本核算费用为 18.69 元/h。公路建设项目的项目收益周期按照《公路工程技术标准》(JTG B01—2014)中的设计使用年限取 15 年,按每年 365 天,每天 24 小时进行核算,转化后的各等级公路新、扩建核算费用如表 8-26 所示。

各等级公路新、扩建费用　　表 8-26

| 道路初始等级 | 新、扩建后道路等级 | 投资费用(元/km) | 核算费用[元/(km·h)] |
|---|---|---|---|
| — | 高速 | 25 000 000 | 190.26 |
| — | 一级 | 10 000 000 | 76.10 |
| — | 二级 | 5 000 000 | 38.05 |

续上表

| 道路初始等级 | 新、扩建后道路等级 | 投资费用(元/km) | 核算费用[元/(km/h)] |
|---|---|---|---|
| 二级 | 高速 | 13 000 000 | 98.93 |
| 二级 | 一级 | 5 200 000 | 39.57 |
| 高速 | 高速(扩建两车道) | 8 000 000 | 60.88 |
| 一级 | 一级(扩建两车道) | 3 500 000 | 26.64 |
| 二级 | 二级(扩建两车道) | 2 500 000 | 190.26 |

注:"—"表示无道路连接。

**2. 旅游投资收益参数取值**

为方便模型结果的对比分析,本书假设所有旅游点的建设项目均耗资为50亿元,项目生命周期与公路设计使用年限相同,按一年365天,每天按9小时营业时间计算,单位小时的核算费用大约为10万元。旅游投资建设项目将会产生诱发性的出行需求,假定项目建设完成后平均每年内可以吸引80万人的游客访问,同样以一年365年,每天9小时营业时间计算,则每小时新增游客量约为250人次。

## 四、模型求解分析

利用MATLAB R2013b软件进行编程,以实现协同优化模型遗传算法编程设计,针对模型变量个数设定对应编码长度为36,同时确定与变量长度相对应的种群规模大小为200。另外,参考相关研究取部分匹配交叉概率为0.95,逆位遗传变异概率为0.05,解稳定收敛判别代数为50,进化代数最大值控制在500。公路网负荷取值范围为[0,1],对不满足该约束的路段给予该路段新扩建造价的两倍值计算。项目预算资金约束分别取最大建设费用的30%、50%、70%、90%分别进行计算,经过多次迭代后可以得出不同资金约束下模型的满意解,如表8-27所示。

不同资金约束下模型的满意解　　表8-27

| | 案例一 | 案例二 | 案例三 | 案例四 |
|---|---|---|---|---|
| 最大资金比例 | 30% | 50% | 70% | 90% |
| 公路项目 | 1,2,3,8,18,20,21,23,25,28 | 1,3,5,8,18,22,23,25,26,28,29,30 | 1,2,3,5,8,9,12,18,20,21,23,25,26,27,28,29 | 1,2,3,5,8,11,12,18,20,21,23,25,26,27,28,29 |

续上表

| | 案例一 | 案例二 | 案例三 | 案例四 |
|---|---|---|---|---|
| 旅游项目 | 9,10 | 5,9,10 | 5,7,8,9,10, | 4,5,7,8,9,10 |
| 社会净收益 $E$(元) | 7 277 781 | 7 882 730 | 8 228 136 | 8 284 576 |
| 公路投资 $C_1$(元) | 138 530 | 233 620 | 310 401 | 310 322 |
| 旅游投资 $C_2$(元) | 200 000 | 300 000 | 500 000 | 600 000 |
| 公路收益 $B_1$(元) | 1 256 590 | 1 769 937 | 2 028 209 | 2 030 232 |
| 旅游收益 $B_2$(元) | 6 359 721 | 6 646 413 | 7 010 328 | 7 164 667 |
| 公路净收益 $(B_1-C_1)$(元) | 1 118 061 | 1 536 317 | 1 717 808 | 1 719 910 |
| 旅游净收益 $(B_2-C_2)$(元) | 6 159 721 | 6 346 413 | 6 510 328 | 6 564 667 |
| 公路边际收益(元) | — | 5.40 | 3.36 | — |
| 旅游边际收益(元) | — | 2.87 | 1.82 | 1.54 |
| 迭代终止代数 | 126 | 105 | 177 | 202 |

在案例三中,即资金预算为最大项目建设费用的70%时,模型优化结果选择新改建路段16条,旅游建设投资项目5个,总的社会净收益为822.8万元,其中公路投资净收益为171.8万元,旅游投资净收益为651.0万元,公路建设项目投资31.0万元,旅游建设项目投资50.0万元。

从表8-27的结果中可以看出,随着投资预算资金的不断增加,优化模型选择投资建设的公路和旅游项目数量逐渐增多,社会总净收益也在不断增加。但随着建设费用的不断增加,单位投入所带来的边际收益也在不断降低,案例二比案例一多投入了建设项目资金19.5万元,所产生的公路、旅游边际收益分别为5.40元和2.87元,案例三比案例二多投入资金27.7万元,单位资金的边际收益仅有3.36元和1.82元。方案四与方案三相比,优化模型选择的旅游投资项目增加了一个,公路网建设项目基本保持一致,这说明此时公路网络已经基本满足网络中的交通出行需求,继续新建或升级道路已经没有必要。

本书基于案例三的优化结果,对规划年黑龙江省的旅游资源开发以及公路网优化给出建议,总投资额为657.9亿元,其中旅游资源总投资额为250亿元,旅游投资项目5个,分别位于绥化市、牡丹江市、伊春市、佳木斯市与五大连池市,公路网建设投资为407.9亿元,扩建道路12条,新建道路4条,道路新、改建详细信息如表8-28所示。模型求解计算示意见图8-8。

## 黑龙江省规划年公路网络布局优化结果　　表 8-28

| 路段编号 | 起点 | 终点 | 原始等级 | 优化后等级 | 优化结果 | 线路里程（km） | 投资费用（亿元） |
|---|---|---|---|---|---|---|---|
| 1 | 大庆市 | 哈尔滨市 | 高速 | 高速 | 单向两车道扩建为四车道 | 154.4 | 12.4 |
| 2 | 绥化市 | 哈尔滨市 | 高速 | 高速 | 单向两车道扩建为四车道 | 115.2 | 9.2 |
| 3 | 哈尔滨市 | 尚志市 | 高速 | 高速 | 单向两车道扩建为四车道 | 147.9 | 11.8 |
| 5 | 牡丹江市 | 尚志市 | 高速 | 高速 | 单向两车道扩建为四车道 | 187.1 | 15.0 |
| 8 | 佳木斯市 | 依兰 | 高速 | 高速 | 单向两车道扩建为四车道 | 95.0 | 7.6 |
| 9 | 鸡西市 | 七台河市 | 高速 | 高速 | 单向两车道扩建为四车道 | 87.0 | 7.0 |
| 12 | 佳木斯市 | 鹤岗市 | 高速 | 高速 | 单向两车道扩建为四车道 | 66.7 | 5.3 |
| 18 | 齐齐哈尔市 | 大庆市 | 高速 | 高速 | 单向两车道扩建为四车道 | 154.6 | 12.4 |
| 20 | 嫩江县 | 五大连池市 | 二级 | 一级 | 升级为一级公路 | 136.0 | 7.1 |
| 21 | 嫩江县 | 黑河市 | 二级 | 一级 | 升级为一级公路 | 241.5 | 12.6 |
| 23 | 齐齐哈尔市 | 五大连池市 | 二级 | 一级 | 升级为一级公路 | 214.0 | 11.1 |
| 25 | 大庆市 | 绥化市 | 二级 | 一级 | 升级为一级公路 | 176.0 | 9.2 |
| 26 | 大庆市 | 五大连池市 | — | 高速 | 新建四车道高速公路 | 221.0 | 55.3 |
| 27 | 绥化市 | 佳木斯市 | — | 高速 | 新建四车道高速公路 | 260.3 | 65.1 |
| 28 | 牡丹江市 | 黑河市 | — | 高速 | 新建四车道高速公路 | 355.0 | 88.8 |
| 29 | 黑河市 | 伊春市 | — | 高速 | 新建四车道高速公路 | 313.0 | 78.3 |

注："—"表示初始无道路连接。

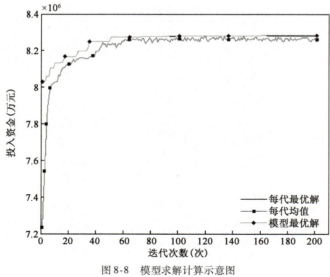

图 8-8 模型求解计算示意图
注:最大资金比例为 90%

## 五、参数灵敏度分析

在实际工程项目当中,对交通出行者的时间价值 $\omega$、旅游交通项目诱增交通量 $Q_s$ 以及人均旅游收入 $b_s$ 这三个参数的精确测量都是非常困难的,因此本书针对这三个关键参数进行灵敏度分析,观察参数不同取值情况下,模型优化结果以及目标函数的变化情况。灵敏度测试的资金约束取最大建设费用的 70%,按参数基准值的 50%、75%、100%、125%、150% 分五个等级分别进行测试,测试结果如表 8-29 所示。

交通出行者单位时间价值 $\omega$ 灵敏度测试结果 表 8-29

| | 案例一 | 案例二 | 案例三 | 案例四 | 案例五 |
|---|---|---|---|---|---|
| 参数取值 | 50% | 75% | 100% | 125% | 150% |
| 公路项目 | 1,2,3,5,8,12,13,18,20,21,22,23,25,26,27,28,29,30 | 1,2,3,5,8,9,11,12,18,20,21,23,25,26,27,28,29,30 | 1,2,3,5,8,9,12,18,20,21,23,25,26,27,28,29,30 | 1,2,3,5,8,9,12,18,20,21,22,23,25,26,27,28,29,30 | 1,2,3,5,8,18,20,21,22,23,25,26,27,28,29,30 |
| 旅游项目 | 4,7,8,9,10 | 4,7,8,9,10 | 5,7,8,9,10 | 4,7,8,9,10 | 4,7,8,9,10 |
| 社会净收益 $E$(元) | 7 209 350 | 7 716 201 | 8 228 136 | 8 731 493 | 9 246 799 |

续上表

|  | 案例一 | 案例二 | 案例三 | 案例四 | 案例五 |
|---|---|---|---|---|---|
| 公路投资 $C_1$(元) | 315 621 | 315 619 | 310 401 | 314 455 | 305 097 |
| 旅游投资 $C_2$(元) | 500 000 | 500 000 | 500 000 | 500 000 | 500 000 |
| 公路收益 $B_1$(元) | 1 014 645 | 1 521 494 | 2 028 209 | 2 535 623 | 3 041 571 |
| 旅游收益 $B_2$(元) | 7 010 326 | 7 010 326 | 7 010 328 | 7 010 326 | 7 010 ,326 |
| 公路净收益 $(B_1-C_1)$(元) | 699 024 | 1 205 875 | 1 717 808 | 2 221 168 | 2 736 473 |
| 旅游净收益 $(B_2-C_2)$(元) | 6 510 326 | 6 510 326 | 6 510 328 | 6 510 326 | 6 510 326 |
| 迭代终止代数 | 274 | 161 | 177 | 190 | 261 |

如表 8-29 所示,不同的单位出行时间价值条件下,模型的优化结果较为接近,公路净收益基本上与出行单位时间价值成线性增长关系,模型对该参数的取值敏感度不高。优化模型结果保持稳定的情况可能有以下两点:一是现状路网已经不能满足 2025 年交通需求,即使在较低的单位出行时间价值下,交通条件改善所带来的社会收益也较为明显;二是单位游客带来的旅游收益是较高的,即使旅游出行使得网络更加的拥挤,系统的总出行时间增加,进行旅游项目投资也会增加社会总的净收益。

如表 8-30 所示,当旅游交通吸引量为基准值的 50% 时,优化结果没有旅游投资项目,表明充足的客流量是旅游投资开发的关键因素。随着旅游项目吸引的游客数量的不断增加,一方面交通出行总量在增加,另一方面公路网的拥挤程度也在不断提高,二者导致公路网净收益出现了降低,如案例五,模型也选择了更多的公路网投资来应对交通量的增加。说明旅游资源的开发需要以充足的客流量作为保障,同时对公路网络进行协同开发。

旅游资源开发诱增交通吸引量 $Q_s$ 灵敏度测试结果　　表 8-30

|  | 案例一 | 案例二 | 案例三 | 案例四 | 案例五 |
|---|---|---|---|---|---|
| 参数取值 | 50% | 75% | 100% | 125% | 150% |
| 公路项目 | 1,2,3,5,8,9,18,20,21,23,25,26,27,28,29,30 | 1,2,3,5,8,10,11,18,20,21,23,25,26,27,28,29,30 | 1,2,3,5,8,9,12,18,20,21,23,25,26,27,28,29,30 | 1,2,3,5,8,11,12,18,20,21,22,23,25,26,27,28,29,30 | 1,2,3,4,5,8,11,12,13,18,20,21,22,23,25,26,27,28,29,30 |

续上表

|  | 案例一 | 案例二 | 案例三 | 案例四 | 案例五 |
|---|---|---|---|---|---|
| 旅游项目 | — | 5,7,8,9,10 | 5,7,8,9,10 | 4,7,8,9,10 | 4,7,8,9,10 |
| 社会净收益 $E$(元) | 7 908 763 | 8 016 656 | 8 228 136 | 8 430 076 | 8 620 739 |
| 公路投资 $C_1$(元) | 306 340 | 315 357 | 310 401 | 314 376 | 338 135 |
| 旅游投资 $C_2$(元) | — | 500 000 | 500 000 | 500 000 | 500 000 |
| 公路收益 $B_1$(元) | 2 015 227 | 2 024 298 | 2 028 209 | 2 031 514 | 2 043 324 |
| 旅游收益 $B_2$(元) | 6 199 876 | 6 807 715 | 7 010 328 | 7 212 938 | 7 415 550 |
| 公路净收益 $(B_1-C_1)$(元) | 1 708 887 | 1 708 941 | 1 717 808 | 1 717 138 | 1 705 189 |
| 旅游净收益 $(B_2-C_2)$(元) | 6 199 876 | 6 307 715 | 6 510 328 | 6 712 938 | 6 915 550 |
| 迭代终止代数 | 156 | 149 | 177 | 134 | 221 |

如表 8-31 所示,随着人均旅游收入的增加,旅游净收益增幅较为明显,公路网净收益保持相对稳定。在案例一的优化结果中,无任何旅游项目投资建设,说明此时人均旅游收入低于旅游项目的盈亏线,不宜进行旅游项目的投资。

人均旅游收入 $b_s$ 灵敏度测试结果　　表 8-31

|  | 案例一 | 案例二 | 案例三 | 案例四 | 案例五 |
|---|---|---|---|---|---|
| 参数取值 | 50% | 75% | 100% | 125% | 150% |
| 公路项目 | 1,2,3,5,7,8,11,12,13,18,20,21,23,25,26,27,28,29,30 | 1,2,3,5,8,11,12,18,21,23,25,26,27,28,29,30, | 1,2,3,5,8,9,12,18,20,21,23,25,26,27,28,29,30 | 1,2,3,5,8,18,20,21,22,23,25,26,27,28,29,30 | 1,2,3,5,7,8,10,12,18,20,21,22,23,25,26,27,28,29,30 |
| 旅游项目 | — | 4,7,8,9,10 | 5,7,8,9,10 | 4,7,8,9,10 | 4,7,8,9,10 |
| 社会净收益 $E$(元) | 4 785 977 | 6 467 812 | 8 228 136 | 9 985 523 | 11 718 071 |
| 公路投资 $C_1$(元) | 331 923 | 304 940 | 310 401 | 305 097 | 326 930 |
| 旅游投资 $C_2$(元) | — | 500 000 | 500 000 | 500 000 | 500 000 |

续上表

|  | 案例一 | 案例二 | 案例三 | 案例四 | 案例五 |
|---|---|---|---|---|---|
| 公路收益 $B_1$(元) | 2 017 962 | 2 018 113 | 2 028 209 | 2 027 714 | 2 029 512 |
| 旅游收益 $B_2$(元) | 3 099 938 | 5 254 638 | 7 010 328 | 8 762 907 | 10 515 488 |
| 公路净收益 $(B_1-C_1)$(元) | 1 686 039 | 1 713 173 | 1 717 808 | 1 722 616 | 1 702 582 |
| 旅游净收益 $(B_2-C_2)$(元) | 3 099 938 | 4 754 638 | 6 510 328 | 8 262 907 | 10 015 488 |
| 迭代终止代数 | 204 | 168 | 177 | 117 | 141 |

综合三组测试结果可知,节点7、8、9、10被模型选择的概率更高,在自然、地理条件都允许的情况下,可优先选择在牡丹江市、伊春市、佳木斯市与五大连池市进行旅游资源开发。节点6,即哈尔滨市从未被选择过,原因可能为哈尔滨市的背景交通量最大,同样的诱增交通量 $k$ 在该节点产生的交通拥挤效应最高。

## 第五节 黑龙江省旅游资源整合发展策略

### 一、黑龙江省冰雪旅游资源整合发展策略

黑龙江省位于我国的最北边,是我国纬度最高的地带,冬季寒冷漫长。大部分地区一年中有将近5个月时间,平均气温在0℃以下。省内的松花江、嫩江等众多河流冰封期可达120多天,冰层厚度多在80cm左右。冬季雪期长达130天,雪质好,雪量大,山区降雪可达100~130cm。同时,省内大多数山体高度适中,坡度平缓,非常适合开展冰雪观光和专项冰雪运动。海拔500m以上的山林近百座,初具开发条件的有20座。著名的滑雪场有亚布力、二龙山风景区以及桃山、朗乡、带岭、伊春市伊春区、玉泉等40多家。其中,5S级滑雪场分别为黑龙江亚布力滑雪场、新濠亚布力阳光度假村滑雪场、哈尔滨体育学院滑雪基地和哈尔滨吉华长寿山滑雪场;4S级滑雪场分别为伊春铁力日月峡滑雪场、伊春梅花山滑雪场、大兴安岭映山红滑雪场以及阿城平山神鹿滑雪场;3S级滑雪场分别为尚志华天乌吉密滑雪场、哈尔滨市阿城上京国际滑雪场、佳木斯卧佛山滑雪场、黑河龙珠远东国际滑雪场、哈尔滨市宾县二龙山龙珠滑雪场和尚志亚布力雅旺斯滑雪场。

黑龙江省凭借良好的自然条件,形成了独具特色的冰雪旅游资源,是我国冰雪旅游的代表性区域。整个区域冰雪旅游资源丰富,既可观赏,又可游玩,并与

冰雪文化、冰雪艺术、冰雪民俗等结合,可开发形成类型多样的旅游产品。目前已开发的冰雪旅游产品系列有观光类冰雪旅游产品、体育休闲类冰雪旅游产品、节庆类冰雪旅游产品、赛事类冰雪旅游产品、民俗游乐类冰雪旅游产品等。众多的冰雪节庆活动将冰雪与文化、民俗、健身相结合,已经成为区域的冰雪旅游品牌。

如图8-9所示,根据"点—轴系统"理论,旅游资源整合可在空间上以点为发展基础,线为发展轴,由点及线到面渐进发展。根据黑龙江省冰雪旅游资源分布特征、地域组合条件、交通区位条件和社会经济条件,构建"点""带""区"相结合的冰雪旅游空间格局。

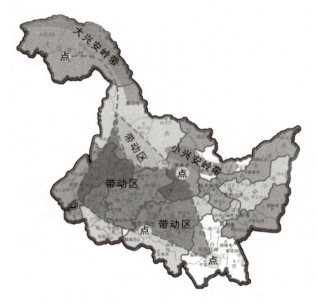

图8-9 黑龙江省冰雪旅游资源整合示意图

"点"主要指冰雪旅游中心城市,如哈尔滨市、伊春市、牡丹江市和大兴安岭地区等开展冰雪旅游的重要区域。以冰雪旅游中心城市为主,以冰雪旅游节庆、冰雪体育赛事为依托,向外延伸形成区域冰雪旅游体系的核心。

"带"是指与黑龙江省旅游资源带相结合的冰雪旅游带,主要以森林旅游资源、火山旅游资源、湿地旅游资源等分布带为基础,形成林海雪原、雪林狩猎、林海探险、火山冰雪、湿地冰雪等以赏雪、玩雪、滑雪等为主的多项冰雪体验活动。

"区"是指与品牌景区、特色文化区相结合形成冰雪旅游区,这类区域以高等级风景名胜区、旅游区、民俗文化区等为依托,借助景区的知名度,延伸冰雪旅游空间,可重点在5A、4A级旅游景区、国家级风景名胜区等具备开发条件的区域开展冰雪旅游。冰雪旅游空间组织中的"点""带""区"相互结合,彼此交错,共同构成区域的冰雪旅游系统[95]。

针对黑龙江省冰雪旅游发展现状,提出如下发展对策:

(1)利用网络、电视、手机推送等信息媒体技术加大推广力度,使黑龙江省的特色旅游品牌国内外闻名。

(2)树立品牌意识,以冰雪旅游为主打,扩大黑龙江省冰雪旅游产业的影响力和知名度,打造世界冰雪旅游名地的品牌形象,使黑龙江省成为世界冬季旅游胜地[96]。

(3)政府和旅游部门要加强对冰雪旅游的规划,将冰雪旅游与民俗文化相结合,融入黑龙江特色,科学合理地开发利用冰雪旅游资源。

(4)将冬季冰雪旅游与多种文化相结合,打造汇聚生态文化、娱乐文化、体育文化、民族民俗文化、龙菜文化等多元文化的集合体[97]。

## 二、黑龙江省边境旅游资源整合发展策略

在东北地区老工业基地复兴的背景下,中俄界江旅游业得到了迅猛发展,沿江地区纷纷将旅游业确立为当地经济的支柱产业、先导产业或对外开放的窗口产业。2011年界江沿岸14个县区市接待入境游客123.91万人次,旅游创汇4.12亿美元,接待国内游客4 025.8万人次,旅游总收入达284.21亿元,其中,漠河县、黑河市、抚远县、虎林市和密山市旅游发展最为迅速[98]。

1. 完善旅游产品体系

(1)边境旅游产品。大力发展中俄边境商贸旅游、边境度假等细分产品,并将其与冰雪旅游相结合形成复合型边境旅游产品。根据界江边境口岸的现状,重点开发黑河、萝北、同江和抚远等口岸的边境旅游。

(2)冰雪旅游产品。冰雪旅游产品除了雪松、冰河、林海雪原等景观产品和滑雪、冬狩、冬捕等冰雪运动产品外,还需结合民族文化和传统民俗,重点开发冰雪节庆、赛事等民俗产品。

(3)文化旅游产品。应重点集中于东北少数民族风情、北大荒文化、历史景点以及利用与俄罗斯接壤的优势开发俄罗斯风情文化。

(4)生态观光旅游产品。生态观光旅游产品开发重点在森林生态旅游、湖泊生态旅游、湿地生态旅游和地质遗迹观光旅游。森林生态旅游开发重点主要

集中在以漠河北极村和嘉荫茅兰沟等为代表的国家森林公园；湖泊生态旅游应首推兴凯湖，其重点发展观光、娱乐、会议、休闲、度假旅游产品；湿地生态旅游开发重点应在洪河湿地、虎口湿地、三江湿地、海青四合湿地等；地质遗迹观光旅游则主要在是茅兰沟国家地质公园、嘉荫国家地质公园和兴凯湖国家地质公园。

2. 合理布局旅游空间结构

综合考虑界江及其沿岸地区和对岸俄罗斯的自然和人文特征、旅游和社会经济发展格局，遵循空间集聚性、与沿江城镇相依托、区域协作、突出重点与循序渐进等原则，对黑龙江省界江旅游发展空间结构定位为"一带、两级、三区"，即一条界江旅游带，黑河和抚远两个旅游增长极，漠河、嘉荫—萝北和兴凯湖三个旅游集合区，如图8-10所示[99]。

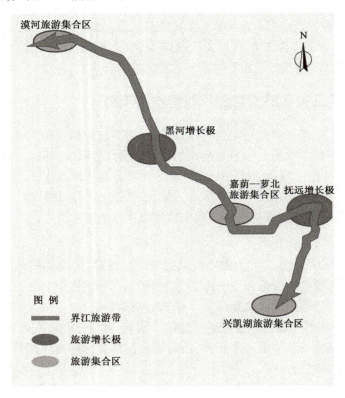

图8-10 黑龙江省边境旅游整合示意图

（1）一条旅游带

中俄界江旅游带是指由黑龙江、乌苏里江和兴凯湖构成的"L"形旅游带。

该旅游带的发展与推广要依托沿江公路、界江航道等交通干线,整合周边旅游资源,可以将该旅游带发展为以观光、休闲、度假为核心功能,以"人与自然和谐共处"为目标的旅游观光带。通过创建崭新的旅游形象、丰富界江旅游产品类型、扩充旅游带空间,在政府相关政策的指导下,实现界江旅游产业沿线发展,力争将中俄界江旅游带建设成为中国最北端的精品旅游带。

(2)两个旅游增长极

两个旅游增长极分别为黑河增长极和抚远增长极。黑河增长极以黑河市区为核心,辐射呼玛、孙吴和逊克三县,以黑龙江风光带、中俄民族风情园、卧牛湖景区、瑷珲古城为主要吸引物。抚远增长极以黑瞎子岛和乌苏镇为核心,辐射同江、饶河所辖区域。

(3)三个旅游集合区

神州北极旅游集合区以北极村为核心,辐射漠河、塔河两县,以界江风光带和北极村景区为吸引物,并通过资源整合,形成"品牌化""高创意"的"神州北极"旅游吸引物体系,重点发展度假旅游、冰雪体验游、边境旅游等产品,强化神州北极的旅游形象,突出北极村景区旅游和休闲功能,打造一流的观光与休闲度假目的地。

嘉荫—萝北旅游集合区以嘉荫县朝阳镇和萝北县名山镇为旅游中心城镇,主要旅游吸引物有嘉荫恐龙园、茅兰沟景区、龙江三峡、兴龙峡谷、名山岛。其发展主要以龙江三峡游、边境风情游、地质遗迹观光游、森林生态游为重点,培育界江旅游品牌,将其打造成为自然与和谐的特色旅游地。

兴凯湖旅游集合区以兴凯湖为核心,辐射虎林和密山两市。以乌苏里江和兴凯湖为资源依托,发展湖泊邮轮旅游、滨湖休闲度假、生态养生和边境旅游产品,构建会议度假、养生度假和康体度假的度假产品体系,重点扶持兴凯湖景区、珍宝岛景区,利用节庆和赛事作为市场引爆点,提高旅游区形象的市场认知度,将其打造成为东北亚地区著名的休闲养生度假目的地。

3. 完善旅游市场营销策略

(1)绿色营销策略。绿色旅游营销是基于人们环保意识增强和可持续发展旅游需要而出现的一种营销概念。界江旅游实施绿色营销旅游策略时,应本着节省原料和能源、降低旅游污染排放、资源循环利用等原则,从旅游资源开发、产品生产和销售等各个环节,加强界江旅游环境保护,通过满足中外游客需求,制造和发现新的市场机遇,树立"千里生态界江,神奇华夏两极"的国际旅游形象,实现旅游市场营销目标。

(2)媒体组合营销策略。黑龙江省界江旅游组合营销需要把广告、网络、促销、公关、直销、新闻媒体等一切传播活动都涵盖于营销活动的范围之内,把统一的界江旅游资讯传达给目标市场。其中心思想是以与游客的沟通以及满足其需要价值取向,综合使用各种传播手段,发挥不同传播工具的优势,以高强冲击力形成良好的界江旅游营销效果。

(3)区域联合营销策略。黑龙江省界江沿岸景点较多且布局比较分散,因此,在营销过程中应努力加强区域营销合作。由黑龙江省旅游局联合各县区相关部门,大规模投入营销经费,分步骤、大规模、有重点地展开促销活动;同时开展黑龙江省和东三省旅游热点地区合作,进行区域联合营销,相互推介。此外,还要同俄罗斯联合进行出境旅游营销合作,进行相互推介,使中俄双方旅游发展相得益彰。

(4)创新营销策略。针对黑龙江省界江旅游市场营销现状,创新营销主要包括价格差异营销、情感营销、体验营销等。价格差异策略可以在一定程度上刺激客源市场,从而树立起界江旅游的品牌。具体的价格差异策略包括给旅游社团体优惠价格,推动其积极主动地参与营销;对特殊群体实行套票优惠政策,例如家庭周末优惠套餐、中小学生免费旅游套餐等;对不同的景区实行淡旺季定价和阶段定价等。

**4. 健全旅游交通与公共服务体系**

(1)优化界江旅游交通结构。利用现有的"高速—省道"公路网,加强与周边城市的联系,注重新旅游通道的打通。充分利用规划建设中的黑河大桥、同江大桥及黑瞎子岛大桥等中俄新通道,加强与哈巴罗夫斯克等俄罗斯远东地区主要城市及哈尔滨、齐齐哈尔和牡丹江等省内主要城市的连通,通过铁路、机场、邮轮港口、自驾车营地和边境口岸的建设和完善,达到优化旅游交通结构和扩大对外联系的目的,从而形成完善的旅游交通网络体系。

(2)构建基于"智慧旅游"的信息服务体系。完善的旅游公共信息服务体系是实现"智慧旅游"的重要保障。通过"智慧旅游"方式,可使游客借助便携的终端上网设备,主动感知旅游相关信息,并及时安排和调整旅游计划。界江旅游构建信息服务体系的重点领域为加快实施界江旅游管理的信息化,建立界江旅游信息咨询系统,开展旅游移动信息服务工作,拓宽旅游信息服务渠道。

(3)完善旅游卫生与安全保障体系。旅游卫生与安全问题不仅关系各个景区的声誉,还影响到整个中俄界江的国际旅游形象。完善界江旅游卫生与安全保障体系的着力点应体现在紧抓各旅游环节卫生质量,实施旅游厕所升级工程,提高旅游安全风险防范,加强旅游安全日常管理等方面。

(4)提升旅游惠民与行政服务水平。黑龙江省中俄界江旅游惠民措施主要包括:①推进旅游景区免费开放;②推出鼓励便民旅游措施;③开展惠民休憩环境建设;④加强便民服务设施建设。提升旅游行政服务水平体现在:健全区域合作机制,完善旅游服务质量监管,进行旅游行风建设和引导游客文明出游。

5. 宽松适度的政策支持环境

结合边境旅游的发展现状,现提出如下建议:

(1)省政府协调公安部等相关部门,放宽对黑龙江省公民赴俄边境旅游的免签条件,全面提高通关的便利化。

(2)国家旅游局协调国家公安部、海关总署等有关部门,尽快推动解决黑龙江省对俄罗斯边境旅游异地办理护照问题。

(3)黑龙江省中俄边境旅游发展重点是加强与俄罗斯、日本和韩国以及国际友好城市的合作,积极开拓入境旅游市场。在国内,加强与一级客源市场范围内的大中城市合作,大力拓展国内旅游市场,制定相关政策,包括第三国游客经珲春口岸赴俄、赴朝入境出境问题。

(4)加强旅游人才的培养,提高旅游从业人员素质。相关部门应采取理论与实践相结合的策略,对现有旅游从业人员进行岗位培训,调整目前旅游从业人员的知识结构。

## 三、黑龙江省生态旅游资源整合发展策略

依据地貌景观相同或相近原则;旅游地环境条件相对一致的原则;资源形成和开发利用方向相近、组合产品系列配套的原则;尽量与行政区划相结合,方便旅游、方便管理原则,将黑龙江省划分为如下几大区带。

如图 8-11 所示,黑龙江省从西北部至东南部,分布着大兴安岭、小兴安岭及东南部山地 3 处地段类型不同的山地与丘陵;西南部的松嫩平原和东北部的三江平原两大平原低地,地表平坦,沼泽、湿地广布;北部、东部环绕着黑龙江、乌苏里江、松花江由西向东流经全省,黑龙江省地域水系分区变化明显。因此,全省风景名胜资源分布呈现鲜明的地带性组合特点。

黑龙江省生态旅游产业有着自身得天独厚的优势,发展速度较快,但是仍然存在很多问题。为保障黑龙江省生态旅游资源健康发展,现提出以下几点建议:

(1)合理开发和利用生态旅游资源。地球是人类赖以生存的家园,生态旅游资源是地球赋予人类的一笔宝贵的财富。发展生态旅游资源不能毫无节制地开发,而应增强环境保护意识,实现生态旅游地、生态旅游资源的可持续发展。

(2)提高旅游从业人员的自身素质,建立从业人员培训机构,加强从业人员

的职业观念,以保证为生态旅游资源提供更好的服务。

(3)做好生态旅游规划工作,应用生态学原理和方法将旅游活动与环境特性有机结合。黑龙江省应将生态旅游业作为一项产业纳入国民经济和社会发展规划,并按照市场经济的新机制,有条不紊地开展建设工作。

图8-11 黑龙江省生态旅游资源区划分示意图

## 四、黑龙江省红色旅游资源整合发展策略

黑龙江省对于红色旅游的研究和开发历经数年,已经具备了基本的接待能力,基本完善了交通和基本设施的建设,确立了"一个中心区,四个辐射区"的基本空间结构。即以国家确立的"哈尔滨—牡丹江红色旅游中心区"为黑龙江省发展红色旅游的中心区,以"佳木斯—双鸭山红色旅游辐射区""鸡西红色旅游辐射区""绥化—黑河红色旅游辐射区""齐齐哈尔—大庆红色辐射旅游区"作为黑龙江省发展红色旅游的四个辐射区,见图8-12。

图 8-12　黑龙江省红色旅游资源整合空间结构示意图

同时,省会哈尔滨市周边地区也有很多知名旅游线,如坐落于呼兰河畔的萧红故居、尚志碑林博物馆等。这些有代表性的旅游景点除了具有较高的观赏性之外,对青少年爱国情操的培养也具有深刻的教育意义。

根据黑龙江省红色旅游资源的发展现状,现提出如下意见:

1. 资源整合

红色旅游近年来日益受到重视,这与社会的不断进步有着一定的关系。为了促进社会经济的长足发展,应将黑龙江省境内红色旅游资源进行整合,充分挖掘资源潜力,利用资源优势,开发市场规模,提升经济价值。

2. 保护性开发

政府在对红色旅游资源的开发过程中要注重对其保护,例如加强对环境容量和质量的检测工作。在进行红色旅游资源开发时,有条理地逐步开发,分层管理,同时提升公众的资源保护意识,形成全民共同保护红色资源的理念。

#### 3. 加强宣传提升的形象

对于景区建设,还要注重景区形象的宣传提升,具体途径包括建立红色革命旅游景区官方网站、官方微博、旅游网站专栏宣传等。每逢红色革命纪念日和节假日时期,相关部门要注意加强红色革命旅游景区的宣传推广,加强公众的参与热情。

### 五、黑龙江省公路沿线旅游资源整合发展策略

#### 1. 充分利用高速公路优势,宣传旅游地信息

旅游者得到准确的旅游信息十分重要,尤其是对自驾车出行的旅游者来说。准确和充分地运用高速公路的信息引导功能将有助于更好地优化旅游空间结构。

首先,要完善高速公路沿线相关的旅游信息。各种醒目的旅游景点广告能起到吸引旅游者目光的作用,吸引到旅游者的注意力,他们自然想要了解更多的相关信息,就会去关注交通旅游标志牌和高速公路服务区。高速公路沿线交通旅游标志牌的版面有限,不能把景点的全部信息包含在内,但是至少要能吸引过往的旅游者,并且能让旅游者知道该如何到达这个景点。因此,交通旅游标志牌上的信息至少要包括景点名称、景点距离、如何出高速公路等基本信息。在交通旅游标志牌上可以附有景点的标志性风景图,并注明在哪一个出口出高速公路等相关信息。

另外,出口收费站外可以使用比较大型的标志牌,详细注明该景点路线图。高速公路上的可变情报板和可变限速标志也可为游客提供服务。高速公路监控中心可为景点有偿发布有关旅游景点的信息,如:某个景点在进行维修,暂不接待游客;某个景点游客数量已超过最大接待量,暂时不再出售门票;某景点宾馆已无空余房间等,可以使旅游者提前做好准备,避免因信息不畅产生的混乱局面,实现全省各个地区旅游空间结构的均衡发展。

服务区是高速公路的一个窗口,也是旅游和高速公路的一个衔接点,借助高速公路出游的团队旅游和自驾游游客在服务区停留的数量很大,服务区能为旅游提供很大的服务空间。旅游管理部门可以联合高速公路管理部门,直接在服务区设立一个直接面对旅游者的服务窗口,针对客运车辆上的乘客和自驾车出游的游客,提供相关的旅游信息和服务,如各景点咨询电话、各景点的特色、消费水平、景点导游联系、景点宾馆预定、景点游客饱和度等。

#### 2. 高速公路景观设计

普通高速公路具有通道和阻隔的双重作用,旅游高速公路也具有同样的性

质;对于人类而言,它主要体现通道作用,缩短了两地的通达时间,扩大了人们的可达空间,促进异地的交流;然而,高速公路碎化、割裂了自然栖息地,破坏了环境,给动物的迁移、觅食造成了很大的障碍。

旅游高速公路景观设计可以提升旅游公路的文化内涵,丰富了旅游区引景空间的有机组成部分。在旅游公路景观设计中,通过表现地方文化与旅游景观元素,可以体现旅游区的景观特征和文化特征,向游客传达旅游区与众不同的自然信息和文化信息,形成旅游者对旅游区的第一印象区和最后印象区,形成无形的导游和旅游感受。

旅游公路要随线形和景观而变化,既不能破坏道路的整体连续感,又要给人们以季相和韵律的节奏。景观设计要满足"安全、舒适"的要求,在危险路段要起到引导、警示的作用,在一般路段则体现引人入胜、心旷神怡的要求,使驾驶员既能轻松愉快地欣赏公路沿线美丽风光,又能保证行车安全。

利用自然地形(例如沿等高线)合理布线,尽量避免削山毁丘、填沟平壑,选择填、挖方量小的路线;避、绕易滑坡区,水源,林木密集区等特别生态脆弱区。布线应综合考虑自然景观的视觉特征、地形地貌各因素,在道路出现曲折时应安排一定的视觉要素(绿化、景点等),强化道路曲折性及协助驾驶员定位,并且应能避免旅途的单调感。结合地形情况,在比较平整、景观良好的地带设置观景台,将自然美景充分展示,设计注意完善配套设施,考虑设计停车区,结合当地建筑形式和人文特点增设商品部、环保卫生间等以方便旅客。公路设施在满足工程技术要求的前提下进行美化处理,提高旅游公路品质。

对于线性(公路主线)景观,由于其观赏者多处于高速行驶状态下,在这一状态下景观主体对景观客体的认识主要是整体与轮廓。因此,线性景观的设计应力求做到公路线形、边坡、分车带、绿化等连续、平滑、自然的通视效果,与环境景观要素相容、协调。对于点性(公路景观节点)景观,由于其观赏者多处于静止、步行或慢行的状态,因此,沿途点性景观给旅行者的印象则应是轮廓清晰、醒目、高低有致、色彩协调、风格统一。

**3. 设计高速公路专项旅游产品项目**

时间是影响出游率的重要因素之一,其主要包括出游季节、出游天数、路上时间等,旅游者在旅游决策和旅游过程中总是追求最小的在途时间。便捷的高速公路能够缩短这一时间,提高行游比,对旅游者具有很大的吸引力。

高速公路旅游专项产品的实施可以借鉴目前在全国范围内推行比较成功的铁路旅游专列的经验,同时需要结合本省特色,构筑以商务公务旅游、观光度假旅游与文化旅游为主题的高速公路旅游产品专项项目,将高速公路与旅游资源完美对接,实现旅游产品的结构多元化。注重景点创新,延长游客停留时间,同时注重高速公路沿线地区旅游景区的开发。

## 六、黑龙江省自驾车旅游交通发展的对策

### 1. 制定合理的旅游交通规划

制定旅游交通规划应做到:①遵循市场导向;②经济效益最优;③保证旅游重点;④各产业综合协调;⑤地方特色与国际标准统一;⑥坚持适度超前原则;⑦交通运输快捷、舒适。

在制定合理的旅游交通规划的基础上,应编制各地、市、州、县的旅游交通详图。旅游交通详图应集交通线路、旅游景点、食宿设施等为一体,在图上要标注清晰、准确,以便于自驾车旅游者做好行程计划与安排。旅游交通图是自驾车旅游者的向导,一部完善、详细的旅游交通图能使自驾车旅游者顺利到达旅游目的地。

### 2. 建立和完善自驾车旅游的基础设施

黑龙江拥有得天独厚的自然资源以及深厚的历史和文化资源,是全国旅游资源大省。政府主导,建立和完善自驾车旅游基础设施,优化自驾车旅游环境。

首先,要进一步规范交通标志牌,完善旅游道路,特别是风景名胜区内道路的交通安全设施,如信号灯、交通标志、标线、告示牌、防护栏等,强化安全措施,保障道路交通安全。

其次,要在旅游区域内建立安全可靠的临时停车点、醒目方便的报警电话等通信设施,确保景区公路沿线的通讯畅通;在补给设施建设上,宜在各主要公路沿线修建集加油、购物、汽车维修于一体的综合加油站;在住宿设施提供方面,建设和评定一批专门针对自驾车旅游的旅馆;要建立服务超市,为自驾车游客提供规范、优质的咨询、导游等服务。

### 3. 加强政府在发展自驾车旅游中的主导作用

政府主导就是充分而合理地发挥政府的宏观调控能力,积极引导、规范旅游市场主体行为,以使旅游资源的配置达到或接近最优状态。对于发展自驾车旅游来说,政府的主导作用主要体现在以下几方面:

(1) 加强政策管理和政府引导

目前国内尚未专门制定有关自驾车旅游的管理政策和规范,为此需制定管理办法和行业规范,从行业管理角度对自驾车旅游市场给予指导和控制。通过法规约束和行业规范来管理,明确旅游者、旅游企业和相关部门的"责权利",保

障自驾车旅游健康有序发展。

(2)在税收、资金等方面大力扶持自驾车旅游

政府应不断完善税收等制度,在资金、税收等方面大力扶持汽车旅馆等自驾车旅游配套设施的建设。这些措施必将有力推动自驾车旅游的发展。

(3)制定相关法律法规

对自驾车旅游的车辆和自驾车旅游的人员制定相关的规定。自驾车车辆是自驾车旅游的主要交通承载物,政府应对进入不同路线自驾的车辆的标准、状态等制定明确的标准或规定;对自驾车旅游者的相关资质,制定相关的法律、法规或标准,保证自驾车旅游的安全。

(4)制定相应的规范或标准

旅游活动不可避免地会带来对自然、社会、环境的破坏,政府应制定比较严格的规定或标准,指导旅游实践活动,提倡"低碳"旅游交通,推广公共化、轻型化、节能化及新能源交通工具,鼓励徒步、自行车等交通方式替代机动车辆,促进旅游的可持续发展。

4. 建立完善的旅游信息系统

完善的旅游信息系统包括多媒体信息系统、旅游管理系统、旅游规划系统、旅游解说系统、旅游目的地信息系统、旅游电子商务和旅游网站、旅游预警系统等。

(1)多媒体信息系统。主要侧重于图形、图像(视频)、音频等的使用,主要为信息需求者提供感官信息。

(2)旅游管理系统。主要包括旅游景点、景区管理系统,以及旅行社、宾馆、酒店等旅游企业管理系统。

(3)旅游规划系统。主要针对当前旅游规划中存在的问题,将旅游资源、人力资源、资本与物力资源等要素信息进行统统分析、优化配置,为旅游规划提供依据。

(4)旅游解说系统。主要运用某种或几种媒体和表达方式,使与旅游相关的特定信息传播并到达信息接受者中间,帮助信息接受者了解相关事物的性质和特点,并实现服务和教育的基本功能。

(5)旅游目的地信息系统。主要提供关于旅游目的地供应商和旅游目的地设施的详细信息、组织结构及经济结构等信息。

(6)旅游电子商务和旅游网站(关于研究电子商务与旅游相关的商业活动)。

(7)旅游预警系统。对旅游目的地的政治、经济、安全等信息,以及影响游客出行的突发事件进行及时发布或警告,在旅游旺季对旅游高峰客流量进行管

理和引导,合理分流客源。

5. 建立智能化的旅游交通系统和数字化的旅游景区管理系统

(1) 智能化旅游交通系统

智能化交通运输系统(ITS),是在较完善的交通基础设施的条件下,将先进的信息技术、数据通信传输、电子传感、电子控制、计算机处理技术和系统综合技术等有效集成并应用于整个运输系统,从而建立起大范围内发挥作用、适时、准确、高效的综合运输和管理系统,以解决交通安全、运输效率、能源和环境问题[100]。

智能化旅游交通系统(ITTS),是智能交通系统在旅游交通运输管理体系中的具体应用。它是运用"信息化"和"智能化"来解决旅游过程中旅游安全管理,处理交通事故,提高旅游效率等问题的综合管理系统,并综合考虑人、道路、交通和车辆等因素,实现旅游交通及运输的优化,是保障社会可持续发展的一个先决条件。

智能化旅游交通系统提高旅游交通运输的效率和管理水平,能够满足现代人的旅游需求。智能化旅游交通系统包括建一个中心(旅游交通指挥中心)、四大系统(旅游交通信息检测系统、旅游交通通信服务系统、旅游交通信息服务系统和旅游交通安全支持系统)

(2) 数字化旅游景区管理系统[101]

旅游景区数字化,也称数字化景区,实质是基于"数字地球"概念而衍生来的,即以信息技术、管理科学、产业经济学为基础,以计算机技术和网络技术为依托,集成应用地理信息系统(GIS)、遥感(RS)、全球定位系统(GPS)等现代信息科学技术和方法,结合资源保护与开发管理理念,通过信息基础设施、数据基础设施、信息管理平台和决策支持平台的搭建,形成向社会公众开放的数字化、网络化、智能化、可视化的管理信息系统。

它将数字、信息、网络技术应用到景区的保护、管理和旅游开发中,主要包括办公自动化、门禁票务、多媒体展示、GPS车辆调度、智能化监控、环境监测、规划管理、LED信息发布和电子商务等系统,建成后可以大大提升景区的管理水平和服务水平。

景区数字化管理建设是信息化技术发展和景区管理模式创新与结合的产物,是总结先进景区管理经验、为适应景区现代化管理实际需要的新形势而提出的,其成效方面是传统管理无法替代、无法比拟的。我国的数字化景区建设目前尚处于起步阶段,与发达国家相比,总体上还有差距,数字化景区建设事业任重道远。目前,峨眉山景区等18家"全国数字化景区建设试点单位",已经建立和使用了景区数字化管理。景区数字化主要应用在以下几个方面:

①地理信息系统在旅游景区数字化管理中的应用

地理信息系统(Geographical Information System,简称 GIS),是一种集采集、存储、管理、分析、显示与应用地理信息功能的计算机系统,是分析和处理海量地理数据的通用技术。地理信息系统在峨眉山景区数字化管理中的应用,主要对景区规划、土地利用、地形地貌特征、城市空间布局、景区图形、景区土地级差地租动态变化等,以及景区基础设施(能源、交通、通信、自来水及排污管道等)的动态记录和识别。地理信息系统最主要的应用包括旅游信息查询、旅游专题制图、辅助旅游开发、应急处理。

②GPS 车辆监控调度系统的应用

基于 GPS 技术的车辆监控调度系统,将 GPS 定位技术应用于旅游企业的车辆调度,为景区的旅游观光车提供定位、导航功能,为游客提供自动化导游,并能提供报警、求助等一系列功能。即:通过 GPS 定位系统对车辆进行资源、应急资源调控,保证车辆资源充分利用和为游客提供最大方便。也就是利用 GPS 对景区车辆进行监控,从而实现位置定位,车辆调度,车辆管理和车辆防盗。

③旅游景区智能化监控系统

对于景区内的智能化监控系统,较为重要的部分就是门禁系统。例如:峨眉山门禁系统在 5 个售票和验票点,6 个停车场,提供进山门票、观光车票的电子管理,同时提供票务的管理和游客流量的统计查询和分析,为管理者提供动态服务。门禁系统改善了峨眉山门票管理的现状,提高了工作效率,为进山游客提供了更加便捷、安全的出入通道。

## 第六节　黑龙江省精品旅游线路

### 一、观光休闲游

1. 冰雪观光休闲游

(1)哈尔滨周边环线:哈尔滨冰雪大世界(哈尔滨太阳岛风景区西区)、太阳岛雪雕博览会(哈尔滨市松北区景北路 3 号)、哈尔滨冰灯游园会(哈尔滨市道里区森林街 39 号兆麟公园)、伏尔加庄园冬季活动(哈尔滨市香坊区哈成路

16km处)、亚布力滑雪旅游度假区(哈尔滨市尚志市亚布力镇东南20km)、吉华滑雪场(哈尔滨宾西长寿山国家森林公园)、哈尔滨体育学院滑雪基地(哈尔滨市东南方向85km处的帽儿山镇郊)、平山神鹿滑雪场(阿城区平山镇)、上京国际滑雪场(哈尔滨阿城区玉泉镇)、龙珠二龙山滑雪场(哈尔滨县二龙山风景区)、玉泉狩猎场(哈尔滨阿城玉泉镇)、英杰雪地温泉(哈尔滨宾县)、凤凰山雪谷(哈尔滨五常市凤凰山国家森林公园)。

(2)东部线:哈尔滨—牡丹江—鸡西—绥芬河。

牡丹江:牡丹江雪堡(牡丹江市镜泊小镇)、镜泊湖冬季风光及冰雪娱乐(牡丹江市镜泊湖风景区)、镜泊小镇温泉度假(牡丹江市镜泊小镇)、牡丹峰滑雪场(牡丹江市东风林场)、大海林双峰雪乡(海林市长汀镇大海林林业局辖区)、亚雪公路冰雪旅游观光带(亚布力至雪乡公路沿途);

鸡西:兴凯湖冬季风光(鸡西市所辖密山市当壁镇);

绥芬河:绥芬河森林公园滑雪场(绥芬河国家森林公园内)。

(3)东北部线:哈尔滨—佳木斯。

佳木斯:佳木斯冰雪大世界(佳木斯市松花江上)、卧佛山滑雪场(佳木斯市郊区大来镇中大村)。

(4)西北部线:哈尔滨—大庆—齐齐哈尔—五大连池—黑河。

大庆:连环湖温泉景区雪地温泉(大庆市杜尔伯特蒙古族自治县泰康镇西)、北国温泉养生休闲广场雪地温泉(大庆市林甸县)、林甸温泉欢乐谷雪地温泉(大庆市林甸县)、鹤鸣湖温泉景区雪地温泉(大庆市林甸县);

齐齐哈尔:龙沙冰雪博览会(齐齐哈尔市龙沙公园)、扎龙雪地观鹤(齐齐哈尔市铁锋区扎龙自然保护区);

五大连池:五大连池火山冰雪风光(黑河市五大连池风景区);

黑河:龙珠远东滑雪场(黑河市卧牛湖水库);

漠河:北极圣诞村(大兴安岭漠河县北极乡北极村)。

(5)北部线:哈尔滨—伊春。

伊春:五营森林公园冬季风光(伊春市五营区)、汤旺河国家公园冬季风光(伊春市汤旺河区)、日月峡滑雪场(铁力市马永顺林场)、梅花山滑雪场(伊春市乌马河区)、库尔滨河雾凇(伊春市红星林业局大平台施业区)。

2.森林观光休闲游

(1)北部线:哈尔滨—伊春。

伊春:五营国家森林公园(伊春市五营区)、上甘岭溪水国家森林公园(伊春市上甘岭区溪水经营所)、汤旺河国家公园(伊春市汤旺河区)、回龙湾森林公园

(伊春市美溪区)、梅花河山庄度假村(伊春市乌马河区)、桃山森林公园(伊春市桃山区)、朗乡玉兔仙潭风景区(伊春市朗乡林业局头道沟林场)、带岭凉水旅游区(伊春市带岭区)、茅兰沟国家森林公园(嘉荫县向阳乡茅兰沟村)。

(2)东部线:哈尔滨—牡丹江—鸡西—绥芬河。

牡丹江:三道关森林公园(牡丹江市爱民区三道关镇)、柴河小九寨(牡丹江市柴河林业局)、威虎山主峰景区(威虎山国家森林公园内)、横道东北虎林园(牡丹江市所辖海林市横道河子镇)、火山口森林公园(牡丹江市所辖宁安市)、雪乡国家森林公园(海林市长汀镇大海林林业局辖区);

鸡西:乌苏里江国家森林公园(鸡西市所辖虎林市虎头林场);

绥芬河:中俄自驾游营地(绥芬河市天长山)、绥芬河森林公园(绥芬河林场施业区)。

(3)西北部线:哈尔滨—加格达奇—呼玛—漠河。

加格达奇:北山森林公园(加格达奇市区北部)、大兴安岭寒温带植物园(加格达奇市区);

呼玛:画山景区(大兴安岭呼玛县金山乡);

漠河:北极村(大兴安岭漠河县北极乡北极村)、观音山(大兴安岭漠河县金沟林场)。

(4)哈尔滨周边环线:亚布力森林公园(尚志市亚布力镇)、凤凰山森林公园(五常市山河屯林业局)、金龙山森林公园(哈尔滨市阿城区)、松峰山森林公园(哈尔滨市阿城区)、平山旅游区(哈尔滨市阿城区)、哈尔滨森林动物园(哈尔滨市阿城区)、香炉山森林公园(哈尔滨市宾县)、长寿山森林公园(哈尔滨市宾县)、二龙山风景区(哈尔滨市宾县)、哈尔滨森林植物园(哈尔滨市香坊区)。

(5)东北部线:哈尔滨—佳木斯—双鸭山—七台河。

佳木斯:大亮子河森林公园(佳木斯市汤原县);

双鸭山:七星峰(双鸭山市桦南县);

鹤岗:龙江三峡森林公园(鹤岗市萝北县)、名山景区(鹤岗市萝北县);

七台河:西大圈森林公园(七台河市勃利县)。

3.湖泊观光休闲游

(1)东部线:哈尔滨—牡丹江—鸡西。

牡丹江:镜泊湖(牡丹江市镜泊湖风景区)、紫菱湖(牡丹江市镜泊湖瀑布与火山口之间)、小北湖(牡丹江市所辖北部宁安市小北湖林场境)、莲花湖(牡丹江市所辖海林市与林口县境内)、兴凯湖(鸡西市所辖密山市当壁镇);

(2)西部线:哈尔滨—大庆。

大庆:连环湖(大庆市杜尔伯特蒙古族自治县泰康镇)、新华湖(大庆市大同区)、黑鱼泡(大庆市林甸县与安达市交界);

五大连池:五大连池三池子、温泊、卧龙潭等(黑河市五大连池风景区);

黑河:卧牛湖(黑河市区西16km处)。

(3)东北部线:哈尔滨—抚远/七台河。

抚远:大力加湖(抚远县北部);

七台河:桃山水库(七台河市桃山区)。

(4)哈尔滨周边线:二龙山风景区二龙湖(哈尔滨市宾县)、西泉眼水库(哈尔滨市阿城区坪山镇)。

**4. 湿地观光休闲游**

(1)西北部线:哈尔滨—大庆—齐齐哈尔—漠河。

大庆:当奈湿地(大庆市杜尔伯特蒙古族自治县烟筒屯镇)、鹤鸣湖湿地(大庆市林甸县)、龙凤湿地(大庆市龙凤区);

齐齐哈尔:扎龙湿地(齐齐哈尔市铁锋区);

漠河:九曲十八弯(漠河县图强林业局)。

(2)东北部线:哈尔滨—佳木斯—双鸭山。

佳木斯:三江湿地(抚远县和同江市境内)、洪河湿地(同江市与抚远县交界处)、富锦湿地(富锦市锦山镇);

双鸭山:雁窝岛湿地(双鸭山市宝清县八五三农场)、七星河湿地(双鸭山市宝清县北部)、安邦河湿地(双鸭山市集贤县福利镇)。

(3)东部线:哈尔滨—鸡西。

鸡西:兴凯湖湿地(鸡西市所辖密山市)、珍宝岛湿地(鸡西市所辖虎林市)、东方红湿地(鸡西市所辖虎林东方红林业局)。

(4)哈尔滨周边线:太阳岛湿地(哈尔滨市太阳岛风景区)、金河湾湿地(哈尔滨市松北区)、小白鱼泡湿地(哈尔滨市道外区巨源镇)、松花江湿地(松花江沿岸)。

**5. 火山地质观光游**

(1)西部线:五大连池世界地质公园(五大连池市)。

(2)东部线:

牡丹江:镜泊湖世界地质公园(牡丹江市所辖宁安市)、火山口地质公园(牡丹江市所辖宁安市)、洞庭地质公园(牡丹江市东宁县);

鸡西:兴凯湖国家地质公园(鸡西市所辖密山市);

双鸭山:喀尔喀玄武岩石林地质公园(双鸭山市饶河县)。

(3)北部线:伊春花岗岩石林国家地质公园(伊春市汤旺河区)、朗乡花岗岩石林地质公园(伊春市所辖铁力市朗乡镇)、桃山地质公园(伊春市桃山林业局)、茅兰沟地质公园(伊春嘉荫县)、红星地质公园(伊春市红星林业局大平台施业区)、嘉荫恐龙国家地质公园(伊春市嘉荫县)。

6. 界江观光休闲游

(1)大界江黑龙江:黑龙江源头(大兴安岭漠河县)、黑龙江黑河段(黑河市)龙江三峡(伊春市嘉荫县至鹤岗市萝北县)、三江口(同江市)、黑龙江抚远段(抚远县)。

(2)大界江乌苏里江:乌苏里江源头游(虎林市虎头镇)、珍宝岛(虎林市)、乌苏里江饶河段(饶河县)、乌苏里江抚远段(抚远县)。

(3)漂流旅游:大丰河漂流(伊春市五营区)、汤旺河漂流(伊春市汤旺河区)、依吉密河漂流(伊春市所辖铁力市)、金沙河漂流(伊春市美溪区)、永翠河漂流(伊春市带岭区)、海浪河漂流(牡丹江市海林市境内)、巴兰河漂流(佳木斯市依兰县)、响水河漂流(哈尔滨市方正县)、大沾河漂流(黑河市逊克县新兴乡)。

7. 工业观光休闲游

(1)西部线:哈尔滨—大庆—齐齐哈尔。

哈尔滨:哈尔滨三精制药工业园区(哈市动力区哈平路233号);

大庆:铁人纪念馆(大庆市让胡路区铁人大道与世纪大道交汇处)、油田历史陈列馆(大庆市萨尔图区中七路32号)、石油科技馆(大庆市胡路区创业大道东侧)、大庆博物馆(大庆市开发区火炬新街);

齐齐哈尔:蒙牛工业园(齐齐哈尔市建华区)。

(2)东部线:

牡丹江:黑宝熊乐园(牡丹江市三道关国家森林公园内)。

8. 农业休闲观光游

(1)哈尔滨周边线:哈尔滨北大荒农业园(哈尔滨市香坊区香福路146号)、北方现代都市农业示范园(哈尔滨市道里区城乡路288号)、黑龙江省农科院园艺分院(哈尔滨市动力区哈平路)、东金葡萄王国(哈尔滨市松北区万宝镇)、香坊农场旅游区(哈尔滨市香坊区香福路146号)。

(2)东线:哈尔滨—牡丹江—鸡西。

牡丹江:响水村(牡丹江市所辖宁安市渤海镇)、宁安农场(牡丹江市所辖宁安市东京城镇)、海林农场(牡丹江市所辖海林市);

鸡西:八五六农场(鸡西市虎林市)。
(3)西部线:哈尔滨—大庆—齐齐哈尔。
大庆:八井子采摘园(大庆市大同区安意路);
齐齐哈尔:兴十四村(齐齐哈尔市甘南县音河乡兴十四村)。
(4)东北部线:哈尔滨—佳木斯—双鸭山。
佳木斯:七星农场(佳木斯市所辖富锦市);
双鸭山:双兴农业生态旅游区(双鸭山市尖山区安邦乡双兴村)。

9. 文化观光休闲游

(1)哈尔滨周边线:太阳岛上十大展馆(哈尔滨市松花江北岸)、哈尔滨极地馆(哈尔滨市松北区太阳大道3号)、东北虎林园(哈尔滨市松北区松北街88号)、俄罗斯风情小镇(哈尔滨市松北区)、黑龙江科技馆(哈尔滨市松北区)、中央大街(哈尔滨市道里区)、索菲亚教堂(哈尔滨市道里区透笼街88号)、犹太新会堂(哈尔滨市道里区经纬街162号)、龙塔(哈尔滨市南岗区长江路178号)、伏尔加庄园(哈尔滨市香坊区哈成路16km处)、东北烈士纪念馆(哈尔滨市南岗区一曼街241号)、侵华日军第七三一部队旧址(哈尔滨市平房区新疆大街)、安重根纪念馆(哈尔滨市南岗区哈尔滨火车站)、北大荒博物馆(哈尔滨市香坊区红旗大街175号)、极乐寺(哈尔滨市南岗区东大直街9号)、文庙(哈尔滨市南岗区)、道台府(哈尔滨市道外区)、哈尔滨冰雪艺术中心(哈尔滨市道里区)、中华巴洛克历史文化保护街区(哈尔滨市道外区)、关东古巷(哈尔滨市道里区群力新区)、萧红故居(哈尔滨市呼兰区南二道街204号)、阿城金源文化博物馆(哈尔滨市阿城区)。

(2)西北部线:哈尔滨—大庆—齐齐哈尔—黑河/大兴安岭。
大庆:铁人纪念馆(大庆市让胡路区铁人大道与世纪大道交汇处)、油田历史陈列馆(大庆市萨尔图区中七路32号)、石油科技馆(大庆市胡路区创业大道东侧)、大庆博物馆(大庆市开发区火炬新街)、杜蒙吉禾民族赛马场(大庆市杜尔伯特蒙古族自治县泰康镇)、阿木塔银沙湾景区(大庆市杜尔伯特蒙古自治县胡吉吐莫镇东吐莫村);
齐齐哈尔:明月岛风景区(齐齐哈尔市建华区新江路168号)、黑龙江将军府(齐齐哈尔市明月岛风景区内)、金长城遗址(齐齐哈尔市碾子山区)、江桥抗战遗址(齐齐哈尔市泰来县)、卜奎清真寺(齐齐哈尔市建华区卜奎北大街清真寺胡同)、达斡尔族哈拉新村(齐齐哈尔市梅里斯区)、柯尔克孜民族村(齐齐哈尔市富裕农场);
黑河:黑河瑷珲历史陈列馆(黑河市爱辉镇)、中俄民族风情园(黑河市爱辉区)、旅俄华侨纪念馆(黑河市王肃街72号)、知青博物馆(黑河市爱辉镇)、闯关东影视基地(黑河市逊克县新兴乡)、胜山要塞遗址(黑河市孙吴县);

大兴安岭:胭脂沟(大兴安岭漠河县金沟林场)、十八站鄂伦春民族乡(大兴安岭地区塔河县)、鲜卑嘎仙洞(内蒙古自治区鄂伦春自治旗阿里河镇)。

(3)东部线:哈尔滨—牡丹江—鸡西。

牡丹江:渤海国上京龙泉府遗址(牡丹江市所辖宁安市)、八女投江烈士殉难地遗址(牡丹江市林口县)、八女投江烈士陵园(牡丹江市区)、杨子荣烈士陵园(牡丹江市所辖海林市)、威虎山影视城(牡丹江市所辖海林市)、镜泊峡谷朝鲜村(牡丹江市镜泊湖风景区北门)、东宁要塞遗址(东宁县三岔口镇南山村);

鸡西:鸡西王震将军率师开发北大荒建设纪念馆、侵华日军虎头要塞遗址博物馆(鸡西市所辖虎林市虎头镇)。

(4)东北部线:哈尔滨—佳木斯—双鸭山—鹤岗。

佳木斯:敖其湾赫哲旅游区(佳木斯市郊区敖其镇)、街津口赫哲民族风情园(佳木斯所辖同江市街津口赫哲族乡);

双鸭山:四排赫哲民俗风情园(双鸭山市饶河县);

鹤岗:矿史馆(鹤岗市东山区)、黑龙江流域博物馆(鹤岗市萝北县名山岛)。

(5)北部线:哈尔滨—绥化—伊春。

绥化:黄崖子关东民俗旅游文化村(绥化市兰西县城东南);

伊春:越橘庄园酒堡(伊春市伊春区)、嘉荫恐龙国家地质公园(伊春市嘉荫县红光乡燎原村)。

10.对俄边境休闲游

百年口岸——绥芬河,中俄双子城——黑河,宝石之都——东宁县,华夏东极——抚远县,神州北极——漠河县,边贸名城——密山市,中俄犹风情旅游地——萝北县,两江汇合地——同江市,乌苏里江畔风情旅游地——饶河。

## 二、遗址旅游线

1.外国驻哈尔滨领事馆旅游线

德国领事馆旧址—丹麦领事馆旧址—南满铁道株式会社哈尔滨事务所旧址(日本驻哈尔滨领事馆)—意大利领事馆旧址—苏联总领事馆旧址—德国领事馆旧址(1910年后)—美国领事馆旧址—捷克领事馆旧址—吉别洛-索科大楼旧址(意大利领事馆)—英国领事馆旧址—中东铁路局旅馆旧址(俄国领事馆)。

2. 哈尔滨宗教建筑旅游线

索菲亚教堂—伊维尔教堂—基督教复临安息日会派教堂—鞑靼清真寺—哈尔滨清真寺—极乐寺（包括极乐寺塔）—圣母安息教堂旧址—哈尔滨基督教堂—圣母守护教堂—华严寺—哈尔滨天主教堂—慈云观。

3. 哈尔滨金融建筑旅游线

华俄道胜银行哈尔滨分行旧址—交通银行哈尔滨分行旧址—日本横滨正金银行哈尔滨分行旧址—日本朝鲜银行哈尔滨分行旧址—汇丰银行哈尔滨分行旧址—伪满洲中央银行哈尔滨支行旧址—麦加利银行旧址—俄国第一借贷金融银行旧址—花旗银行旧址—伏尔加·贝尔加银行旧址。

4. 哈尔滨老字号旅游线

马迭尔旅馆—世一堂药店—老都一处—丸商百货店旧址—西大直街12号建筑—秋林商行旧址—老巴夺父子烟草公司旧址—靖宇街326号建筑（同记公司）—北三道街5号建筑（京都正阳楼）—庆兴街17号建筑（老鼎丰糕点厂）—哈尔滨啤酒厂。

5. 哈尔滨中东铁路建筑旅游线

中东铁路管理局旧址—中东铁路局俱乐部旧址—沙俄外阿穆尔军区司令部旧址—东省铁路督办公署旧址—中东铁路管理局局长官邸旧址—中东铁路中央电话局旧址—霁虹桥—滨洲线松花江铁路大桥—江畔餐厅、公园餐厅—哈尔滨游艇俱乐部旧址—中东铁路哈尔滨总工厂俱乐部旧址—东省铁路哈尔滨总工厂旧址—中东铁路哈尔滨俱乐部旧址—霍尔瓦特将军府旧址—香坊火车站。

6. 哈尔滨犹太人活动旧址旅游线

哈尔滨犹太新会堂—犹太商人索斯金故居—哈尔滨犹太总会堂—犹太中学旧址—犹太医院—戈洛布斯犹太电影院—远东银行—秋林洋行道里分行—协和银行—犹太国民银行—米尼阿久尔餐厅—斯基德尔斯基故居—梅耶洛维奇大楼—穆棱煤矿公司。

7. 哈尔滨工业遗产旅游线

哈尔滨亚麻厂旧址—哈尔滨量具刃具厂—哈尔滨电机厂—哈尔滨锅炉厂—哈尔滨汽轮机厂—哈尔滨轻型车厂—哈尔滨热电厂—天兴福第二制粉厂旧址。

8. 哈尔滨革命遗址旅游线

哈尔滨烈士陵园—中共满洲省委机关旧址—赵一曼烈士养伤室旧址—赵尚志烈士革命活动旧址—苏联红军烈士纪念碑—刘少奇革命活动旧址—陈潭秋被

捕地—赵尚志养伤处旧址—李兆麟将军墓—东北抗日暨爱国自卫烈士纪念塔—周恩来早年来哈尔滨住址。

### 三、自驾游线路

1. 哈尔滨—齐齐哈尔——2日游

哈尔滨—扎龙—午餐（特色农家菜）—保护区观鹤—大乘寺—晚餐（特色烤肉），入住齐齐哈尔市。

2. 哈尔滨—漠河北极村——5日游

D1：哈尔滨—齐齐哈尔市午餐（特色烤肉）—加格达奇区晚餐（特色餐饮），住加格达奇区。

D2：游览加格达奇岛状林湿地景区—观看图强女子军乐队表演—午餐（特色餐饮）—游览图强九曲十八弯景区—漠河火灾博物馆—晚餐（特色餐饮），住漠河县。

D3：漠河县—胭脂沟—北极林海观音—北极村午餐（特色农家菜）—游览北极村—晚餐（黑龙江鱼宴），住北极村。

D4：北极村—呼玛画山景区—午餐（特色餐饮）—黑河市购物（俄罗斯商品）—晚餐（特色餐饮），住黑河市。

D5：返哈尔滨。

3. 哈尔滨—大庆——2日游

（1）哈尔滨—杜尔伯特连环湖温泉景区，2日游

D1：哈尔滨—大庆城市规划展示馆—百湖艺术群落（购物场所）—铁人纪念馆—午餐（特色餐饮）—大庆吉禾民族赛马场—连环湖温泉，住连环湖。

D2：游览连环湖温泉景区—午餐（特色餐饮）后返哈尔滨。

（2）哈尔滨—大庆林甸北国温泉景区，2日游

D1：哈尔滨—大庆城市规划展示馆—百湖艺术群落（购物场所）—铁人纪念馆—午餐（特色餐饮）—大庆林甸北国温泉景区，住北国温泉景区或飞泷温泉景区。

D2：游览北国温泉景区，午餐（特色餐饮）后返哈尔滨。

（3）哈尔滨—鹤鸣湖温泉景区，2日游

D1：哈尔滨—大庆展示馆—大庆百湖艺术群落（购物）—铁人纪念馆—午餐（特色餐饮）—游览鹤鸣湖景区—晚餐（鹤鸣湖鱼宴），住鹤鸣湖景区。

D2：游览鹤鸣湖景区—午餐（特色餐饮）—返哈尔滨。

4. 哈尔滨—镜泊湖——3 日游

D1:哈尔滨—牡丹江海林横道河子古镇—东北虎林园—午餐(特色餐饮)—镜泊小镇—晚餐(特色民族餐饮),住镜泊小镇。

D2:游览牡丹江镜泊湖—午餐(特色鱼宴)—"游览柴河"—购物(当地土特产品)—晚餐(特色餐饮),住柴河"小九寨"。

D3:游览海林农场—午餐(特色餐饮)—返哈尔滨。

5. 哈尔滨—鹤岗龙江三峡——3 日游

D1:哈尔滨—矿史馆(东北万人坑展览馆)—鹤岗桦春朝鲜族民俗风情村—午餐(特色民族餐饮)—萝北县—晚餐(特色餐饮),住萝北县。

D2:游览兴隆峡谷—午餐(特色餐饮)—乘船游览鹤岗龙江三峡—晚餐,住萝北县。

D3:返哈尔滨。

6. 哈尔滨—伊春—嘉荫——3 日游

D1:哈尔滨—林都伊春—午餐(特色餐饮)—参观五营国家森林公园—晚餐(特色餐饮),住五营。

D2:五营—嘉荫茅兰沟国家公园—午餐(特色餐饮),参观恐龙博物馆—晚餐(特色餐饮),住嘉荫。

D3:嘉荫—汤旺河石林景区—午餐(特色餐饮),餐后返哈尔滨。

7. 哈尔滨—佳木斯——3 日游

D1:哈尔滨—佳木斯千里生态园—午餐(特色农家菜)—游览佳木斯千里生态园、敖其湾赫哲民族风情园—晚餐(赫哲鱼宴),住敖其湾景区。

D2:早餐后,赴大亮子河森林公园游览—游览大亮子河旅游名镇—午餐(特色农家菜)—大亮子河漂流景区—晚餐(特色餐饮),住大亮子河。

D3:早餐后,返哈尔滨。途中经停得莫利,午餐品尝得莫利炖鱼。

8. 哈尔滨—清河——2 日游

D1:哈尔滨—清河镇—午餐(特色餐饮)—游览桑葚岛,采摘野桑葚—晚餐(特色餐饮)—住清河镇。

D2:早餐后,游览清河原始森林公园,采摘蓝莓—午餐(特色餐饮)—返哈尔滨。

9. 哈尔滨—牡丹江—东宁珠宝城——2 日游

D1:哈尔滨—牡丹江—午餐(特色民族餐饮)—东宁珠宝城购物—晚餐(特

色鱼宴),住东宁县。

D2:东宁珠宝城购物—午餐(特色餐饮)后返哈尔滨。

10.哈尔滨—鸡西兴凯湖、虎头——3日游

D1:哈尔滨—密山午餐(特色餐饮),游览兴凯湖博物馆小兴凯湖湿地——观鸟台,俯瞰大小兴凯湖,乘游船游览小兴凯湖,晚餐(兴凯湖鱼宴)后乘车赴虎林,住虎林市。

D2:虎林—虎头镇,参观第二次世界大战终结地—虎头要塞—登乌苏里江第一塔—午餐(特色鱼宴)—珍宝岛湿地自然保护区—珍宝岛—虎林—晚餐(特色餐饮),住虎林。

D3:虎林—得莫利服务区,午餐品尝得莫利炖鱼,后返哈尔滨。

11.哈尔滨—五大连池——2日游

D1:哈尔滨—五大连池—午餐(特色餐饮)—游览五大连池景区—晚餐(五大连池鱼宴),住五大连池。

D2:早餐后,购物(当地土特产品)—返哈尔滨。

12.哈尔滨周边旅游线路

(1)哈尔滨—金龙山——1日游

(2)哈尔滨—凤凰山——2日游

D1:哈尔滨—凤凰山午餐(特色农家菜)—游览凤凰山空中花园—晚餐(特色农家菜),住凤凰山。

D2:早餐后,游览凤凰山大峡谷—午餐(特色农家菜)—返哈尔滨。

(3)哈尔滨—亚布力——2日游

D1:哈尔滨—哈尔滨阿城金源文化旅游区—午餐(特色餐饮)—游览亚布力旅游度假区—晚餐(特色餐饮),住亚布力。

D2:返哈尔滨。

(4)哈尔滨—松峰山——1日游

(5)哈尔滨—帽儿山——1日游

(6)哈尔滨—双城——1日游

# 总结与展望

## 一、本书主要研究成果

本书主要进行了高等级公路网络与旅游资源的整合技术研究。首先,对国内旅游资源及公路网发展现状做了简要的总结,从理论与实践方面探讨了区域旅游资源与公路网络整合优化的研究意义,简要说明建模所需的理论知识,开展了基于旅游景点可达性的计算及分析。其次,以黑龙江省作为主要对象,对比分析黑龙江省旅游客流网络与旅游交通网络发展状况。根据以上理论知识,提出基于区域旅游资源可达性的公路网络优化模型和区域旅游资源与公路网络协同优化模型,给出求解方法,并结合黑龙江省进行实例分析。最后,给出黑龙江省高等级公路网络与旅游资源整合发展策略的建议。

本书主要研究成果包括:

(1)引入了社会网络理论和分析方法,从旅游客流网和交通网两方面分别构建区域旅游客运交通网络结构模型,探究了区域旅游客运交通网络空间布局模式、网络结构特点。以黑龙江省为案例地,对旅游节点分别在区域客流网和交通网中的角色与功能进行了分析与挖掘,解释了区域旅游客流时空演变、扩散规律及内在机理,通过对比分析确定了网络中潜在的旅游投资点和交通改善点,为协同优化提供了可靠的备选方案建议。

(2)建立了考虑旅游资源可达性的公路网络布局优化模型,确定以公路建设费用最省、公路网系统交通阻抗最小、旅游需求最大、旅游路网可达性最优和用户出行最优为模型的优化目标,使整个公路网络运行效果达到最优。应用线性加权法将双层规划模型转化为单目标优化模型,引入遗传算法并借助软件给出公路网优化路线的求解。最后以黑龙江省为例,验证公路网优化模型的合理性,并进行应用分析,得出公路网布局优化的结果,为黑龙江省今后的公路建设发展提供理论及决策依据。

(3)对旅游交通的数据采集及旅游交通需求进行了阐述,引出考虑旅游交通特点的旅游交通需求预测方法和针对旅游的诱增交通量计算模型,并对公路网系统规模的影响因素进行了分析。在对其预测方法优缺点分析的基础上提出一个改进的规模预测方法,并用此模型结合其他预测方法构建了一个公路网规模的组合预测模型。

(4)在明确了规划决策者与交通出行者之间的博弈关系、分析了诱增交通量的影响因素的基础上,建立了旅游资源与公路网络协同优化模型,确定上层优化目标为总社会净收益最大化,其中成本包括公路网络优化总投资和旅游建设项目总投资两个部分,收益包括公路网优化所节约的时间成本和旅游业总收入两部分;确定下层优化目标为单用户出行时间最少。针对模型特点引入遗传算法对模型的求解算法进行设计,给出求解的具体步骤。该模型以投资收益为优化准则,在对旅游设施选址进行优化的同时配套相适应的公路基础设施,能有效避免系统资源的不合理配置,提高系统协同运作的效率。

(5)结合黑龙江省旅游资源的实际现状,提出黑龙江省高等级公路与旅游资源整合发展策略,主要包括黑龙江省冰雪旅游资源整合发展策略、边境旅游资源整合发展策略、生态旅游资源整合发展策略、红色旅游资源整合发展策略及黑龙江省公路沿线旅游资源整合发展策略。根据区域旅游资源整合发展对策,结合政府、市场和信息化等方面,提出黑龙江省旅游资源整合与公路建设的具体意见及建议。

## 二、进一步研究展望

(1)受限于数据资料的不足,本书没有对所建立的公路网等级结构优化模型和公路网布局优化模型进行更深入的模型验证分析,此外模型是否适合其他更大区域等方面都有待进一步展开研究。

(2)公路网布局优化需要考虑的因素很多,有些难以进行量化的因素(如政策等)在本书中没有进行研究,公路网优化模型中如何考虑这些难以量化的因素,有待深入研究。

(3)协同优化模型的求解算法设计利用的是遗传算法,该算法存在过早收敛、计算量大等诸多不足,并且不能获取满意解与最优解之间的误差大小,无法评价满意解质量的高低。因此,考虑利用变分不等式、拉格朗日松弛等数学方法对模型的求解算法进行重新设计。

# 附录1 调查问卷

## 旅游景区游客调查问卷

| 调查日期 | |
|---|---|
| 调查人 | |
| 调查地点 | |

| 您对此景区的总体印象如何？ | □非常满意 □满意 □一般 □不满意 □非常不满意 |
|---|---|
| 您认为来此景区的交通是否便利？ | □非常便利 □比较便利 □不便利 □非常不便 |
| 您认为此景区的票价是否合理？ | □太贵了 □稍有些贵 □比较合理 □很便宜 |
| 您此次旅游的人均消费？ | □小于1 000元 □1 000~3 000元 □3 000~5 000元 □5 000元以上 |
| 您来自哪里？ | 一省（市、自治区）一市（地区） |
| 您此次旅游共有几人出行？ | □1~2人 □3~5人 □5~10人 □10人以上 |

### 游客出行信息调查

| | 出发地点 | 终转点 | 出发时间 | 到达时间 | 交通方式（请勾选） | | | | 费用 | 如此段交通出行经过公路，请回剑以下问题：经过的主要公路名称 | 此段公路是否通畅？（请勾选） | | | |
|---|---|---|---|---|---|---|---|---|---|---|---|---|---|---|
| 1 | | | ： | ： | 飞机 | 火车 | 汽车 | 出租车 | 私家车 | 公交车 | | | 非常畅通 | 比较畅通 | 比较拥堵 | 非常拥堵 |
| 2 | | | ： | ： | 飞机 | 火车 | 汽车 | 出租车 | 私家车 | 公交车 | | | 非常畅通 | 比较畅通 | 比较拥堵 | 非常拥堵 |
| 3 | | | ： | ： | 飞机 | 火车 | 汽车 | 出租车 | 私家车 | 公交车 | | | 非常畅通 | 比较畅通 | 比较拥堵 | 非常拥堵 |
| 4 | | | ： | ： | 飞机 | 火车 | 汽车 | 出租车 | 私家车 | 公交车 | | | 非常畅通 | 比较畅通 | 比较拥堵 | 非常拥堵 |

## 旅游景区旅游团调查问卷

| 调查日期 | |
|---|---|
| 调查人 | |
| 调查地点 | |

旅行社名称：_____

| 旅行社此次出团的游客总人数 | ____人 | | |
|---|---|---|---|
| 旅行团出行方式（请勾选，可多选） | 飞机 | 火车 | 旅游大巴　其他____ |
| 旅游团每年接纳到此景区的游客人数 | | | |
| 旅行团淡季和旺季 | 划分依据 | 淡季 ___月___日 | 旺季 ___月___日 |
| | 游客人数（人） | 淡季 ____人 | 旺季 ____人 |
| | 以年/月/日为单位（请勾选） | | |

| 旅行社经过此旅游景区共有几条线路？ ____条 |
|---|
| 1 ___—___—___ |
| 2 ___—___—___ |
| 3 ___—___—___ |
| 备注：如果您有相关的宣传页，可否给予我们一份留作调查 |

### 旅游团出行信息调查

| | 出发地点 | 终点/转折点 | 交通方式（请勾选） | | | | | 费用（元） | 如此段交通出行经过公路，请回答以下问题： | | |
|---|---|---|---|---|---|---|---|---|---|---|---|
| | 出发时间 | 到达时间 | | | | | | | 经过的主要公路名称 | 此段公路是否通畅？（请勾选） | |
| 1 | ＿＿＿ : ＿＿＿ | ＿＿＿ : ＿＿＿ | 飞机 | 火车 | 汽车 | 出租车 | 私家车 | 公交车 | | | 非常畅通　比较畅通 | 比较拥堵　非常拥堵 |
| 2 | ＿＿＿ : ＿＿＿ | ＿＿＿ : ＿＿＿ | 飞机 | 火车 | 汽车 | 出租车 | 私家车 | 公交车 | | | 非常畅通　比较畅通 | 比较拥堵　非常拥堵 |
| 3 | ＿＿＿ : ＿＿＿ | ＿＿＿ : ＿＿＿ | 飞机 | 火车 | 汽车 | 出租车 | 私家车 | 公交车 | | | 非常畅通　比较畅通 | 比较拥堵　非常拥堵 |
| 4 | ＿＿＿ : ＿＿＿ | ＿＿＿ : ＿＿＿ | 飞机 | 火车 | 汽车 | 出租车 | 私家车 | 公交车 | | | 非常畅通　比较畅通 | 比较拥堵　非常拥堵 |

# 附录2 符号说明

**A**

$A_i$——第 $i$ 个类比国家的国土面积($km^2$)

$A_0$——区域国土面积($km^2$)

Acc——旅游规划公路网络可达性

$A$——区域面积($km^2$)

$a_i$——第 $i$ 小区的出行发生增长率

$A_1$——新建路段和扩建路段的备选集,$A_1 \subset A$

**B**

$B$——原有和备选的旅游景区点的集合

$b_j$——第 $j$ 小区的出行吸引增长率

$b_s$——人均旅游项目收入(元/人)

**C**

$C_\alpha$——公路网络中路段 $\alpha$ 新建或改建后的交通容量

$Cen_D$——程度中心度

$Cen_C$——接近中心度

$Cen_B$——中介中心度

$C_{ik}^0$——基年 $i$ 区 $k$ 种车型的发生/吸引量(次/d)

$c_0$——固定资产原值

$C_i$——规划年第 $i$ 级公路的道路通行能力(pcu/h)

$C$——公路网容量(辆/日)

$c_{g\alpha ij}$——路段 $\alpha$ 由 $i$ 级改建成 $j$ 级的建设费用,或者是新建 $j$ 级公路的建设费用(万元/km)

$C_\alpha^{new}$——路段 $\alpha$ 的新增通行能力(pcu/h)

$C_\alpha$——路段 $\alpha$ 的原有通行能力(pcu/h)

$c_{ga}$——路段 $a$ 新、改建费用(万元)

$c_k^{rs}$——节点 $r$ 到节点 $s$ 间,第 $k$ 条路径的时间(费用)函数

$Con_N$——连通度

## $D$

$D_{ij}$——$i$ 区和 $j$ 区间的时间距离(min)

$D_j$——景区 $j$ 的交通吸引量(次/d)

$d$——旅行距离(km)

$d_x, d_k$——旅游公路新建或改建后的评价指标

$d(n_i, n_j)$——旅游节点 $n_i$ 到旅游节点 $n_j$ 的路径长度(km)

$d_j^-, d_j^+$——离差变量

$d_n^+ d_n^-$——$n$ 目标的正负偏差变量,其中 $n = 1,2,3,4$

$D_s$——节点 $s$ 的高峰小时出行吸引量(次/d)

$Dis_r$——基准折现率(%)

$d_{kj}$——节点 $k$ 到节点 $j$ 运行时间(h)

$Dis$——折现率(%)

## $E$

$E(i)$——第 $i$ 小区的吸引量(pcu/h)

$E$——旅游人数的弹性系数

$e$——公路货运量弹性系数

$ET^t$——区域 $t$ 年国民生产总值(亿元)

$e_{it}$——第 $i$ 种预测方法得到的第 $t$ 年的误差

## $F$

$F(j)$——第 $j$ 小区的发生量(次/d)

$f(t_{ij})$——景区间的交通阻抗函数

$F_N$——规划年公路网服务系数(公路网饱和度)

$f_k^{rs}$——起点 $r$ 与讫点 $s$ 之间路径 $k$ 上的流量(pcu/h)

$F_i$——至该预测特征年交通出行增长率

$f_\sigma^{rs}$——OD 对 $r$、$s$ 点对间路径 $\sigma$ 上的流量(pcu/h)

## $G$

$G$——区域经济活动规模(亿元)

$GDP_0$——区域国内生产总值(亿元)

$GDP_i$——$i$ 区的趋势型 GDP(亿元)

$GDP'_i$——$i$ 区的诱增型(含趋势型)GDP(亿元)

$GPS_s$——公路网中 $s$ 节点的国内生产总值(亿元)

GDP——国内生产总值(亿元)

$g_{jk}(n_i)$——节点 $n_j$ 到节点 $n_k$ 所有经过节点 $n_i$ 的路径的数量

$g_a(y_a)$——路段上通行能力增加 $y_a$ 所需要的投资值

### I

$I_a$——路段上预计投资额,其向量为 $I=(\cdots,I_a,\cdots)$

$I_{\max}$——预算总投资额上限

$I_R$——公路货运量增长率

$I_E$——国民经济增长率

$I$——客源地的人均收入水平(万元)

$I_N$——规划年公路建设可用投资额(万元)

$I_0$——现有道路的折旧费用(万元)

$I_s$——公路网节点 $s$ 的重要度

$I_{si}$——层次内各节点的重要度

$i$——$i=\{1,2,3,4,5,6\}$ 分别代表高速、一级、二级、三级、四级以及等外公路

$I_{gs}$——旅游新、改建项目 $s$ 投资费用(万元)

$I_1$——公路网改造投资总额(万元)

$I_2$——区域旅游投资总额(万元)

### J

$J$——公路网技术等级

$j$——路段 $a$ 经改建提级后成为 $j$ 级公路,$j=\{0,1,2,3,4\}$

$J_N$——规划年公路网平均技术等级

### K

$K_0$——干线公路经济指标系数

$K^{rs}$——节点 $r$ 到节点 $s$ 间,有交通量出行的路径集合

### L

$L$——区域公路总长(km)

$L_{极限}$——公路网发展的极限规模(km)

$L_干$——区域干线公路网(km)

$L_0$——基年公路网总里程(km)

$L_i$——规划年第 $i$ 级公路的规模里程

$L_\alpha$——新建路段 $\alpha$ 的里程(km)

$L_{g0}$——原有高等级公路的总里程(km)

$L_g$——高等级公路网规划的总规模里程(km)

$L_{i下}$——规划年第 $i$ 级公路的下限值

$L_{i上}$——规划年第 $i$ 级公路的上限值

$\overline{L}$——所借节点对之间路径长度的算术平均数

$l_{rs}$——初始路网中各节点间的最短距离或时间

$L_{rs}$——规划路网中各节点间的最短距离或时间

$l_{\alpha j}$——公路段 $\alpha$ 为 $j$ 等级的公路里程数

$l_{rs}$——规划路网中 $r$、$s$ 间的实际里程(km)

$L_\alpha$——新建路段 $\alpha$ 的里程(km)

$l_{aj}$——公路路段 $a$ 为 $j$ 等级的公路里程数

$l_{rs}$——规划路网中 $rs$ 间的实际里程(km)

## M

$m$——网络中的关系总数

$\overline{m}_t$——满载率

$M_1$——公路网改造投资总额(万元)

$M_2$——区域旅游投资总额(万元)

$M_y$——遗传算法中种群的数目

$m_i$——节点所邻接的边数

$M$——规划区内公路网总边数

## N

$N_{S1}$——乘用车座位的数量

$N_{S2}$——大客车座位的数量

$N_S$——预计残净值

$N$——预计使用年限

$N_b$——投资回收期(年)

$n$——规划年限

## O

$O_i$——景区 $i$ 的交通产生量(次/d)

$O_r$——节点 $r$ 的高峰小时出行产生量(次/d)

## P

$P_{GDP}$——区域人均 GDP(美元/人)

$P_j$——目标的优先级次序

$P_s$——公路网中 $s$ 节点的人口(万人)

$PC_s$——公路网中 $s$ 节点的客运量(万人)

$PCE_1$——乘用车的等价值

$PCE_2$——大客车的等价值

$P_i$——第 $i$ 个类比国家的人口数量(万人)

$P_1$——预测年的旅游人数(万人)

$P_0$——基年的旅游人数(万人)

$POT_i$——国内生产总值发展潜力

$P$——人口(万人)

$P_{ijm}$——$i$ 区到 $j$ 区交通方式 $m$ 的分担率(吸引力)

$P_{rs}^k$——OD 出行量 $T$ 在第 $k$ 条有效路径上的分配率

$p_i$——规划年第 $i$ 级公路的单位里程建设费用(万元)

$p_j$——为公路网中各技术等级公路的里程权

$p(m)$——上层模型中第 $m$ 个目标函数值

$p$——规划方案原始投资额(在 0 年时)的现值

## Q

$q_i$——第 $i$ 级公路的预测交通量(pcu/h)

$Q_{T1}$——货运周转量

$Q_{T2}$——客运周转量

$Q_N$——规划年公路网交通流预测量(pcu/h)

$Q_{NTF}$——规划年公路网交通周转量(车公里/日)

$Q'$——旅游公路交通需求的预测值

$Q_k$——各车型交通量(pcu/h)

$Q$——路段交通量(pcu/h)

$Q_s$——公路网中 $s$ 节点的旅游总产值(万元)

$Q_{rs}$——$r$ 区到 $s$ 区的趋势交通量(pcu/h)

$q_r$——未来年 $r$ 区以旅游为出行目的的发生交通量(次/d)

$q_s$——未来年 $s$ 区以旅游为目的的吸引交通量(次/d)

$q_{rs}$——点对 $(r,s)$ 间的 PA 交通量(次/d)

$q_{rs}^{T}$——节点 $r$ 到节点 $s$ 的旅游交通 OD 分布量(次/d)

$q_{rs}$——$r$、$s$ 点对间的 OD 出行量(次/d)

$Q_{rs}$——$r$ 区到 $s$ 区的趋势交通量(pcu/h)

$q_{rs}^{U}$——节点 $r$ 到节点 $s$ 的非旅游交通 OD 分布量(次/d)

$R$

$R_n$——$n$ 目标的优先因子

$R_{ij}$——$i$、$j$ 区域间阻抗值(距离、时间或费用)

$r_{rs}$——起点 $r$ 与讫点 $s$ 之间的出行量(次/d)

Rank——旅游景区的等级

$R$——出行起始节点集

$S$

$S$——区域总面积(百 km²)

$S^{(n)}$——$n$ 阶平滑值,$n$ 为平滑阶数的大小

$\bar{s}_t$——平均座位数

$S_2$——出行旅游目的地节点集,包括旅游新、改建项目点,$S_2 \subset S$

$S_1$——旅游新、改建项目点集

$T$

$T_{ij}$——第 $i$、$j$ 小区之间的未来特征年交通量(pcu/h)

$t_{ij}$——第 $i$、$j$ 小区之间的基年交通量(pcu/h)

$\sum_j t_{ij}$——第 $j$ 小区基年交通总吸引量(次/d)

$\sum_i t_{ij}$——第 $i$ 小区基年交通发生量(次/d)

$\sum_j T_{ij}$——第 $j$ 小区未来特征年交通总吸引量(次/d)

$\sum_i T_{ij}$——第 $i$ 小区基未来特征年交通总发生量(次/d)

$T^k(i,j)$——第 $k$ 次迭代的预测 OD 量(次/d)

$t_\alpha$——路段 $\alpha$ 的走形时间,$t_\alpha = t_\alpha(x_\alpha, y_\alpha)$,即路段 $a$ 的走形时间是流量的函数

$T_{0i}$——基年的 $i$ 小区的交通发生量(吸引量)(次/d)

$T_i$——未来预测特征年 $i$ 小区的交通发生量(吸引量)(次/d)

$t_i$——规划年第 $i$ 级公路的单位里程平均行程时间(h)

$t_N$——规划年公路网单位里程平均运行时间(h)

$t_\alpha(x_\alpha, e_\alpha)$——公路网络中路段 $a$ 的阻抗函数(出行时间)(h)

$t_{\bar{\alpha}}(x_{\bar{\alpha}},e_{\bar{\alpha}})$——公路网络中原有路段$\bar{\alpha}$的阻抗函数(出行时间)(h)

$t$——时间(h)

$r_{ijm}$——$i$区到$j$区交通方式$m$的交通阻抗

$t_{\alpha}^{0,new}$——为公路网改造后,路段$\alpha$的自由流通行时间(h)

$t_{\alpha}$——为路段$\alpha$实际通行时间(h)

$t_{\alpha}^{0}$——为公路网改造前,路段$\alpha$的实际通行时间(h)

$t_{rs}$——$r$、$s$节点间的最短出行时间(h)

$t_{kj}$——节点$k$到节点$j$的距离(km)

## U

$u_{rs}$——重要节点间的非直线系数

$u_1$、$u_0$——预测年和基年的国民经济增长率

$u_t$——平均吨位数

$u_{max}$——最大允许的非直线系数

## V

$v_1$、$v_0$——预测年和基年的旅游人数增长率

$v_t$——运输发展速度

$v_e$——经济发展速度

$v_\gamma$——公路运量的年平均增长率

$v_G$——国内生产总值的年平均增长率

$v_z$——公路运输周转量的年平均增长率

$v_g$——工农业生产总值的年平均增长率

$V$——区域人口规模(千人)

$v_L$——公路网总里程增长率

$v_{GDP}$——国内生产总值增长率

$\bar{v}$——路网平均车速

$v_i$——为第$i$条路段上的平均技术车速(km/h)

$V_i$——各条公路的现状或规划交通量

## X

$x_{\alpha}$——公路网络中路段$\alpha$的交通流量(pcu/h)

$x_k^{r,s}$——点对$(r,s)$间的第$k$条路径的交通流量,其向量为$f=(\cdots,f_k^{rs},\cdots)$

$X_{ij}$——景区间的旅游交通分布量

$X_i$——第$i$个类比国家的类比系数

### Y

- $y_\alpha$ ——路段 $\alpha$ 的通行能力的增加值
- $y_s$ ——节点 $s$ 旅游投资项目决策变量
- $y_{rt}$ ——规划方案第 $t$ 年的净收益

### Z

- $z_\alpha$ ——路段 $\alpha$ 路网新、改建决策变量

### 其他

- $\rho$ ——整体网络密度
- $w_x, w_k$ ——旅游景区新建或改建后的等级评价指标
- $\lambda_{\min}$ ——$V/C$ 允许的最小值
- $\lambda_{\max}$ ——$V/C$ 允许的最大值
- $\lambda_\alpha$ ——规划路段 $\alpha$ 的交通服务水平
- $\theta$ ——公路网总里程与国内生产总值之间的弹性系数
- $\sigma$ ——面积密度($km/km^2$)
- $\varphi$ ——公路路线的非直线系数
- $\omega$ ——为交通出行者的单位时间出行成本(元/h)
- $\delta_{\alpha,k}^{rs}$ ——路径选择决策变量
- $\pi_{rs}^0$ ——为公路网改造前,节点 $r$ 到节点 $s$ 的实际通行时间(h)
- $\pi_{rs}$ ——为公路网改造后,节点 $r$ 到节点 $s$ 的实际通行时间(h)
- $\theta_{rs}$ ——交通分分布量 $q_{rs}$ 占节点 $s$ 交通吸引量的比例
- $\zeta$ ——公路网的变形系数
- $\delta$ ——公路网拥挤度

# 附录3  主要的MATLAB优化源程序

## 1. 基于旅游资源可达性的公路网络优化源程序

```
% Name:funobject.m
clear
clc
%% 初始化
pc = 0.95;% 交叉概率
pm = 0.05;% 变异概率
popsize = 200;
chromlength1 = 21;
chromlength2 = 23;
chromlength3 = 20;
chromlength4 = 22;
chromlength = chromlength1 + chromlength2 + chromlength3 + chromlength4;
pop = initpop(popsize,chromlength);% 产生初始种群
for i = 1:500

    [objvalue] = calobjvalue(pop);% 计算目标函数值
    [fitvalue] = calfitvalue(objvalue);% 计算个体适应度
    [newpop] = selection(pop,fitvalue);% 选择
    [newpop1] = crossover(newpop,pc);% 交叉
    [newpop2] = mutation(newpop1,pm);% 变异
    [newobjvalue] = newcalobjvalue(newpop2);% 计算最新代目标函数值
    [newfitvalue] = newcalfitvalue(newobjvalue);% 计算新种群适应值
    [bestindividual,bestfit] = best(newpop2,newfitvalue);% 求出群体中适应值最大的个体及其适应值
    y(i) = max(bestfit);        % 储存最优个体适应值
    pop5 = bestindividual;      % 储存最优个体
    n(i) = i;                   % 记录最优代位置
    % 解码
    x1(i) = 0 + decodechrom(pop5,1,21) * 2/(pow2(21) - 1);
```

```
    x2(i) = decodechrom(pop5,22,23) * 6/(pow2(23) - 1) - 1;
    x3(i) = decodechrom(pop5,45,20) * 1/(pow2(20) - 1);
    x4(i) = decodechrom(pop5,55,21) * 1/(pow2(22) - 1);
    pop = newpop2;
end


%% 绘图
figure(1)% 最优点变化趋势图
i = 1:500;
plot(y(i),'-b*')
xlabel('迭代次数');
ylabel('最优个体适应值');
title('最优点变化趋势');
legend('最优点');
grid on
[z index] = max(y);% 计算最大值及其位置
PO = n(index)    % 最优个体的位置
X1 = x1(index)
X2 = x2(index)
X3 = x3(index)
X4 = x4(index)
F = x1 + x2 + x3 + x4


function[bestindividual,bestfit] = best(newpop2,newfitvalue)
% 求出群体中最大的适应值及其个体
% 遗传算法子程序
% Name:best.m

[px,py] = size(newpop2);
bestindividual = newpop2(1,:);
bestfit = newfitvalue(1);
for i = 2:px
    if newfitvalue(i) > bestfit
        bestindividual = newpop2(i,:);
        bestfit = newfitvalue(i);
    end
end
```

```
function [fitvalue] = calfitvalue(objvalue)
% 计算个体的适应值
% 遗传算法子程序
% Name：calfitvalue.m
fitvalue = objvalue;


function [objvalue] = calobjvalue(pop)
% 计算目标函数值
% 遗传算法子程序
% Name：calobjvalue.m

temp1 = decodechrom(pop,1,21);   % 将pop每行转化成十进制数
temp2 = decodechrom(pop,22,23);
temp3 = decodechrom(pop,45,20);
temp4 = decodechrom(pop,55,21);

x1 = temp1 * 2/(pow2(21) - 1);   % 将二值域中的数转化为变量域的数
x2 = temp2 * 6/(pow2(23) - 1) - 1;
x3 = temp3 * 1/(pow2(20) - 1);
x4 = temp4 * 1/(pow2(22) - 1);
objvalue = x1 * 0.25 + x2 * 0.25 + x3 * 0.25 + x4 * 0.25;   % 计算目标函数值
function [newpop1] = crossover(newpop,pc)
% 交叉
% 遗传算法子程序
% Name：crossover.m

[px,py] = size(newpop);
newpop1 = zeros(size(newpop));
for i = 1:2:px - 1
    po = rand(1);
if po < pc
cpoint = round(rand * py);   % 随机寻找交叉点
    newpop1(i,:) = [newpop(i + 1,1:cpoint),newpop(i,cpoint + 1:py)];   % 相邻两个染色体在交叉点位置交叉
    newpop1(i + 1,:) = [newpop(i,1:cpoint),newpop(i + 1,cpoint + 1:py)];
    else
    newpop1(i,:) = newpop(i,:);   % 不产生新染色体
    newpop1(i + 1,:) = newpop(i + 1,:);
```

end
end

function pop2 = decodebinary(pop)
% 将二进制数转化为十进制数(1)
% 遗传算法子程序
% Name：decodebinary.m
% 产生行向量,然后求和,将二进制转化为十进制

[px,py] = size(pop); % 求 pop 行和列数
for i = 1:py
pop1(:,i) = 2.^(py - i).*pop(:,i);
end
pop2 = sum(pop1,2); % 求 pop1 的每行之和

function pop2 = decodechrom(pop,spoint,length)
% decodechrom.m 函数的功能是将染色体(或二进制编码)转换为十进制,参数 spoint 表示待解码的二进制串的起始位置
% (对于多个变量而言,如有两个变量,采用 20 位表示,每个变量 10 位,则第一个变量从 1 开始,另一个变量从 11 开始。)
% 参数 length 表示所截取的长度。
% Name：decodechrom.m
pop1 = pop(:,spoint:spoint + length - 1);
pop2 = decodebinary(pop1);

function pop = initpop(popsize,chromlength)
% 初始化(编码)
% initpop.m 函数的功能是实现群体的初始化,popsize 表示群体的大小,chromlength 表示染色体的长度(二值数的长度),
% 长度大小取决于变量的二进制编码的长度。
% 遗传算法子程序
% Name：initpop.m

pop = round(rand(popsize,chromlength)); % rand 随机产生每个单元为 {0,1} 行数为 popsize,列数为 chromlength 的矩阵,
% round 对矩阵的每个单元进行圆整。这样产生的初始种群。

function [newpop2] = mutation(newpop1,pm)

% 变异
% Name: mutation. m

```
[px,py] = size(newpop1);
newpop2 = zeros(px,py);
for i = 1:px
    ps = rand;
    if ps < pm
        mpoint = round(rand * py);
        if mpoint < = 0
            mpoint = 1;
        end
        if newpop1(i,mpoint) = = 0
            newpop1(i,mpoint) = 1;
        else
            newpop1(i,mpoint) = 0;
        end
    else
    end
end
newpop2 = newpop1;
```

function [newpop2] = mutation(newpop1,pm)
% 变异
% Name: mutation. m

```
[px,py] = size(newpop1);
newpop2 = zeros(px,py);
for i = 1:px
    ps = rand;
    if ps < pm
        mpoint = round(rand * py);
        if mpoint < = 0
            mpoint = 1;
        end
        if newpop1(i,mpoint) = = 0
            newpop1(i,mpoint) = 1;
        else
```

```
            newpop1(i,mpoint) = 0;
        end
    else
    end
end
```

## 2. 旅游资源与公路网协同优化源程序

```
function [ new_Chrom1, new_Chrom2, new_Extracode1, new_Extracode2 ] = PMX_crossover( old_Chrom1, old_Chrom2, old_Extracode1, old_Extracode2 )
%  PMX_crossover      部分匹配交叉(PMX),遗传算法子程序
%  输入:            old_Chrom1         - 输入染色体1
%                   old_Chrom2         - 输入染色体2
%                   old_Extracode1     - 输入附加码1
%                   old_Extracode2     - 输入附加码2
%  输出:            new_Chrom1         - 交叉后的染色体1
%                   new_Chrom2         - 交叉后的染色体2
%                   new_Extracode1     - 交叉后附加码1
%                   new_Extracode2     - 交叉后附加码2
%
%  $ Author: SWEET
%  $ Date:   2015.05.28
%  Version: V1.01


%% 随机生成交叉点
py = size(old_Chrom1,2);
cpoint = round(rand(2,1) * (py - 1)) + 1;%生成两个随机交叉点
if cpoint(1) > cpoint(2);%保证随交叉点的大小顺序
    exia = cpoint(1);
    cpoint(1) = cpoint(2);
    cpoint(2) = exia;
end



%% 二重结构编码插入点之间的交换
new_Extracode1 = old_Extracode1;
new_Extracode1(cpoint(1):cpoint(2)) = old_Extracode2(cpoint(1):cpoint(2));
new_Extracode2 = old_Extracode2;
new_Extracode2(cpoint(1):cpoint(2)) = old_Extracode1(cpoint(1):cpoint(2));
```

```
%% 提取交叉段存入不同的数组
exia1 = old_Extracode2(cpoint(1):cpoint(2));    % 二重结构编码交叉段 1
exia2 = old_Extracode1(cpoint(1):cpoint(2));    % 二重结构编码交叉段 2
length = cpoint(2) - cpoint(1) + 1;    % 交叉段的长度

%% 部分匹配交叉(PMX),修正交叉后重复的染色体
for i = 1:py
    if i < cpoint(1) || i > cpoint(2)
        flag1 = 0;
        while flag1 == 0
            flag1 = 1;
            for j = 1:length
                if new_Extracode1(i) == exia1(j)
                    new_Extracode1(i) = exia2(j);
                    flag1 = 0;
                end
            end
        end

        flag2 = 0;
        while flag2 == 0
            flag2 = 1;
            for j = 1:length
                if new_Extracode2(i) == exia2(j)
                    new_Extracode2(i) = exia1(j);
                    flag2 = 0;
                end
            end
        end
    end
end

%% 附加码转换为变量码,保持与交叉前的一一对应关系
exia1 = zeros(py, 2);
exia1(:, 1) = old_Extracode1';
exia1(:, 2) = old_Chrom1;
exia1 = sortrows(exia1, 1);
exia1(:, 1) = [];
```

```
exia2 = zeros(py, 2);
exia2(:, 1) = old_Extracode2';
exia2(:, 2) = old_Chrom2;
exia2 = sortrows(exia2, 1);
exia2(:, 1) = [];

for i = 1:py
    for j = 1:py
        if new_Extracode1(j) == i
            new_Chrom1(j) = exia1(i);
        end
        if new_Extracode2(j) == i
            new_Chrom2(j) = exia2(i);
        end
    end
end
end


function [ new_Chrom, new_Extracode ] = mutation( old_Chrom, old_Extracode, Pm )
% mutation      逆位遗传变异,遗传算法子程序
% 输入:         old_Chrom         - 输入染色体
%               old_Extracode     - 输入附加码
%               Pm                - 变异概率
% 输出:         new_Chrom         - 变异后的染色体
%               old_Extracode     - 变异后的附加码
%
% $ Author: SWEET
% $ Date:   2015.05.28
% Version: V1.00

%% 产生新染色体,逆位遗传算子无需对染色体进行操作
[px, py] = size(old_Chrom);
new_Chrom = old_Chrom;
new_Extracode = zeros(px, py);

%% 产生新附加码,执行逆位操作
for i = 1:px
```

```
        po = rand(1);
        if po < Pm
            cpoint = round(rand(2, 1) * (py - 1)) + 1;     %生成两个随机交叉点
            if cpoint(1) > cpoint(2);          % 保证随交叉点的大小顺序
                exia = cpoint(1);
                cpoint(1) = cpoint(2);
                cpoint(2) = exia;
            end
            length = cpoint(2) - cpoint(1) + 1;    % 交叉段的长度
            new_Extracode(i, :) = old_Extracode(i, :);
            for j = 1:length
                new_Extracode(i, cpoint(1) + j - 1) = old_Extracode(i, cpoint(2) + 1 - j);
            end
        else
            new_Extracode(i, :) = old_Extracode(i, :);
        end
    
end

end


function [ new_Chrom, new_Extracode ] = My_Select( old_Chrom, old_Extracode, obj )
% Select         选择种群,随机二元竞标,遗传算法子程序
% 输入:         old_Chrom          - 输入染色体
%                old_Extracode      - 输入附加码
% 输出:         new_Chrom          - 选择后的染色体
%                old_Extracode      - 选择后的附加码
%
% $ Author: SWEET
% $ Date:   2015.05.28
% Version: V1.01

[px, py] = size(old_Chrom);
new_Chrom = zeros(px, py);
new_Extracode = zeros(px, py);
for i = 1:px
    player = round(rand(2, 1) * (px - 1)) + 1;     %随机选择两个个体
```

```matlab
        if obj(player(1)) >= obj(player(2))
            new_Chrom(i, :) = old_Chrom(player(1), :);
            new_Extracode(i, :) = old_Extracode(player(1), :);
        else
            new_Chrom(i, :) = old_Chrom(player(2), :);
            new_Extracode(i, :) = old_Extracode(player(2), :);
        end
    end

end


function [new_Chrom, new_Extracode] = crossover(old_Chrom, old_Extracode, Pc)
% crossover        交叉,遗传算法子程序
% 输入:           old_Chrom           - 输入染色体
%                 old_Extracode       - 输入附加码
%                 Pc                  - 交叉概率
% 输出:           new_Chrom           - 交叉后的染色体
%                 old_Extracode       - 交叉后的附加码
%
% $ Author: SWEET
% $ Date:   2015.05.28
% Version: V1.01

[px, py] = size(old_Chrom);
new_Chrom = zeros(px, py);
%% 生成一个随机排序的1:px的序列,用于随机交叉的索引
index = [zeros(px, 1), rand(px,1)];
index(:, 1) = (1:1:px)';
index = sortrows(index, 2);
index = index(:, 1);

%% 按照概率进行交叉
for i = 1:2:px-1
    po = rand(1);
    m = index(i);        % 顺序索引替换为随机索引
    n = index(i+1);
    if po < Pc
```

```
            [new_Chrom(m, :), new_Chrom(n, :), new_Extracode(m, :), new_Extracode(n,
:)] = PMX_crossover(old_Chrom(m, :), old_Chrom(n, :), old_Extracode(m, :), old_Extracode
(n, :));
        else        % 不进行交叉
            new_Chrom(m, :) = old_Chrom(m, :);
            new_Chrom(n, :) = old_Chrom(n, :);
            new_Extracode(m, :) = old_Extracode(m, :);
            new_Extracode(n, :) = old_Extracode(n, :);
        end
    end
end




function [ Chrom, Extracode ] = init_chrom( popsize, chromlength )
% init_chrom     初始化种群,遗传算法子程序
% 输入:          popsize         - 种群数量
%                chromlength     - 投资资建设染色体长度,由决策变量数量决定
% 输出:          Chrom           - 初始化后的种群矩阵
%                Extracode       - 种群附加码矩阵
%
% $ Author: SWEET
% $ Date:   2015.05.28
% Version: V1.01


%% 产生初始种群
Chrom = round(rand(popsize, chromlength));

%% 产生初始种群的附加码
index = zeros(chromlength, 2);
index(:, 1) = (1:1:chromlength)';
for i = 1:popsize
    index(:, 2) = rand(chromlength, 1);
    exia = sortrows(index, 2);
    Extracode(i, :) = exia(:, 1)';
end


end
```

```
function [ Data ] = Data_read( )
% Data_read      读取模型数据
% 输入：         无
% 输出：         Data      - 模型数据结构体
%
% $ Author：SWEET
% $ Date：  2015.05.30
% Version：V1.01

    Data.omega = xlsread('Data.xlsx','Sheet1','B1:B1');                  %出行时间成本 1 × 1 向量
    Data.chromlength = xlsread('Data.xlsx','Sheet1','B2:C2');            %模型变量个数 1 × 2 向量
    Data.FFTT_extend = xlsread('Data.xlsx','Sheet1','B3:AF3');           %项目后自由流时间 1 × chromlength(1)向量
    Data.capacity_extend = xlsread('Data.xlsx','Sheet1','B4:AF4');       %项目增加通行能力 1 × chromlength(1)向量
    Data.Alpha_extend = xlsread('Data.xlsx','Sheet1','B5:AF5');          %项目后 BPR 参数 1 × chromlength(1)向量
    Data.Beta_extend = xlsread('Data.xlsx','Sheet1','B6:AF6');           %项目后 BPR 参数 1 × chromlength(1)向量
    Data.relation1 = (xlsread('Data.xlsx','Sheet1','B7:AF8'))';          %公路项目对应邻接矩阵索引 chromlength(1) × 2 向量
    Data.relation2 = xlsread('Data.xlsx','Sheet1','B9:H9');              %旅游项目与点号对应索引 1 × chromlength(2)向量
    Data.elastic_damand = xlsread('Data.xlsx','Sheet1','B10:H10');       %旅游项目后弹性出行 1 × chromlength(2)向量
    Data.b = xlsread('Data.xlsx','Sheet1','B11:R11');                    %单位交通量在点 N 产生的旅游收益 1 × n 向量
    Data.cost = xlsread('Data.xlsx','Sheet1','B12:AM12');                %建设项目费 1 × (chromlength(1)+chromlength(2))向量
    Data.Budget = xlsread('Data.xlsx','Sheet1','B13:C13');               %建设项目预算 1 × 2 向量
    Data.FFTT = xlsread('Data.xlsx','FFTT','A1:Q17');                    %优化前路网邻接矩阵 n × n 矩阵
    Data.capacity = xlsread('Data.xlsx','capacity','A1:Q17');            %优化前路网通行能力 n × n 矩阵
    Data.Alpha = xlsread('Data.xlsx','Alpha','A1:Q17');                  %BPR 函数参数 n ×
```

$n$ 矩阵

　　Data. Beta = xlsread('Data.xlsx', 'Beta', 'A1:Q17');　　　　　% BPR 函数参数 $n \times n$ 矩阵

　　Data. theata = xlsread('Data.xlsx', 'theata', 'A1:Q17');　　　% OD 分布参数 $n \times n$ 矩阵

　　Data. no_damand = xlsread('Data.xlsx', 'no_damand', 'A1:Q17');　% 非旅游趋势交通量 $n \times n$ 矩阵

　　Data. Tour_damand = xlsread('Data.xlsx', 'Tour_damand', 'A1:Q17');　% 旅游趋势交通量 $n \times n$ 矩阵

　　Data. distance = shotestpath( Data. FFTT );　　　　　% 优化前路网最短路 $n \times n$ 矩阵

　　[ x, TTTC, Data. UE_distance ] = UE_Assignment( Data. FFTT, ( Data. no_damand + Data. Tour_damand ), Data. Alpha, Data. Beta, Data. capacity );% 优化前路网通行时间 $n \times n$ 矩阵

　　End

function [ Highway_de, Tour_de ] = decode( Chrom, Extracode, High_chromlength, cost, Budget )
% obj_function　　目标函数值计算,输入输出值公路在前、旅游在后
% 输入：　　Chrom　　　　　　　- 输入染色体
%　　　　　　Extracode　　　　　- 输入附加码
%　　　　　　High_chromlength　- 公路投资项目数量
%　　　　　　cost　　　　　　　　- 投资项目费
%　　　　　　Budget　　　　　　　- 投资项目预算
% 输出：　　Highway_de　　　　- 公路投资决策变量
%　　　　　　Tour_de　　　　　　- 旅游投资决策变量
%
% $ Author：SWEET
% $ Date： 2015.05.29
% Version：V1.00

%% 二重结构编码解码
[ px, py ] = size( Chrom );
de_variable = zeros( px, py );

Budget1 = ones( px, 1 ) * Budget(1);
Budget2 = ones( px, 1 ) * Budget(2);

for i = 1:px
　　for j = 1:py

```
            if Extracode(i, j) < = High_chromlength
                if cost(Extracode(i, j)) * Chrom(i, j) < = Budget1(i)
                    de_variable(i, Extracode(i, j)) = Chrom(i, j);
                    Budget1(i) = Budget1(i) - cost(Extracode(i, j)) * Chrom(i, j);
                else
                    de_variable(i, Extracode(i, j)) = 0;
                end
            else
                if cost(Extracode(i, j)) * Chrom(i, j) < = Budget2(i)
                    de_variable(i, Extracode(i, j)) = Chrom(i, j);
                    Budget2(i) = Budget2(i) - cost(Extracode(i, j)) * Chrom(i, j);
                else
                    de_variable(i, Extracode(i, j)) = 0;
                end
            end
        end
end
Highway_de = de_variable(:, 1:High_chromlength);
Tour_de = de_variable(:, (High_chromlength + 1):end);
End


function [ obj ] = obj_function( Chrom, Extracode, Data )
% obj_function     目标函数值计算
% 输入:         Chrom          - 输入染色体
%                Extracode      - 输入附加码
%                Data           - 模型各种数据
% 输出:         obj            - 目标函数
%
% $ Author: SWEET
% $ Date:   2015.05.29
% Version: V1.01

%% 二重结构解码
[Highway_de, Tour_de] = decode( Chrom, Extracode, Data.chromlength(1), Data.cost, Data.Budget );

%% 求所有的目标函数值
px = size(Chrom, 1);
```

```
node_num = size(Data.FFTT,1);
obj = zeros(px,1);
for m = 1:px
% parfor m = 1:px
    %% 计算新的 FFTT,demand,Capacity
    % 计算新 FFTT、Capacity,Alpha,Beta,双向改变
    new_FFTT = Data.FFTT;
    new_capacity = Data.capacity;
    new_Alpha = Data.Alpha;
    new_Beta = Data.Beta;
    for i = 1:Data.chromlength(1)
        if Highway_de(m, i) == 1
            new_FFTT(Data.relation1(i,1),Data.relation1(i,2)) = Data.FFTT_extend(i);
            new_FFTT(Data.relation1(i,2),Data.relation1(i,1)) = Data.FFTT_extend(i);
            new_capacity(Data.relation1(i,1),Data.relation1(i,2)) = Data.capacity_extend(i);
            new_capacity(Data.relation1(i,2),Data.relation1(i,1)) = Data.capacity_extend(i);
            new_Alpha(Data.relation1(i,1),Data.relation1(i,2)) = Data.Alpha_extend(i);
            new_Alpha(Data.relation1(i,2),Data.relation1(i,1)) = Data.Alpha_extend(i);
            new_Beta(Data.relation1(i,1),Data.relation1(i,2)) = Data.Beta_extend(i);
            new_Beta(Data.relation1(i,2),Data.relation1(i,1)) = Data.Beta_extend(i);
        end
    end
    new_distance = shotestpath(new_FFTT);

    % 计算新 demand
    elastic_node = zeros(1, node_num);
    for i = 1:Data.chromlength(2)
        if Tour_de(m, i) == 1
            elastic_node(Data.relation2(i)) = Data.elastic_damand(i);
        end
    end
    aTour_damand = Data.Tour_damand;
    for i = 1:node_num
        aTour_damand(:,i) = aTour_damand(:,i) + Data.theata(:,i) * elastic_node(i);
    end
    growth_ratio = Data.distance ./ new_distance;
    all_demand = (Data.no_damand + aTour_damand) .* growth_ratio;
    %% 下层模型的 UE 分配
```

```
[x, TTTC, newUE_distance] = UE_Assignment(new_FFTT, all_demand, new_Alpha, new
_Beta, new_capacity);

%% 目标函数计算
C = sum(Data.cost .* [Highway_de(m, :), Tour_de(m, :)]);
B1 = Data.omega * sum(sum(all_demand .* (Data.UE_distance - newUE_distance)));
% B1 = Data.omega * sum(sum(TTTC));
B2 = sum(Data.b .* sum(growth_ratio .* aTour_damand));
obj(m) = B1 + B2 - C;

% figure(1);
% plot(obj);
% legend('个体值');
% drawnow; % 刷新画面,这句是关键!

end
end


%% 遗传算法主程序
%% 清空工作空间
clear;
clc;
%% 定义遗传算法参数
Data = Data_read(); % 数据模型参数读取
popsize = 200; % 个体数目
chromlength = Data.chromlength(1) + Data.chromlength(2); % 染色体长度,与项目总数对应
maxGEN = 500; % 最大遗传代数
Stallmax = 50; % 解收敛判别
Stall_Var1 = zeros(1, chromlength); % 记录解的变化
Pc = 0.95; % 交叉概率
Pm = 0.05; % 选择概率
trace = []; % 算法性能跟踪
best_best = 0; % 模型最优解目标函数值
best_Var = zeros(1, chromlength); % 模型最优解

%% 初始化
[Chrom, Extracode] = init_chrom(popsize, chromlength); % 创建初始种群
gen = 0; % 代计数器
```

```
Stall = 0;%解稳定计数器
[obj] = obj_function(Chrom, Extracode, Data);%计算初始种群函数值

%% 遗传算法循环
while gen <= maxGEN && Stall <= Stallmax
    %% 遗传算法主要部分
    [Chrom, Extracode] = My_Select(Chrom, Extracode, obj);%选择
    [Chrom, Extracode] = crossover(Chrom, Extracode, Pc);%交叉
    [Chrom, Extracode] = mutation(Chrom, Extracode, Pm);%变异
    [obj] = obj_function(Chrom, Extracode, Data);%计算子代目标函数值
    gen = gen + 1;
    %% 输出最优解
    [best_gen, I] = max(obj);%本代最优解
    if best_best < best_gen;%模型最优解
        best_best = best_gen;
        [best_Highway, best_Tour] = decode(Chrom(I, :), Extracode(I, :), Data.chromlength(1), Data.cost, Data.Budget);
        best_Var = [best_Highway, best_Tour];
    end
    %% 解稳定判别
    if sum(Stall_Var1 == best_Var) == chromlength;
        Stall = Stall + 1;
    else
        Stall_Var1 = best_Var;
        Stall = 0;
    end

    %% 记录最优解
    trace = [trace; best_gen, sum(obj)/length(obj), best_best];

    %% 绘图
    figure(2);
    plot(trace);
    legend('每代最优解','每代均值','模型最优解', 4);
    xlabel('迭代次数');
    ylabel('目标函数值');
    drawnow;%刷新画面
end
```

# 参 考 文 献

[1] 孙有望,李云清. 论旅游交通与交通旅游[J]. 同济大学学报(医学版),1999,20(10):65-69.

[2] 欧越男,谢光秋. 高速公路建设与发展旅游经济的可行性探讨[J]. 交通与运输(学术版),2005(2):60-62

[3] 肖润谋,李彬,陈荫三. 2013年中国高速公路网运输状态[J]. 交通运输工程学报,2014,6:68-73.

[4] 张合林. 京秦高速公路对区域产业和秦皇岛旅游业的影响研究[D]. 秦皇岛:燕山大学,2003.

[5] 王兆峰,罗瑶. 旅游驱动下的张家界交通运输响应机制分析[J]. 地理科学,2015,11:1397-1403.

[6] Freeman L. The development of social network analysis[J]. A Study in the Sociology of Science, 2004.

[7] Scott N, Baggio R, Cooper C. Network analysis and tourism: From theory to practice[M]. Channel View Publications, 2008.

[8] March R, Wilkinson I. Conceptual tools for evaluating tourism partnerships[J]. Tourism Management, 2009, 30(3): 455-462.

[9] Del Chiappa G, Presenza A. The use of network analysis to assess relationships among stakeholders within a tourism destination: An empirical investigation on Costa Smeralda-Gallura, Italy[J]. Tourism Analysis, 2013, 18(1):1-13.

[10] Kang M W. An alignment optimization model for a simple highway network[M]. ProQuest, 2008.

[11] Angulo E, Castillo E, García-Ródenas R, et al. A continuous bi-level model for the expansion of highway networks[J]. Computers & Operations Research, 2014, 41: 262-276.

[12] Kang M, Yang N, Schonfeld P, et al. Bilevel highway route optimization[J]. Transportation Research Record: Journal of the Transportation Research Board, 2010 (2197): 107-117.

[13] Angulo E, Castillo E, García-Ródenas R, et al. Determining highway corridors[J]. Journal of Transportation Engineering, 2011.

[14] Chen, M. and Alfa, A. S. A network design algorithm using a stochastic incre-

mental traffic assignment approach[J]. Transportation Science, 1991, (25): 215-224.

[15] Ming Q, Yang H. An equivalent continuously differentiable model and a locally convergent algorithm for the continuous network design Problem[J]. Trans-Portation Research Part B, 2001, 35: 83-105:

[16] 高自友, 宋一凡, 四兵锋. 城市交通连续平衡网络设计理论与方法[M]. 北京: 中国铁道出版社, 2000.

[17] Ronkainen I A. The conference on security and cooperation in Europe: Its impact on tourism[J]. Annals of Tourism Research, 1983,10(3):415-426.

[18] Fagence M, Craig-Smith S. Foreign investment and technical cooperation needs in the Pacific region[J]. Annals of Tourism Research, 1994,21(4): 858-860.

[19] Waligo V M, Clarke J, Hawkins R. Implementing sustainable tourism: A multi-stakeholder involvement management framework[J]. Tourism Management, 2013, 36: 342-353.

[20] Mirabueno J, Yujuico E. Paving the way for Philippine tourism via interagency collaboration on road networks[J]. Transport Policy, 2014, 36: 306-315.

[21] Pyp, S. S. Uysal, M., McLellan, R. W. A linear expenditure model for tourism demand. Annals of Tourism Research, 1991, 18(3): 443-454.

[22] Law, R., Au, N. A neural network model to forecast Japanese demand for travel to Hong Kong[J]. Tourism Management, 1999, 20(1):89-97.

[23] Lim, C., McAleer, M. Time series forecasts of international travel demand for Australia[J]. Tourism Management, 2002, 23(4):389-396.

[24] Recker W. W, Chen C, McNally MG. Measuring the impact of efficient household travel decisions on Potential travel time savings and accessibility gains[J]. TransPortation Research A, 2001. 35: 339-369.

[25] Prideaux, B. The role of the transport system in destination development[J]. Tourism Management, 2000, 21(1): 53-63.

[26] Palhares, C. L. The role of transport in tourism development: Nodal functions and management practices[J]. International Journal of Tourism Research, 2003, 5(5): 403-407.

[27] 刘竹韵. 旅游资源与公路网络协同优化模型研究[D]. 哈尔滨:哈尔滨工业大学, 2015.

[28] 刘冰,曾国军,彭青.社会网络视角下旅游线路研究——以新疆为例[J].旅游学刊,2013,28(11):101-109.

[29] 殷晶,高峻.基于社会网络理论的客源流对比分析——以沪宁杭团队客源流网络为例[J].旅游论坛,2012,5(4):80-85.

[30] 杨效忠,张捷,叶舒娟.基于社会网络的跨界旅游区边界效应测度及转化[J].地理科学,2010,30(6):826-832.

[31] 吴晋峰.入境外国旅游流网络分布,性质和结构特征研究[J].干旱区资源与环境,2014,7:033.

[32] 余国才,周伟.公路网布局优化的理论和方法[J].西安公路交通大学学报,1998,18(3):45-49.

[33] 苏国辉,吴群琪,陈文强.基于四因素法的公路交通网络布局优化模型[J].长安大学学报,2012,5:85-90.

[34] 朱诺.基于组合优化和双层规划的区域公路网路线布局优化模型研究[D].北京:北京交通大学,2009.

[35] 吴群琪,陈波.基于四因素的公路网三点结构优化方法[J].中国公路学报,2014,27(8):89-96.

[36] 李晓伟.交通一体化视角下的公路网衔接优化与实施决策[D].西安:长安大学,2012.

[37] 孟强,李德宏.交通双层规划问题:统一数学模型及其算法(英文)[J].交通运输系统工程与信息,2005,4:20-26.

[38] 郑强.公路网布局优化中重要度布局法的有关计算[J].山西交通科技2002,(2):25-26.

[39] 康文庆,晏启鹏,许世雄.重要度联合区位市域干线公路网布局法[J].公路交通科技,2006,2(4):99-102.

[40] 盖春英,裴玉龙.公路网络可达性研究[J].公路交通科技,2006:35-42.

[41] 潘艳荣,邓卫.考虑需求预测不确定性的交通网络设计[J].交通运输工程学报,2008,8(6):82-87.

[42] 王继峰,陆化普.公路网布局的多目标优化模型[J].武汉理工大学学报(交通科学与工程版),2009,33(5):888-891.

[43] 莫一魁,晏克非,成峰.基于遗传算法的城市混合型路网优化设计研究[J].计算机应用,2007,43(14):240-243.

[44] 易富君,邓卫,王晨.经济圈公路网络布局优化模型研究[J].武汉理工大学学报(交通科学与工程版),2011,35(1):63-66.

[45] 张立升. 高速公路网对浙江旅游空间格局的影响[D]. 杭州:浙江大学,2006.

[46] 田雨佳. 基于旅游资源学视角的旅游公路网布局理论与方法研究[D]. 西安:长安大学,2012.

[47] 陈德琳. 基于旅游资源可达性的公路网络优化方法研究[D]. 哈尔滨:哈尔滨工业大学,2013.

[48] 马诗咏,朱晓英. 高速公路网建设对旅游景点可达性影响实证分析[J]. 经济研究导刊,2012,20:88-91.

[49] 王文辉,朱晓英. 基于旅游资源整合的高速公路网络双层规划模型及实例研究[J]. 城市道桥与防洪,2015(01):133-137.

[50] 钱良辉. 区域旅游公路网规划理论方法研究[D]. 成都:西南交通大学,2005.

[51] 张霓. 基于BP网络的公路旅游交通需求预测[D]. 成都:西南交通大学,2006.

[52] 李娟. 区域旅游交通需求预测研究[J]. 铁道运输与经济,2005,27(4):77-79.

[53] 卢冠群. 基于广义回归神经网络的公路旅游交通量预测分析[D]. 长沙:长沙理工大学,2009.

[54] Jocelyn Mirabueno, Emmanuel Yujuico. Paving the way for Philippine tourism via interagency collaboration on road networks[J]. Transport Policy,2014,36:306-315.

[55] 欧玉婷,桑广书. 高速公路建设对金华旅游业的影响及其对策[J]. 安徽农业科学,2008,36(11):4645-4647.

[56] 黄琳,金海龙,包瑞. 新疆旅游交通现状及发展研究[J]. 新疆师范大学学报(自然科学版),2008,27(1):103-106.

[57] 魏鸿雁,章锦河. 黄山市交通网络优化及区域旅游效应分析[J]. 资源开发与市场,2005,21(4):316-319.

[58] 张金忠. 大连温泉旅游空间整合开发研究[D]. 大连:辽宁师范大学,2013.

[59] 赵丽娟. 社会网络分析的基本理论方法及其在情报学中的应用[J]. 图书馆学研究(应用版),2011(10):9-12.

[60] 陈秀琼,黄福才. 基于社会网络理论的旅游系统空间结构优化研究[J]. 地理与地理信息科学,2006,22(5):75-80.

[61] 哈尔滨工业大学. 黑龙江省高等级公路网络与旅游资源整合技术研究[R]. 哈尔滨:哈尔滨工业大学,2013.

[62] Federico Malucelli, Alessandro Giovannini, Maddalena Nonatoc. Designing single origin-destination itineraries for several classes of cycle-tourists[J]. Transportation Research Procedia, 2015, 10:413-422.

[63] 刘涛. 区域公路网规划理论研究[D]. 成都:西南交通大学,2005.

[64] 王银华. 区域公路网发展规模的预测与优化方法研究[D]. 北京:北京交通大学,2008.

[65] 张舒,王浩华,李肯,等. 基于神经网络算法的海南旅游需求测估模型[J]. 数学的实践与认识,2015,19:12-22.

[66] 朱诺. 基于组合优化和双层规划的区域公路网路线布局优化模型研究[D]. 北京:北京交通大学,2009.

[67] 关昌余. 国家高速公路网规划理论与方法研究[D]. 哈尔滨:哈尔滨工业大学,2008.

[68] 盖春英. 公路网规划布局优化研究[D]. 哈尔滨:哈尔滨工业大学,2003.

[69] 余国才,周伟. 公路网布局优化的理论和方法[J]. 西安公路交通大学学报,1998,03:47-51.

[70] 王炜,邓卫,杨琪,等. 公路网络规划建设与管理方法[M]. 北京:科学出版社. 2001.

[71] Marcin Stepniak, Piotr Rosik. Accessibility improvement, territorial cohesion and spillovers[J]. Journal of Transport Geography 31, 2013, 31:154-163.

[72] 马书红. 区域公路交通与经济发展的适应性研究[D]. 西安:长安大学,2002.

[73] 杜晓凯. 公路交通与旅游发展适应性分析研究[D]. 西安:长安大学,2003.

[74] 吴潘,吴晋峰,周芳如,等. 目的地内部旅游交通通达性评价方法研究——以西安为例[J]. 浙江大学学报(理学版),2016,03:346-356

[75] 周芳如,吴晋峰,吴潘,等. 中国主要入境旅游城市交通通达性对比研究[J]. 旅游学刊,2016(02):12-22.

[76] 郭建科,王绍博,王辉,等. 哈大高铁对东北城市旅游供需市场的空间效应研究——基于景点可达性的分析[J]. 地理科学进展,2016(04):505-514.

[77] 刘海强. 城市化进程中干线公路网发展适应性评价体系研究[D]. 南京:东南大学,2005.

[78] 汪淑敏,杨效忠.基于区域旅游整合的旅游线路设计——以皖江一线旅游区为例[J].经济问题探索,2008(04):103-106.

[79] 余靖华,李江风,焦胥黎,等.区域旅游整合的本质内涵及实现路径.理论月刊,2008,10(53):84-86.

[80] 张恒.江苏省区域旅游整合研究[D].青岛:中国海洋大学,2013.

[81] 石永祥.基于利益主体理论视角下的区域旅游整合研究[D].重庆:重庆师范大学,2008.

[82] 李洋.佳木斯地区旅游整合研究[D].哈尔滨:东北农业大学,2008.

[83] 李秋雨,朱麟奇,刘继生.中国旅游业对经济增长贡献的差异性研究[J].中国人口·资源与环境,2016,04:73-79.

[84] 杨晓燕.长三角区域旅游资源整合研究[D].上海:上海师范大学,2005.

[85] 范秀宝.区域旅游整合战略研究[D].秦皇岛:燕山大学,2011.

[86] 朱吕兵.黑龙江省旅游业整合发展研究[D].大连:辽宁师范大学,2012.

[87] 王宇,凤翔鸣.生态旅游区交通规划策略研究[J].综合运输,2015(09):11-15.

[88] 廖颖.区域旅游合作发展策略的研究[D].长沙:湖南师范大学,2006.

[89] http://heilongjiang.dbw.cn/system/2009/12/13/052262572.shtml

[90] 高建平,肖英洁,兰北章,等.高速公路开放式服务区功能定位方法[J].长安大学学报(自然科学版),2015(05):43-49.

[91] 孟爱云.东北区域冰雪旅游资源整合开发探讨[J].学术交流,2009(03):115-119.

[92] 张书理.河北省旅游节点通达性评估及旅游线路优化研究[D].石家庄:河北师范大学,2015.

[93] http://www.hljjt.gov.cn/col/col2/index.html

[94] hljjt.gov.cn/art/2011/8/18/art_3788_163462.html

[95] 唐敏,高文智,王淑华,等.黑龙江省冰雪特色旅游产品开发研究[J].冰雪运动,2013(02):89-92.

[96] 周彬,钟林生,陈田,等.黑龙江省中俄界江旅游资源评价与开发对策[J].干旱区资源与环境,2015(10):203-208.

[97] 彭万臣.黑龙江省边境旅游开发对策研究[J].国土与自然资源研究,2007(03):75-76.

[98] 梁香铂.黑龙江省红色旅游景区(点)开发对策研究[J].商业文化(上半月),2012(01):212-213.

[99] 周彬,钟林生,陈田,等.黑龙江省中俄界江旅游发展策略研究[J].经济地理,2013,33(6):182-187.

[100] David Nemeth, Deborah Che. Alternative tourism geographies: Leveraging the ironic case of Pennsylvania's Route 666 for economic development[J]. Applied Geography, 2013, 45:109-118.

[101] 张学梅.自驾车旅游交通行为分析[D].成都：西南交通大学,2011.

[102] 来逢波,陈松岩.旅游交通管理[M].北京:北京大学出版社,2015.

[103] 方磊,蔡寅春,加落木洛.旅游与交通互助关系研究——基于面板数据的实证分析[M].成都:四川大学出版社,2015.

[104] 戢晓峰,陈方.区域旅游交通系统分析与优化方法[M].北京:科学出版社,2015.